古典文獻研究輯刊

二九編

潘美月・杜潔祥 主編

第 11 冊

宋代聖政錄研究

他維宏 著

國家圖書館出版品預行編目資料

宋代聖政錄研究／他維宏 著 — 初版 — 新北市：花木蘭文化
事業有限公司，2019〔民 108〕
目 2+266 面；19×26 公分
（古典文獻研究輯刊 二九編；第 11 冊）
ISBN 978-986-485-950-4（精裝）
1. 宋史
011.08   108012001

ISBN-978-986-485-950-4

9 789864 859504

古典文獻研究輯刊
二九編　第十一冊　　　　　　　　ISBN：978-986-485-950-4

宋代聖政錄研究

作　　者　他維宏
主　　編　潘美月　杜潔祥
總 編 輯　杜潔祥
副總編輯　楊嘉樂
編　　輯　許郁翎、王筑、張雅淋　美術編輯　陳逸婷
出　　版　花木蘭文化事業有限公司
發 行 人　高小娟
聯絡地址　235 新北市中和區中安街七二號十三樓
　　　　　電話：02-2923-1455／傳眞：02-2923-1452
網　　址　http://www.huamulan.tw 信箱 hml810518@gmail.com
印　　刷　普羅文化出版廣告事業
初　　版　2019 年 9 月
全書字數　217369 字
定　　價　二九編 29 冊（精裝）　新台幣 58,000 元　　版權所有‧請勿翻印

宋代聖政錄研究

他維宏 著

作者簡介

他維宏，1992 年生，甘肅永靖人，山東大學歷史文化學院博士研究生。主要研究宋代地方官學、西北史等。

提　　要

　　本書分爲上、下兩編。上編主要對宋代聖政錄的編修機制（包括編修緣起、編修機構、參編人員、編纂過程、體例、內容、進呈和管理制度）、聖政錄與其他史籍（如時政記、日曆、起居注、會要、玉牒、寶訓）的關係、聖政錄的政治、社會和文化功能，以及聖政錄的修纂對後世修史的影響等方面進行深入研究。下編對於現存於其他史籍中的宋代多部聖政錄之佚文進行輯錄。

目次

上編：宋代聖政錄研究

緒　論

（一）選題緣起及意義

　　兩宋是傳統史學繁榮昌盛的時代，主要表現在：修史制度更加完善；新的史學體裁如紀事本末體的出現；金石學的產生；編年體通史《資治通鑑》的問世；私人修史之風盛行，等等。聖政錄就是在這一背景下出現的一類史籍。它專門記錄宋代自太祖以降歷朝皇帝的「聖政嘉言皇猷美事」〔註1〕，目的在於記錄皇帝的功業，爲後代帝王提供歷史借鑒，使之從中汲取治世經驗。宋代聖政錄的編撰始自私人。錢惟演編撰的《咸平聖政錄》是宋代現今所知的第一部聖政錄。從眞宗朝開始，聖政錄編纂成爲宋朝的「祖宗故事」，後世不斷續編。宋代編成的聖政錄有史記載的計有十六部，其中的若干部或以節鈔本而冠以其他書名，或以合刊本的形式在社會上傳播，現已全部散佚〔註2〕，只有少量文字見於宋代其他文獻，這給聖政錄的研究造成了很大困難，以致

〔註1〕宋·李燾：《續資治通鑑長編》卷三五，淳化五年四月丙戌條，中華書局2004年版，第778頁。

〔註2〕現尚存世的《增入名儒講義皇宋中興兩朝聖政》一書並非南宋乾道二年（1166）、紹熙三年（1192）所修《高宗聖政》《孝宗聖政》原本，參見梁太濟《聖政今本非原本之舊詳辨》，載氏著《唐宋歷史文獻研究叢稿》，上海古籍出版社2004年版。此書現存三種版本：一是阮元在浙江學政任上訪得並影抄進呈內府的宛委別藏本，存四十八卷；一是南宋建刊巾箱本，存四十卷；一是藍格舊鈔本，存三十卷。據筆者考察，宛委別藏本、藍格舊鈔本的底本即爲建刊巾箱本，具體詳情參見本書上編附錄《〈增入名儒講義皇宋中興兩朝聖政〉版本考述》一文。此外，《永樂大典》中載有陸游《高宗聖政草》一卷，爲《高宗聖政》的部分原文，僅有20條，參見孔原《陸游及〈高宗聖政草〉》，《史學月刊》1996年第4期。

於學界研究不多。本課題在全面輯佚宋代聖政錄殘存條文的基礎上，結合史料記載，旨在通過對宋代聖政錄的編修機制（包括編修緣起、編修機構、參編人員、編纂過程、體例、內容、進呈和管理制度）、聖政錄與其他史籍（如時政記、日曆、起居注、會要、玉牒、寶訓）的關係、聖政錄的政治、社會和文化功能，以及聖政錄的修纂對後世修史的影響等方面進行深入研究，以期深化學界對宋代聖政錄基本情況的認識，從而助益於宋代史學及其與政治的關係等領域的研究。

具體而言，本課題的意義主要有以下三個方面：

第一，聖政錄的編修制度是宋代朝廷修史機制的重要組成部分。深入探討其編修機構、參與人員、編纂過程、進呈和管理制度等，可深化對宋代修史制度的認識。

第二，宋代聖政錄的編纂體例、史源及流傳等，學界研究極爲薄弱。通過研究，可加深對宋代各類典籍相互關係的認識，有助於對今存各類史籍的利用。

第三，通過對宋代聖政錄的政治、社會功能的研究，可以考察國家權力和主流意識形態主導下的史學編纂的特點，從而深化對史籍編纂與政治權力關係這一問題的認識。

（二）相關研究成果的回顧與分析

與本課題相關的研究成果較多，爲便於敘述，現據研究主題分宋代聖政錄研究、宋代史學研究、史學與政治關係研究三個方面進行總結。

1. 關於宋代聖政錄的研究

學術界對宋代聖政錄的研究，已有一些成果問世，主要集中於兩個方面：

一是從文獻學的角度進行探討。

大陸方面：梁太濟《聖政今本非原本之舊詳辨》（氏著《唐宋歷史文獻研究叢稿》，上海古籍出版社 2004 年版）一文從體例、論、事條三個方面對現今尙存的宛委別藏本《增入名儒講義皇宋中興兩朝聖政》進行了研究，指出此書已非乾道二年（1166）、紹熙三年（1192）所修的《高宗聖政》和《孝宗聖政》的原本，考證精詳，論辯有力，對我們認識該書的性質具有重要價值。燕永成《南宋史學研究》（甘肅人民出版社 2007 年版）一書對南宋聖政和寶訓作了考述，但偏詳於寶訓，關於聖政的考述比較簡略。陳植鍔《石介事蹟

著作編年》（中華書局 2003 年版）一書對石介所撰的《三朝聖政錄》有所涉及。孔原《陸游及〈高宗聖政草〉》（《史學月刊》1996 年第 4 期）一文將存於《永樂大典》中的 20 條《高宗聖政草》事文與今殘存的《增入名儒講義皇宋中興兩朝聖政》進行比勘，認爲陸游原作是《高宗聖政草》，後易名爲《中興聖政草》，二者同爲一書，與今殘存的《增入名儒講義皇宋中興兩朝聖政》一書不是一回事，糾正了四庫館臣將二者混爲一談的錯誤說法。汪聖鐸、陳朝陽《〈宋史全文〉插引史論文獻研究》（氏著《宋代歷史文獻研究》，河北大學出版社 2016 年版）一文指出《宋史全文》高宗、孝宗部分出現的以「臣留正等曰」形式的史論共 63 次，全部出自《增入名儒講義皇宋中興兩朝聖政》。孔學《〈建炎以來繫年要錄〉注文辨析》（《史學史研究》1998 年第 1 期）從注文方面探討了《建炎以來繫年要錄》與《增入名儒講義皇宋中興兩朝聖政》的關係，認爲今本《建炎以來繫年要錄》是清修四庫全書時從《永樂大典》中輯出的，注文中攙入不少後人的注文。後人增入的部分注文是明修《永樂大典》時增入的，其中大部分是轉引自《增入名儒講義中興兩朝聖政》《宋史全文》兩書中的議論。郝伶伶的碩士論文《已佚兩種宋代歷史文獻輯佚與研究》（河北大學碩士論文，2012 年）在討論南宋呂源對富弼《三朝聖政錄》所作的增釋時，涉及到富弼《三朝聖政錄》。溫志拔《〈中興兩朝編年綱目〉考略》（《文獻》2013 年第 2 期）一文認爲《高宗聖政》《孝宗聖政》是《中興兩朝綱目》的史料來源之一。

　　港臺方面：王德毅《宋代的聖政和寶訓之研究》（《書目季刊》第 20 卷第 3 期，1986 年）一文對宋代幾部《聖政》的編纂、成書年代、卷數作了考證，但尚不全面，且偏重於寶訓，對聖政考證較爲簡略。梁天錫在《南宋宰輔帶銜編修制度》（宋史座談會主編《宋史研究集》第 17 輯，臺灣「國立編譯館」1988 年版）一文中認爲南宋在編修聖政錄時由宰相帶銜編修。

　　二是從聖政錄與政治之關係的角度進行探討。鄧小南的專著《祖宗之法——北宋前期政治述略》（生活・讀書・新知三聯書店 2014 年版）考察了宋代聖政錄的編纂、基本體例以及編纂立意，認爲宋代聖政錄編纂立意於在潛移默化中完成統治規範，播布祖宗朝的盛美之事，傳授列祖列宗的治國章法，使得國家代代明君，長治久安。論文《〈寶訓〉〈聖政〉與宋人的「本朝史觀」——以宋代士大夫的「祖宗觀」爲例》（氏著《宋代歷史探求——鄧小南自選集》，首都師範大學出版社 2015 年版）論證了《聖政》的編纂、傳佈、進講

與宋人史觀的關係及對祖宗形象的塑造，指出宋人在編纂《寶訓》和《聖政》時有著「以繼爲承，用時光大」「天子之學與凡庶不同」的認識，並通過《寶訓》和《聖政》編纂材料的取捨和經筵講讀完成對祖宗形象的塑造，這一過程不是單純地「加法」和「減法」，而是透露著宋人對於本朝歷史的看法和認識。這些研究對我們認識聖政錄與宋代政治的關係具有重要的啓發意義。美國學者蔡涵墨的《陸游〈中興聖政草〉考》（中國歷史文獻研究會編《歷史文獻研究》總第 36 輯，華東師範大學出版社 2016 年版）一文重新對陸游編纂《中興聖政草》的背景、目的及陸游塑造的高宗形象及給予孝宗的信息作了論述，認爲陸游編纂《高宗聖政》有兩個目的：一是讚美高宗，並且通過將其與太祖作比較來鞏固高宗作爲南宋建立者的地位；二是向孝宗建議應如何解決高宗主政期間所產生的諸多行政問題。

以上對學術界關於宋代聖政錄研究的敘述，限於學識，難免掛一漏萬，但大體上能夠反映宋代聖政錄研究的概貌。學術界討論的焦點主要有二：一是宋代聖政錄的基本情況，對這一問題的研究一般是以文獻考證的方法對宋代聖政錄的編纂和成書年代、卷數進行考證。二是聖政錄的編纂立意及其與政治的關係。雖然諸文討論了聖政錄的編纂目的及其與政治的關係，但聖政錄的編纂除祖宗形象塑造及宋人的史觀之外仍然有進一步探討的空間。

從總體上看，學界對宋代聖政錄的研究在以下幾個方面還比較薄弱：一是聖政錄的史源和進呈、管理制度。由於宋代的聖政錄現皆已散佚，其史料來源不易搞清，因而鮮有論述。聖政錄的進呈和嚴格的管理制度，前述研究中罕有討論。二是聖政錄的政治、社會、文化功能和對後世修史的影響。對於聖政錄的政治功能，學術界雖有論述，但僅將其視爲教育帝王的教材、汲取經驗的源泉是不夠的，對其社會、文化功能及對後世的影響，前述研究也未進行探討。三是關於現存《增入名儒講義皇宋中興兩朝聖政》與《高宗聖政》和《孝宗聖政》的關係。學界雖然利用散佚在諸史籍中的《高宗聖政》《孝宗聖政》的條文與其對勘，證明其不是一書。但是對《增入名儒講義皇宋中興兩朝聖政》與《高宗聖政》《孝宗聖政》的關係並沒有深入討論，而且隨著新史料的發現，如宋佚名撰《國朝冊府畫一元龜》一書中引用的《高宗聖政》的條文，爲深入探討二者的關係提供了可能。

2. 關於宋代史學的研究

聖政錄的出現與宋代史學的發達有緊密聯繫。正是由於宋代修史制度完備，史書編纂的創新等，促成了聖政錄這種史籍的出現。聖政錄編修機制是宋代修史制度的重要組成部分，對宋代修史制度的整體把握有利於深入考察聖政錄的編修制度。因此，對宋代史學發展和修史制度的全面把握有利於對聖政錄的深入研究。學界關於宋代史學的研究成果十分豐碩，這裡僅選擇代表性的論著，分爲兩個方面略加敘述。

一是從整體上討論宋代的史學及其地位。

大陸方面：高國抗在《宋代史學及其在中國史學史上的地位》（中國歷史文獻研究會編《中國歷史文獻研究集刊》第4集，嶽麓書社1984年版）一文中認爲宋代史學具有史書數量豐富、史家輩出、史學題材多樣化且富有創造性、修史制度完備、私家撰修盛行且思想上宣揚封建倫常、對迷信採取批判的態度等特點，在中國史學史上佔有重要地位。宋衍申的《宋代史學在中國古代史學中的地位》（《松遼學刊》1984年第2期）一文指出：宋代史學是以往各朝史學之集大成者，爲後世史學所不及。張大同在《論宋代史學的普及化》（《山東社會科學》1987年第2期）一文中認爲宋代史學是高度發達的「立體化」的史學，史學知識的普及潮流是史學立體化的重要推動力，指出學術研究走向民間教育，歷史故事融入到民間講史、小說和其他藝術形式，歷史讀物的廣泛流傳，匯融於宋代文人作品等特點，是宋代史學普及的主要表現。王天順在《試論宋代史學的政治功利主義》（《中州學刊》1997年第1期）一文中考察了宋代史學中的功利主義，指出宋代史學高度發展是史學政治功利主義目的空前強化的結果。

港臺方面：王德毅在《宋代國家處境與史學發展》（氏著《宋史研究論集》，臺北商務印書館1993年版）一文中討論了宋代國家的處境與史學發展的關係；其《宋代史學的特質及影響》（《臺大歷史學報》第23期，1999年）一文指出宋代史學有向博徵與考信、經世與義理、承舊與創新、貫古與通今四個特質，對明清史學產生了重要的影響；其《南宋史家的承舊與創新——兼論對元明史學的影響》（張其凡等主編《徐規教授九十華誕紀念文集》，浙江大學出版社2009年版）一文指出南宋史家修史既承繼北宋，又有創新發展，南宋修史制度對元明史學產生了重要的影響。

二是討論宋代官方修史以及制度。

大陸方面：蔡崇榜《宋代修史制度研究》（臺灣文津出版社 1991 年版）一書對宋代官方修史活動進行了全面詳實的探討，重點對起居注、時政記、日曆、實錄、國史、會要的史料來源、編纂過程、制度沿革進行全景式地考察，並對宋代修史制度的特點、弊端歸納分析，可使我們對宋代修史制度有全面的把握。葛兆光《宋官修國史考》（《史學史研究》1982 年第 1 期）一文對《三朝國史》《兩朝國史》《四朝國史》《中興四朝國史》的編纂進行了考證，認爲國史修纂爲《宋史》修纂提供了史料，《宋史》在編修過程中沿襲了國史的體例和褒貶的史學思想。許沛藻在《宋代修史制度及其對史學的影響》（《上海師範大學學報》1989 年第 1 期）一文中指出宋代統治者重視讀史、修史，宋代修史制度、機構趨於完備，修撰當代史風氣盛行。王瑞來的《宋代〈玉牒〉考》（《文獻》1991 年第 4 期）對宋代玉牒的編修制度、進呈管理制度、編纂情況、玉牒的形式和內容、玉牒與其他史書的關係、玉牒與宋代政治作了詳細的考證和論述。孔學的《宋代〈寶訓〉纂修考》（《史學史研究》1994 年第 3 期）對宋代《寶訓》的基本情況作了考證。王盛恩的《宋代監修國史和提舉修史制度變化考》（《史學月刊》2006 年第 7 期）論述了宋代監修國史和提舉修史制度的演變。

港臺方面主要是王德毅的研究。他發表了《宋代的起居注與時政紀之研究》（宋史座談會主編《宋史研究集》第 21 輯，臺灣「國立編譯館」1992 年版）、《宋代的日曆和玉牒之研究》（氏著《宋史研究論集》，臺北商務印書館 1993 年版）、《北宋九朝實錄纂修考》、（氏著《宋史研究論集》第 2 輯，臺灣新文豐出版有限公司 2008 年版）《宋神哲徽欽四朝國史修纂考》（臺灣《幼獅學誌》第 2 卷第 1 期，1963 年）、《兩宋十三朝會要纂修考》（宋史座談會主編《宋史研究集》第 11 輯，臺灣「國立編譯館」1979 年版）和《宋中興高孝光寧四朝實錄修纂考》（浙江大學宋學研究中心編《宋學研究集刊》第 2 輯，浙江大學出版社 2010 版）等六篇文章，對宋代起居注、時政記、日曆、玉牒、實錄、四朝國史、十三朝會要的編纂情況作了詳實的考證。

綜上所述，學術界對宋代史學及其地位、官方修史與修史制度已有較深的學術積澱。通過對宋代史學及其修史制度的把握，有利於加深聖政錄的研究。

3. 關於史學與政治關係的研究

史學與政治的關係十分密切，史學本身不可能完全不受政治的影響。一個時代的政治環境和政治發展必然會影響到這個時代的史學發展，同時史學也爲這個時代的政治實踐提供歷史經驗。學界對於歷代史學與政治關係的研究有較多成果，對我們研究聖政錄的政治功能等頗具啓發意義。

瞿林東《唐代史學與唐代政治》（《史學史資料》1979 年第 1 期）一文討論了唐代史學與唐代政治的關係，認爲唐代史學的成就是唐代經濟和政治發展的結果；最高統治集團視史學爲鞏固政治統治的重要手段之一，在很大程度上促進了史學的發展；統治者眼中的史書具備「覽前王之得失，爲在身之龜鏡」、「極爲治之體，盡臣君之義」、「盛業鴻勳，咸使詳備」三個特徵。徐茂明在《唐代史學與政治的關係》（《蘇州大學學報》1990 年第 4 期）一文中指出唐代修史服務於現實政治；修史制度的完善標誌著統治者對史學控制的加強；史館內直筆和曲筆之爭與外廷政治鬥爭相呼應。李傳印《魏晉南北朝時期史學與政治的關係》（華中科技大學出版社 2004 年版）一書從政治格局、門閥政治對歷史撰述的影響、史學在政治活動中的作用、史學中的直書與曲筆及其同政治的關係、史學家的政治觀及其影響等方面系統地論述了魏晉南北朝時期史學與政治的關係。燕永成在《宋代帝王歷史意識探究》（《江西社會科學》2014 年第 4 期）一文中認爲個人喜好以及經筵經史講讀制度的推行，使得宋代帝王對史學的認識水平及重視程度有所提高，他們甚至能秉持以史爲鑒與以史資治的思想觀念，並不時將其用於施政實踐；同時，宋代帝王往往通過體現帝王意志的相關制度與特殊舉措來掌控官私史學，強化史學的現實功用，在推動了宋代史學發展繁榮的同時，也使得在官修本朝史時體現出帝王的某些旨意。向燕南在《史學與明初政治》（《浙江學刊》2002 年第 2 期）中認爲洪武時期的史學與政治始終有著十分密切的聯繫，明太祖朱元璋不僅從歷史中獲得制定各項政策和建立各種制度的理論依據，而且還有意識地利用史學直接爲其具體的統治目的服務，這是明初史學發展的重要特點。

從以上簡要的學術回顧中，可看出學界對於宋代聖政錄的研究尚處於初步階段：第一，對於聖政錄的研究多集中於考證其編纂歷程、卷數等，關於聖政錄的編修制度包括編纂緣起、體例、編修機構、進呈管理制度、史料來源等尚不清晰，需要進一步梳理和探討。第二，雖有學者討論了聖政錄的編纂與宋代的政治、宋人史觀的關係，頗具啓發意義，但仍有深入探討的空間。

第三，聖政錄作爲一種史籍，其在宋代史書編纂或史學史上的地位，必然有其社會、文化方面的功能，並對後世修史有深遠影響，學界對於這些問題尚無闡發，需要進一步研究。

（三）研究思路、方法及創新之處

本編首先論述宋代聖政錄的編修制度，包括編修緣起、編修機構、參與人員；其次考證宋代各部聖政錄的始編年代、成書年代、卷數等基本情況及進呈和管理制度；再次，依據殘存聖政錄的文本討論其內容、體例，並分析聖政錄與其他史籍如時政記、日曆、起居注、會要、玉牒、寶訓的關係，搞清聖政錄的史料來源；最後，考察聖政錄的政治功能、社會功能和文化功能，探討歷史編纂與政治和社會環境的關係及對後世修史的影響。在附錄中呈現聖政錄佚文在其他史籍中的分佈情況、學術界對聖政錄的研究狀況和現存聖政錄的版本情況，並對《增入名儒講義皇宋中興兩朝聖政》一書的三種版本及其之間的關係進行考述。

本編將以歷史學的基本方法爲主，注意運用考證和比較的方法，以期搞清宋代聖政錄這類史籍的基本情況和功能、地位等。

本編針對以往研究中存在的薄弱環節，嘗試在以下幾個方面有所創新：

第一，學術界對於聖政錄的研究，集中於基本知識的考證，對於編修機構、參與人員、史料來源、進呈和管理制度及其社會、文化功能、對後世修史的影響等問題尚無涉及，本編將盡力對這些問題展開研究。

第二，《原國立北平圖書館甲庫善本叢書》中所載宋人編纂的《國朝冊府畫一元龜》一書中引用《高宗聖政》達 35 條，未見前人引用。本編擬將上述史籍所引《高宗聖政》的條文與《增入名儒講義皇宋中興兩朝聖政》事條對勘，對學界「二者不是一書」的觀點進行補正，並進一步探討其與《高宗聖政》《孝宗聖政》的關係。

第三，《增入名儒講義皇宋中興兩朝聖政》的三種版本即南宋建刊巾箱本、宛委別藏本和藍格舊鈔本，學界尚無討論，本編對此三種版本進行深入的考察，明確他們之間的關係，進而對該書的版本系統有清晰的揭示。

一、宋代聖政錄的編修

　　史學家陳寅恪曾說「中國史學莫盛於宋」〔註1〕。蒙文通先生也指出「經學莫盛於漢，史學莫精於宋」〔註2〕。有宋一朝，修史制度完備，撰史名目多樣。宋人章如愚歷數本朝所修史之類別時云：

> 修撰史之目不一，而其凡有二：曰紀載之史，曰纂修之史。時政有記，起居有注，其紀載之史乎？纂修之史名目滋多：實錄云者，左氏體也；正史云者，司馬體也。紀其大事，則有玉牒；書其盛美，則有聖政；總其樞轄，則有會要。其曰日曆，合紀注而編次之也；其有寶訓，於實錄、正史之外而撰定之也。〔註3〕

聖政錄記載的是皇帝的盛美之事，屬於所謂「纂修之史」，即在「記載之史」如時政記、起居注等的基礎上進一步編撰而成。

　　宋代聖政錄的修纂首先始於私人，不過這種修纂行為很快為官方承認和接納。宋真宗天禧四年（1018），宋代第一部官修聖政錄——《天禧聖政紀》撰成，自此修纂聖政錄成為宋朝的「祖宗故事」，後繼帝王都加以續修。現今學界對聖政錄的研究尚屬薄弱，對聖政錄的編修機制缺乏清晰完整的揭示，有鑒於此，本部分在前人研究的基礎上，爬梳相關史料，首先對宋代聖政錄的編修機制包括編修緣起、編修機構、編修人員進行探討；其次考察宋代各

〔註1〕陳寅恪：《金明館叢稿二編·陳垣〈明季滇黔佛教考〉序》，生活·讀書·新知三聯書店 2001 年版，第 272 頁。
〔註2〕蒙文通：《中國史學史·跋華陽張君〈葉水心研究〉》，上海人民出版社 2006 年版，第 161 頁。
〔註3〕宋·章如愚：《羣書考索·續集》卷一六《諸史門·國史·修撰》，影印文淵閣四庫全書本。

部聖政錄的編纂情況以及進呈和管理制度，以期對宋代聖政錄的編修機制有清晰完整的認識。

（一）聖政錄的編修緣起

宋代聖政錄的編纂傚仿唐吳兢修撰的《貞觀政要》。吳兢認爲太宗政化最美，可以垂範後世，於「《太宗實錄》外采太宗與羣臣問對之語，以備觀戒，爲《政要》，凡四十篇，十卷。始君道、政體、任賢、求諫，終於謹終。表云：『比見朝野七庶論及國家政教者，咸云若陛下之聖明，克邁太宗之故事，則不暇遠求上古之術，必致太平之業。』」〔註4〕可見吳兢的修纂目的有二：一爲使太宗之「可久之業益彰，可大之功尤著」〔註5〕；二爲備勸誡，爲後世帝王樹立榜樣，學習先朝的治國經驗，從而使國家久治。宋人編纂聖政錄也是追求這樣的目的。

石介在《三朝聖政錄》的自序中明言此書的編修緣起。序言首先追述了太祖、太宗一統天下，眞宗繼承遺業，勵精圖治，最終使宋王朝繁榮富強、社會和諧穩定的豐功偉績，認爲「若太祖之英武，太宗之聖神，眞宗之文明，授受承承，以興太平，可謂跨唐而逾漢，駕商、周而登虞、夏者也」，且他在「草茅之下、閭里之中，聽田父農叟歌詠三聖之德，盈溢乎耳。及登仕路以來，時接搢紳大夫語，其說三聖之政益詳」，而「三聖致太平之要道，或慮國史紀之至繁，書之不精，聖人一日萬機，不能徧覽，唐史臣吳兢嘗爲《貞觀政要》，臣竊效之，作《三朝聖政錄》」，希望仁宗「法建隆、開寶、興國、雍熙、至道、咸平之政，以阜萬民，以繼太平，以丕於三聖之光，以樹乎萬世之基……苟更能斟酌祖宗垂憲，效而行之，可謂《韶》盡美矣，又盡善也」。〔註6〕

韓琦在爲此書撰寫的序言中也稱：

> 夫監之無愆者，先王之成憲也；前之不忘者，後事之元龜也。
>
> 昔周、漢守文之君，皆能謹行祖考之道，故神保其治而民安其法。……
> 宋之受命也，易五代之弊，規萬世之策，海內休息、不睹兵革之患
> 者，幾八十年矣。是蓋太祖、太宗、眞宗神武之所戡定、文德之所

〔註4〕宋·王應麟：《玉海》卷四九《唐貞觀政要》，廣陵書社2003年版，第925～926頁。

〔註5〕唐·吳兢撰，謝保成集校：《貞觀政要集校·序》，中華書局2003年版，第8頁。

〔註6〕宋·石介撰，陳植鍔點校：《徂徠石先生文集》卷一八《三朝聖政錄序》，中華書局1984年版，第209～210頁。

安輯，以繼以承，時用光大。……履祖宗之聖蹟，以興太平……上
以述列聖之美，次以達一人之聽，其於奉上愛君之心，誠亦厚且大
矣。唯聖主日置左右，留神觀采，守此昭範，勤於奉行，以舉乎政
綱，以昌乎積累之丕緒。〔註7〕

可見，編修《三朝聖政錄》的目的在於永存太祖、太宗、眞宗等先王的成憲，
期望仁宗能夠勤於奉行，使國家大治，即「履祖宗之聖蹟，以興太平」。

仁宗慶曆年間，面臨內憂外患，社會危機進一步加深，國勢日頹。如何
扭轉這種局勢，成爲北宋朝廷亟待解決的問題。此時的宋仁宗和官員士大夫
們從今朝祖宗治國的經驗中尋找解決的辦法。正因如此，慶曆三年（1043），
樞密副使富弼向宋仁宗建言修纂《三朝聖政錄》，云：

臣歷觀自古帝王理天下，未有不以法制爲首務。法制立，然後
萬事有經，而治道可必。宋有天下九十餘年，太祖始革五代之弊，
創立法度，太宗克紹前烈，紀綱益明，眞宗承兩朝太平之基，謹守
成憲。

近年紀綱甚紊，隨事變更，兩府執守，便爲成例。施於天下，
咸以爲非，而朝廷安然奉行，不思劃革。至使民力殫竭，國用乏匱，
吏員冗而率未得人，政道缺而將及於亂。賞罰無準，邪正未分。西
北交侵，寇盜充斥。師出無律而戰必敗，令下無信而民不從。如此
百端，不可悉數。其所以然者，蓋法制不立而淪胥至此也。

臣今欲選官置局，將三朝典故及討尋久來諸司所行可用文字，
分門類聚，編成一書，置在兩府，俾爲模範。庶幾頹綱稍振，敝法
漸除，此守基圖救禍亂之本也。〔註8〕

可見，富弼編纂此書立意在於重新整理太祖、太宗、眞宗三朝紀綱成憲，藉
以參照，糾治本朝紀綱紊亂的狀況，矯正頹綱弊法及時政差失。

南宋時，繼承了北宋修纂聖政錄的傳統，歷朝都修纂聖政錄。整理編纂
先朝皇帝聖政的目的有二：首先，對先皇一朝治理國家的優秀經驗、制度以
文字的形式保存下來，發揚先皇的聖德；其次，本朝皇帝在治國時，時時參
照，使國家長治。紹興三十二年（1162）六月二十三日，孝宗即位不久，就下

〔註7〕宋·韓琦：《安陽集》卷二二《三朝聖政錄序》，影印文淵閣四庫全書本。
〔註8〕宋·李燾：《續資治通鑑長編》卷一四三，慶曆三年九月丙戌條，中華書局2004
年版，第3455～3456頁。

詔：「朕惟太上皇帝臨御三紀，法令、典章粲然備具。嗣位之初，深懼墜失，其議設官，裒集建炎、紹興以來詔旨、條例以聞，朕當與卿等恪意奉行，以對揚慈訓。」〔註9〕淳熙十六年（1189）二月二十九日，光宗下詔：「壽皇聖帝臨御歲久，典章法度粲若日星，可令日曆所編類成書，朕當遵而行之，仰稱付託之意。」〔註10〕

需要注意的是，宋代聖政錄的編修始於私人撰修。有宋一代，私人所撰聖政錄共兩部，即錢惟演《咸平聖政錄》和石介《三朝聖政錄》。二書的編撰固然有垂後世、備勸誡的意願，但並不排除其中存有個人目的的可能。

錢惟演是降臣吳越王錢俶之子，歸宋後，朝廷一直加以防範，其所任官職為右屯衛將軍、右神武將軍等閒職，地位低下。真宗即位後，錢惟演看到真宗天性好學，不遺餘力地推行右文政策，瞅準機會，在咸平三年（1000）五月十五日，「獻所著文及《咸平聖政錄》，召試學士院，命為太僕少卿」〔註11〕。咸平三年八月戊寅第二次進呈《咸平聖政錄》，宋廷因命其直秘閣，預修《冊府元龜》。從此錢惟演在真宗朝步步高升，最終在乾興元年（1022）官至樞密使。可見，修撰和進呈《咸平聖政錄》是錢惟演仕宦的轉折點。錢惟演修撰進獻《咸平聖政錄》而獲得加官的行為，明顯地透露出其利用真宗好學右文的特性，以修書為名而改變自己低下的政治地位的目的。私修聖政錄另一人石介何嘗不是如此。

石介「篤學有志尚，樂善疾惡，喜聲名，遇事奮然敢為」〔註12〕，非常熱衷於政治，結交大臣，常「出入大臣之門，頗招賓客，預政事，人多指目」〔註13〕。石介於天聖八年（1030）中進士，是年26歲，授「鄆州觀察推官、南京留守推官。御史臺奏辟主簿，未至，以上書論赦，罷不召。秩滿，遷某軍（鎮南軍）節度掌書記，代其父（丙）官於蜀，為嘉州軍事判官。丁內外艱去官，垢面跣足，躬耕徂徠之下……服除，召入國子監直講」〔註14〕。

〔註9〕 宋・王應麟：《玉海》卷四九《乾道光堯聖政》，廣陵書社2003年版，第930頁。
〔註10〕 清・徐松：《宋會要輯稿・職官》四一之七三，中華書局1957年版，第3203頁。
〔註11〕 清・徐松：《宋會要輯稿・選舉》三一之一二，中華書局1957年版，第4729頁。
〔註12〕 元・脫脫：《宋史》卷四三二《石介傳》，中華書局1977年版，第12833頁。
〔註13〕 元・脫脫：《宋史》卷四三二《石介傳》，中華書局1977年版，第12836頁。
〔註14〕 宋・歐陽修撰，李逸安點校：《歐陽修全集》卷三四《居士集・徂徠石先生墓誌銘》，中華書局2001年版，第506～507頁。

　　石介進呈《三朝聖政錄》是在寶元元年（1038），石介時年三十四，韓琦為其書作序〔註15〕。在進呈《三朝聖政錄》之前，石介所任鄆州觀察推官、南京留守推官、鎮南軍節度掌書記、嘉州軍事判官都是幕職州縣官。進呈《三朝聖政錄》之後，服除，石介被命為國子監直講，此職一般由京朝官充。從此，石介躋身於京朝官的行列。修撰進呈《三朝聖政錄》是石介任官的轉折點。

　　綜上所述，宋代聖政錄的修纂始於錢惟演修撰的《咸平聖政錄》，此後這種修纂行為被官方接受，修纂聖政錄成為宋朝的「祖宗之法」，歷朝歷代加以編修。宋代聖政錄的編修目的首先在於弘揚皇帝的豐功偉業，聖德盛舉，使之垂範後代，流芳百世；其次通過整理總結先朝以及本朝前一時期的治國措施，從中汲取優秀的經驗和方法，矯正當前治政的失誤，使國家長治久安。需要特別說明是，宋代私人修撰的聖政錄固然有上述的立意，但其中亦不乏濃厚的個人動機。

（二）聖政錄的編修機構和編修人員

　　宋代聖政錄的修撰分為官、私兩種。官方主持修纂聖政錄時，有專門的編修機構和編修人員；私人修撰具有很大的隨意性，沒有固定的修撰時間和地點，並且隨著實際情況的變化而相應改變。學界對於聖政錄的編修機構和編修人員尚無討論，有鑒於此，本節嘗試對這一問題做一探討。需要說明的是本節所要討論的編修機構是指官修聖政錄的編修機構，編修人員的考察則以官修為主，兼及私修。

1. 聖政錄的編修機構

　　貞觀三年（629）十二月，唐太宗「始移史館於禁中，在門下省北，宰相監修國史，自是著作郎始罷史職」〔註16〕。設館修史、宰相監修的官方修史制度得以正式確立。宋代在繼承唐制的基礎上，逐步建立起自己的一套修史制度。宋廷為確保修史的連貫性，設立了相當數量的修史機構，這些機構名目繁多，其隸屬關係也變化無常，大多數為臨時設置，遇事即設，事畢而罷，朝廷派遣專門人員主持並撰史。〔註17〕各類史料的編次和史書的修撰，都有相應的修撰機構。起居院修撰起居注，時政記房修撰時政記，日曆所修撰日

〔註15〕陳植鍔撰，周秀蓉整理：《石介事蹟著作編年》，中華書局 2003 年版，第 75～82 頁。
〔註16〕後晉・劉昫：《舊唐書》卷四三《職官志二》，中華書局 1975 年版，第 1852 頁。
〔註17〕參見楊渭生等《兩宋文化史研究》，杭州大學出版社 1998 年版，第 684 頁。

曆，史院修撰國史、實錄，會要所修撰會要，玉牒所修撰玉牒，書局修撰其他史書。〔註18〕

北宋時期，聖政錄的編修機構並無專名，只為臨時設置書局，選派官員進行修撰，事已則罷。至南宋，出現了專門修撰聖政錄的機構——編類聖政所。不久，該機構並歸國史日曆所，此後聖政錄的編纂一直在國史日曆所，直至宋亡。

由於史料的缺乏，北宋聖政錄的修撰機構十分模糊，僅知在修撰聖政錄時，朝廷臨時置局以行其事，事畢即廢。慶曆三年（1043）九月，富弼主持修撰《三朝聖政錄》時，「選官置局，將三朝典故及討尋久來諸司所行可用文字，分門類聚，編成一書，置在兩府，俾為模範」〔註19〕即為明證，其餘聖政錄的修撰機構不詳，一般而言，也與富弼修《三朝聖政錄》相同。

南宋時，聖政錄的編修機構經歷了從敕令所到提舉編類聖政所，再到國史日曆所的演變過程，這些機構雖然是專門設置修撰聖政錄，但仍具有臨時性，即事始則置，事畢則廢。

紹興三十二年（1162）六月二十三日，孝宗下詔「設官裒集建炎、紹興以來詔旨、條例以聞」〔註20〕，命權吏部侍郎徐度、權刑部侍郎路彬措置裒集，以備修纂《高宗聖政》。二十九日，權吏部侍郎徐度奏請復置敕令所，云：「近措置裒集建炎、紹興詔旨，令專一置局。竊見祖宗以來遇修一朝敕令格式，差朝臣提領編敕，事已則罷，乞權行復置。今來係專一裒集太上皇帝一朝聖政，其所名取自朝廷指揮。」在奏請復置敕令所的同時，徐度還制定了敕令所的相關事宜：

> 一、刪定官以三員為額，於行在職事官內差除。本身請給外，添支御廚第三等喫食一分。人吏以十一人為額。通引官二人，承發取會文字。
>
> 一、今踏逐懷遠驛空閒，可時暫置司。
>
> 一、舊敕令所印記，今乞依舊關借。其應干合行事件，乞並依昨敕令所前後已得指揮施行。〔註21〕

〔註18〕 參見蔡崇榜《宋代修史制度研究·緒言》，臺灣文津出版社1991年版，第5頁。

〔註19〕 宋·李燾：《續資治通鑑長編》卷一四三，慶曆三年九月丙戌條，中華書局2004年版，第3456頁。

〔註20〕 宋·王應麟：《玉海》卷四九《乾道光堯聖政》，廣陵書社2003年版，第930頁。

〔註21〕 清·徐松：《宋會要輯稿·職官》四之四五，中華書局1957年版，第2459頁。

從徐度制定的敕令所相關事宜可知：

一為敕令所的人員構成除權吏部侍郎徐度、權刑部侍郎路彬外，尚有刪定官三員，吏人十一員，掌收發文書的通引官二員，共十八人。

二為敕令所設置在懷遠驛。懷遠驛，「舊在法慧〔惠〕寺，今廢」〔註22〕。紹興二年（1132），宋高宗駐蹕臨安府，秘書省設置在油車巷東的法惠寺中。紹興十三年（1143）十二月，高宗採納秘書丞嚴抑的奏請，下詔兩浙轉運司重新修建秘書省。紹興十四年（1144）六月二十二日，將原在法惠寺的秘書省遷至臨安府清河坊糯米倉巷西、懷慶坊北、通哲坊東的地方，其地東西三十八步，南北二百步〔註23〕。宋廷將原來秘書省的地方設置懷遠驛，「新省既成，以舊省為懷遠驛，驛廢，為臺諫宅」〔註24〕。宋人樓鑰亦云：

> 高宗嗣歷，庶事草創，而卿列不以一日廢迫。駐蹕錢塘，以法惠僧寺東偏隙地為敕令所，又街之東則為容臺，尚不足以盡設禮樂之器，遇閱習則列宮架于法惠寺中。紹興三十一年，少卿王公普始請易地，會敕局中廢，遂遷焉。中為寅清堂，耽耽夏屋，于是為稱。法惠既廢為懷遠驛，又以為臺諫官舍敕局再建于寺之舊處，而容臺不移於今五十年矣。〔註25〕

三為敕令所的印記仍用舊時的印記，並且按照原來敕令所的相關規定按章辦事。

朝廷採納了徐度的請求及相關的事宜規定，復置敕令所，並決定將修撰《高宗聖政》所置書局仍名為敕令所。紹興三十二年九月十一日，孝宗下詔將「敕令所改為編類聖政所」〔註26〕。敕令所自紹興三十二年六月二十九日置，九月十一日改為編類聖政所。雖然只存在了兩個多月的時間，但其承擔了修撰《高宗聖政》的前期資料搜集工作，即「裒集建炎、紹興詔旨」。

〔註22〕宋・周淙：《乾道臨安志》卷一《館驛》，中華書局編：《宋元方志叢刊》第4冊，中華書局1990年版，第3219頁。

〔註23〕宋・陳騤撰，張富祥點校：《南宋館閣錄》卷二《省舍》，中華書局1998年版，第9～10頁。

〔註24〕宋・陳騤撰，張富祥點校：《南宋館閣錄》卷二《省舍》，中華書局1998年版，第9頁。

〔註25〕宋・樓鑰：《攻媿集》卷五四《重修太常寺記》，影印文淵閣四庫全書本。

〔註26〕宋・陳騤撰，張富祥點校：《南宋館閣錄》卷七《官聯上》，中華書局1998年，第80頁。

　　孝宗下詔將敕令所改爲編類聖政所後，仍以宰臣提舉，宰臣「惟提大綱」，而不與修撰之事。置編類聖政所詳定官、檢討官具體負責修撰。雖然敕令所改爲編類聖政所，增置詳定官、檢討官等官員，但原來敕令所的人員、相關的章程並沒有改變。隆興元年（1163）五月十九日，因諫議大夫王大寶等奏請裁減、省併官吏和機構，孝宗下詔將「編類聖政所併歸日曆所，依舊宰臣提領。其檢討官二員以館職兼，仍令日曆所人吏先行遺[遣]」〔註27〕。我們可從淳熙十六年（1189）三月編修《孝宗聖政》時國史日曆所的奏議中更能看出編類聖政所歸併國史日曆所之後，聖政編纂工作是如何開展的。二十一日，國史日曆所言：

> 編類壽皇聖帝典章法度，乞以《至尊壽皇聖帝聖政》爲名。今來編聖政，乞從舊例，就監修國史提舉，以「提舉編類聖政」繫銜。所修聖政文字，欲乞每月就監修國史過局日，聚議供呈。今來起修聖政文字合行開局，乞下太史局選定日分。昨來本所進修《光堯壽聖太上皇帝聖政》，添置檢討官二員，以館職兼，仍以「兼國史日曆所編類聖政檢討官」繫銜，即不干預修纂日曆。本所官祕書監少、著作郎佐同預編類，就用本所應干國史文字照使。應干行移，係令日曆所人吏充行遣。其取會文字並漏泄條禁，並依本所前後已得指揮，仍乞就用日曆所印記行使。〔註28〕

由此可知：第一，編類聖政所併歸國史日曆所後，由監修國史提舉聖政的編纂事務，以「提舉編類聖政」繫銜，已修好的聖政文字，等每月提舉修纂事務的監修國史到局日，聚議供呈，其修纂相關的事宜規定仍然保持不變，印記使用日曆所的印記；第二，編類聖政所詳定官被廢除，編類聖政所檢討官以「國史日曆所編類聖政檢討官」繫銜，編制爲兩員，編類聖政檢討官是聖政的專職修纂人員，不參與日曆的修纂，原有編類聖政所之吏員亦全部遣散，由日曆所人吏充用，且秘書監、少監、著作郎佐參與修纂。這樣一來，極大地精簡了機構和人員，節省財力，並且由朝廷統一管理，更加便於聖政的修

〔註27〕清·徐松：《宋會要輯稿·職官》四一之七二，中華書局1957年版，第3202頁。《南宋館閣錄》卷四《修纂上》云：「隆興元年七月，（編類聖政所）併歸日曆所」，所載編類聖政併歸國史日曆所的時間與《宋會要輯稿》異，《南宋館閣錄》恐誤，應以《宋會要輯稿》爲是。

〔註28〕清·徐松：《宋會要輯稿·職官》一八之一〇三至一〇四，中華書局1957年版，第2806頁。

纂。編類聖政所併歸國史日曆所後，歷朝聖政都是按照這一做法進行修纂的，直到宋亡。

　　總之，宋代官修聖政錄的編修機構可以分爲北宋、南宋兩個階段：北宋時期，聖政錄的修纂由朝廷臨時置書局，以大臣主持，選派官員以行其事，事畢即廢。南宋時期，其編修機構數度發生變化。紹興三十二年六月初修《高宗聖政》時在敕令所。兩個多月後，敕令所改爲編類聖政所。隆興元年五月，編類聖政所併入國史日曆所，由朝廷統一管理。此後歷朝聖政的編纂，俱在國史日曆所中，直到宋朝滅亡。

2. 聖政錄的編修人員

　　北宋時期，官修聖政錄的編修人員一般由朝廷選派充任。據現有史料，徽宗朝以前，宋廷並未設置專門的職官來組織人員修纂聖政錄，而是以他官充任。如修纂《天禧聖政紀》時，「命錢惟演、王曾編次，丁謂等參詳」〔註29〕，錢惟演時任樞密副使，王曾任參知政事，丁謂任首相、監修國史。修纂《三朝聖政錄》時，宋仁宗命樞密副使富弼總領，「天章閣待制王洙、右正言余靖、太常博士孫甫、集賢校理歐陽修同編」〔註30〕。至徽宗朝，宋廷設置了編修聖政錄官、聖政錄同編修官等專門的職官來安排聖政錄的編修人員。大觀四年（1110）閏八月十八日，大臣李圖南以工部尚書、聖政錄同編修官的身份措置條畫《大觀內外宗子學敕令格式》相關事宜，並將處理辦法上奏朝廷，獲得朝廷的認可〔註31〕。政和八年（1118）五月十八日，宋徽宗下詔：「諸路所上《旁通格》並日近臣僚推明財計等事，可付編修聖政錄官講畫，分別條目。」〔註32〕由此可知，編修聖政錄官、聖政錄同編修官不僅負責編修聖政錄，還時常被安排處理其他事務。《崇寧聖政》是由鄭居中主持編纂的〔註33〕。私人所修聖政錄有錢惟演的《咸平聖政錄》和石介的《三朝聖政錄》。

〔註29〕宋·王應麟：《玉海》卷四八《天禧聖政紀》，廣陵書社 2003 年版，第 922 頁。

〔註30〕宋·章如愚：《羣書考索·前集》卷一七《正史門·國史類》，影印文淵閣四庫全書本。

〔註31〕清·徐松：《宋會要輯稿·刑法》一之二四，中華書局 1957 年版，第 6473 頁。

〔註32〕清·徐松：《宋會要輯稿·刑法》一之三○，中華書局 1957 年版，第 6476 頁。

〔註33〕《崇寧聖政》的修撰情況史載不詳，惟《宋史·藝文志》云：「鄭居中《崇寧聖政》，二百五十五冊，又《聖政錄》，三百二十三冊。」按：自石介撰《三朝聖政錄》之後，聖政錄的編纂歸於朝廷。《崇寧聖政》定爲官方編纂，一般選官置局，眾人共同修撰而成。鄭居中因爲實際主持者，因而題爲作者。

　　南宋時期，聖政錄的編修一律爲官修，無私人修撰之例。紹興三十二年六月初修《高宗聖政》是在敕令所。敕令所的人員構成除權吏部侍郎徐度、權刑部侍郎路彬外，尚有刪定官三員，吏人十一員，掌收發文書的通引官二員。紹興三十二年九月十一日，孝宗下詔將敕令所改爲編類聖政所，以宰臣提舉，正式開始編纂《高宗聖政》。宰執提舉聖政錄修纂之事〔註34〕，李燾有云：「紹興二十六年，沈該、万俟卨並爲左、右僕射，始分監修及提舉爲二，至今因之。編聖政初屬左，尋屬右。」〔註35〕可知聖政錄提舉官並不固定，或以左僕射，或以右僕射提舉。若左、右僕射缺，則由參知政事等其他宰執大臣權提舉。後文中聖政錄編修人員一覽表中南宋聖政錄提舉大臣的職銜亦可證實這一點。宋廷還設置了編類聖政所詳定官、檢討官具體負責具體修撰之事，其員額不定。雖然增置了詳定官、檢討官等官，但原來敕令所的人員、相關的章程並沒有改變。

　　隆興元年五月十九日，詔：「編類聖政所併歸國史日曆所，依舊宰臣提領，仍令日曆所吏充行遣。」〔註36〕宰臣以「提舉編類聖政」繫銜，原有的編類聖政所詳定官被廢除，編類聖政所檢討官以「國史日曆所編類聖政檢討官」繫銜，員額爲兩員，以館職兼，負責具體修纂〔註37〕。原有編類聖政所之吏員亦全部遣散，由日曆所人吏充用。十月十四日，孝宗爲加強《高宗聖政》的修撰力量，命「秘書監、少同預編類」〔註38〕。淳熙十六年二月，國史日曆所關於修纂《孝宗聖政》的事項規定中有「本所官秘書監少、著作郎佐見修纂日曆，乞依昨來修進《光堯壽聖太上皇帝聖政》，同預編類」〔註39〕。並且史籍所載修撰《高宗聖政》的編修人員的官銜來看，除秘書監、秘書少監之外，尚有著作郎、著作佐郎參與聖政的編纂。

　　茲據史籍，將宋朝聖政錄的修撰人員的姓名、修撰聖政錄時的職位及其任職時間的情況進行考證，參見表1。

〔註34〕關於宋代提舉修史制度的演變詳情，參見王盛恩《宋代監修國史和提舉修史制度變化考》，《史學月刊》2006 年第 7 期。

〔註35〕宋・潛說友：《咸淳臨安志》卷七《行在所錄》，中華書局編：《宋元方志叢刊》第 4 冊，中華書局 1990 年版，第 3425 頁。

〔註36〕元・脫脫：《宋史》卷一六三《職官志三》，中華書局 1977 年版，第 3877 頁。

〔註37〕清・徐松：《宋會要輯稿・職官》一八之一○三至一○四，中華書局 1957 年版，第 2806 頁。

〔註38〕清・徐松：《宋會要輯稿・職官》四一之七三，中華書局 1957 年版，第 3203 頁。

〔註39〕清・徐松：《宋會要輯稿・職官》四一之七三，中華書局 1957 年版，第 3203 頁。

表1　聖政錄編修人員一覽表〔註40〕

書　名	姓　名	職　位	任職起止時間
咸平聖政錄	錢惟演〔註41〕	太僕少卿 太僕少卿、直秘閣	咸平三年（1000）五月丙申至咸平六年（1003）八月戊寅
天禧聖政紀	錢惟演〔註42〕	樞密副使	天禧四年（1018）十一月至天禧五年（1019）三月
	王曾〔註43〕	參知政事	天禧四年十一月至天禧五年三月
	丁謂〔註44〕	同中書門下平章事	天禧四年十一月至天禧五年三月

〔註40〕 此表據《南宋館閣錄》《南宋館閣續錄》《宋會要輯稿》《宋史》《續資治通鑑長編》等製成。表中的任職時間指的是編修人員以此職參與編修聖政時的起止時間。

〔註41〕 《宋會要輯稿・選舉》三一之一一二云：「咸平三年（1000）五月十五日，錢惟演獻所著文及《咸平聖政錄》，召試學士院，命爲太僕少卿。」《玉海》卷五八《咸平聖政錄》引《實錄》云：「咸平三年五月丙申，以錢惟演爲太僕少卿。惟演獻《咸平聖政錄》二十事，召試，有是命。」可知錢惟演於咸平三年五月丙申進呈《咸平聖政錄》後加官太僕少卿。又《玉海》卷四八《咸平聖政錄》云：「（咸平）六年（1003）八月戊寅，直秘閣錢惟演上《咸平聖政錄》二卷，詔付史館。」《宋會要輯稿・崇儒》五之二〇亦云：「（咸平六年）八月，太僕少卿、直秘閣錢惟演上《咸平聖政錄》二卷。」可知錢惟演於咸平六年八月被命爲直秘閣。《咸平聖政錄》前後兩次修撰，故有兩次任職的變化。日本學者池澤滋子編《錢惟演年譜》（吳洪澤等主編：《宋人年譜叢刊》第一冊，四川大學出版社2003年版，第516頁）雖然注意到《咸平聖政錄》進呈的時間諸書記載相異，但仍然依據《續資治通鑑長編》和《宋會要輯稿・選舉》三一之一一二的記載，認爲《咸平聖政錄》只於咸平三年五月丁酉進呈。池澤之說誤。

〔註42〕 宋・李燾《續資治通鑑長編》卷九六載，天禧四年八月乙酉，錢惟演爲樞密副使。十一月壬戌，命修《聖政錄》。又卷九七載：「天禧五年三月壬寅，輔臣以天章閣成，並進秩……錢惟演爲右丞。」故錢惟演以樞密副使的身份參與編修《天禧聖政記》得時間爲天禧四年十一月至天禧五年三月。

〔註43〕 宋・李燾《續資治通鑑長編》卷九六載：「（天禧四年八月）乙酉，以樞密副使任中正、禮部侍郎王曾並爲參知政事。」十一月，與錢惟演、丁謂等編修《天禧聖政紀》。又卷一〇三載：「（天聖三年十二月）癸丑，宰臣王曾加門下侍郎兼户部尚書、昭文館大學士」而爲首相。故可知王曾任參知政事的時間爲天禧四年八月至天聖三年（1025）十二月。在修撰《聖政紀》時，任參知政事，直至書成。

〔註44〕 宋・李燾《續資治通鑑長編》卷九六載：「（天禧四年七月）庚午，以樞密使、吏部尚書丁謂爲平章事。……（十一月）乙丑，加謂門下侍郎兼少師。」又《宋史》卷二八三《丁謂傳》云：「既而拜謂同中書門下平章事、昭文館大學士、監修國史、玉清昭應宮使。」又《續資治通鑑長編》卷九七載：「（天禧五年）三月壬寅，輔臣以天章閣成，並進秩。丁謂爲司空。」可知丁謂以首相、監修國史的身份監修《聖政紀》。

三朝聖政錄	石介〔註45〕	嘉州軍事判官	寶元元年（1038）
三朝聖政錄	王洙〔註46〕	史官檢討	慶曆三年（1043）九月至慶曆四年（1044）九月
	余靖〔註47〕	集賢校理	慶曆三年（1043）九月至慶曆四年（1044）九月
	孫甫〔註48〕	秘閣校理	慶曆三年（1043）九月至慶曆四年（1044）九月
	歐陽修〔註49〕	集賢校理	慶曆三年（1043）九月至慶曆四年（1044）八月
	富弼〔註50〕	樞密副使	慶曆三年（1043）九月至慶曆四年（1044）九月

〔註45〕陳植鍔《石介事蹟著作編年》（中華書局 2003 年版，第 75～110 頁）云：「寶元元年，石介三十四歲。是年三月出發，代父赴蜀任嘉州軍事判官，九月初到達任所。在嘉州任上待了只一個月左右，旋因母親訃至，倉促回家奔喪。……是年，石介編著《三朝聖政錄》成，韓琦為之《序》。……慶曆二年六月，石介服除，召為國子監直講。」

〔註46〕宋·李燾《續資治通鑑長編》卷一一八，景祐三年（1036）二月壬戌條云：「以校勘《史記》《漢書》官、秘書丞余靖為集賢校理，大理評事、國子監直講王洙為史館檢討。」又卷一五三，慶曆四年十一月甲子條云：「工部員外郎、直龍圖閣兼天章閣侍講、史館檢討王洙落侍講、檢討，知濠州。」可知王洙於景祐三年二月始兼任史館檢討，慶曆四年十一月落史館檢討，出知濠州。因此他在修纂《三朝聖政錄》期間，一直兼任史館檢討。

〔註47〕宋·李燾《續資治通鑑長編》卷一四三，慶曆四年九月丙戌條云：「命史館檢討王洙、集賢校理余靖、秘閣校理孫甫、集賢校理歐陽修，同編修《祖宗故事》。」余靖始以右正言兼任集賢校理。又卷一五四，慶曆五年正月庚辰條云：「右正言、知制誥、史館修撰余靖為回謝契丹使。」可知余靖於慶曆五年（1045）正月罷集賢校理。因此他在修纂《三朝聖政錄》期間，一直兼任集賢校理。

〔註48〕宋·李燾《續資治通鑑長編》卷一三七，慶曆二年九月辛丑條云：「太常博士孫甫為秘閣校理，樞密副使杜衍所薦也。」孫甫於慶曆二年（1042）九月兼任秘閣校理。又卷一五四，慶曆五年正月甲戌條云：「右正言、秘閣校理孫甫為右司諫，知鄧州。」可知孫甫於慶曆五年正月罷秘閣校理。因此他在修纂《三朝聖政錄》期間，一直兼任秘閣校理。

〔註49〕宋·李燾《續資治通鑑長編》卷一三六，慶曆二年五月甲寅條載有歐陽修之奏疏，其已任集賢校理。又卷一五二，慶曆四年八月癸卯條云：「右正言、知制誥歐陽修為龍圖閣直學士、河北都轉運按察使。」可知歐陽修於慶曆四年八月落集賢校理，出為河北都轉運按察使，不參與修纂《三朝聖政錄》，故歐陽修以集賢校理參與修纂《三朝聖政錄》的時間為慶曆三年九月至慶曆四年八月。

〔註50〕曹清華編《富弼年譜》（吳洪澤等主編：《宋人年譜叢刊》第二冊，四川大學出版社 2003 年版，第 917～923 頁）云：「（慶曆三年）七月十二日，再授樞密副使，辭。乞補外，不許……（慶曆四年九月）《祖宗故事》（三朝聖政錄）成……（慶曆五年）弼為河北宣撫使。」

崇寧聖政	鄭居中	不詳	不詳
高宗聖政	陳康伯〔註51〕	左僕射兼提舉編類聖政所	紹興三十二年（1162）十月至隆興元年（1163）十二月
		左僕射兼提舉編類聖政	隆興二年（1164）十一月至乾道元年（1165）二月
	史浩〔註52〕	參知政事兼同提舉編類聖政所	紹興三十二年十月至隆興元年正月
		右僕射兼同提舉編類聖政所	隆興元年正月至隆興元年五月
	湯思退〔註53〕	左僕射兼提舉編類聖政	隆興元年十□月至隆興二年九月

〔註51〕 宋・陳騤《南宋館閣錄》卷七《官聯上》載：「紹興三十二年九月，詔敕令所改為編類聖政所，以右僕射陳康伯提舉。」案《建炎以來繫年要錄》卷一八九載：紹興三十一年（1161）「三月庚寅，尚書右僕射、同中書門下平章事陳康伯遷左僕射。」《宋宰輔編年錄》卷一六所載同。《陳文正公家乘》卷一載陳康伯授左光祿大夫制，制詞云：「具官陳康伯……可特授左光祿大夫、守尚書左僕射、同中書門下平章事、依前兼提舉修三朝國史、詳定一司敕令所、加食實封四百戶。」此制乃三月十七日下。可知陳康伯在紹興三十一年三月已為左僕射。《宋會要輯稿・職官》四一之七一云：「（紹興）三十二年十月二十四日，詔尚書左僕射陳康伯提舉編類聖政所。」《南宋館閣錄》云其以右僕射提舉編類聖政所，誤。隆興元年十二月，陳康伯罷尚書左僕射，以少保、觀文殿大學士、判信州。事見於《宋會要輯稿》禮五九之七、職官一之五、職官七八之四八、《宋宰輔編年錄》卷一七、《宋史・宰輔表四》、《漢濱集》卷三。因此其提舉編類聖政所亦罷。《宋宰輔編年錄》卷一七載，隆興二年十一月，陳康伯復拜左僕射、同中書門下平章事兼樞密使，依前少保、進封魯國公。《南宋館閣錄》卷七《官聯上》云陳康伯「復以左僕射兼提舉編類聖政。」《宋會要輯稿》職官七八之四九：「乾道元年二月十九日，詔少保、尚書左僕射、同中書門下平章事兼樞密院使陳康伯，特授少師、觀文殿大學士、魯國公致仕。」此事又見《宋宰輔編年錄》卷一七、《宋史・宰輔表四》。陳康伯罷左僕射，其提舉編類聖政亦同罷。

〔註52〕 《宋會要輯稿・職官》四一之七二云，（紹興）三十二年十月二十四日，詔「參知政事史浩同提舉提舉編類聖政所。」《南宋館閣錄》卷七《官聯上》亦云：「參知政事史浩同提舉。」隆興元年正月，史浩拜右僕射，「提舉仍舊」。《宋宰輔編年錄》卷一七云：「（隆興元年）五月，史浩罷右僕射，以觀文殿大學士知紹興府。」其同提舉編類聖政所亦罷。

〔註53〕 宋・陳騤《南宋館閣錄》卷七《官聯上》載，湯思退於隆興二年正月以左僕射兼提舉編類聖政。《宋宰輔編年錄》卷一七云：（隆興二年）「十一月辛卯，湯思退罷左僕射，授觀文殿大學士、提舉太平興國宮、依前特進、岐國公，任便居住。」可知湯思退提舉編類聖政的時間為隆興二年正月至十一月。而《湯思退壙誌》（鄭嘉勵、梁曉華編《麗水宋元墓誌集錄》，浙江古籍出版社2013年版，第11～12頁）則云：「（隆興元年）十□月，拜尚書左僕射、進封慶國公，加食邑一千戶，食實封四百戶，兼提領□□玉牒、監修國史兼提領

虞允文〔註54〕	參知政事兼權提舉編類聖政	乾道元年三月至乾道元年八月
蔣芾〔註55〕	簽書樞密院事兼權參知政事兼權提舉編類聖政	乾道二年（1166）九月至乾道二年十月
徐度〔註56〕	權吏部侍郎兼編類聖政所詳定官	紹興三十二年九月至十一月
凌景夏〔註57〕	權吏部侍郎編類聖政所詳定官	紹興三十二年十一月至隆興元年五月

編類聖政。甲申（隆興二年）正月，改封岐國公。九月，除都督江⋯⋯，加食邑一千戶，食實封四百戶。未幾，丏□奉祠，遽感疾，以隆興二年冬十一□□□薨，享年四十有八。」可知其提舉編類聖政的時間爲隆興元年十□月至隆興二年九月。傳世文獻記載恐誤，當以《壙誌》所記爲是。

〔註54〕 宋·陳騤《南宋館閣錄》卷七《官聯上》載，虞允文於乾道元年三月以參知政事權提舉編類聖政。《宋宰輔編年錄》卷一七載：「（乾道元年八月）己丑，虞允文罷參知政事，除端明殿學士、提舉江州太平興國宮。」其提舉編類聖政同罷。

〔註55〕 宋·陳騤《南宋館閣錄》卷七《官聯上》云，蔣芾於乾道二年九月以參知政事權提舉編類聖政。《宋宰輔編年錄》卷一七載：「（乾道二年七月）辛亥，蔣芾端明殿學士，簽書樞密院事。自中書舍人除。八月戊子，兼權參知政事。」可知其以簽書樞密院事兼參知政事權提舉編類聖政。《宋會要輯稿·職官》四一之七三云：「（乾道二年）十月五日，提舉編類聖政蔣芾言，本所官吏欲限三日結局。」可知乾道二年十月，編纂《高宗聖政》所置書局被廢，因而蔣芾權提舉編類聖政也應於此月被罷。

〔註56〕 《宋會要輯稿·職官》四一之七〇載，紹興三十二年六月，孝宗即位，準備編修《高宗聖政》，命徐度措置裒集建炎紹興以來所下詔旨。職官四一之七一又云：「九月十一日，詔敕令所可改爲編類聖政所。」故徐度兼類聖政所詳定官當在九月。由此可知其於紹興三十二年九月敕令所改爲編類聖政所之後即被除編類聖政所詳定官。又《宋會要輯稿·選舉》三四云：「（紹興三十二年）十一月十四日，詔權尚書吏部侍郎徐度除右文殿修撰，提舉江州太平興國宮。從所乞也。」可知徐度兼編類聖政所詳定官的時間爲紹興三十二年九月至十一月。

〔註57〕 《宋會要輯稿·職官》四一之七一載，紹興三十二年九月十一日，詔敕令所可改爲編類聖政所。十二日，吏部侍郎凌景夏奏編纂忠臣義士事蹟之事，此時尚未除編類聖政所詳定官。至十月七日，徐度以權吏部侍郎兼編類聖政所詳定官奏請編纂忠臣義士事蹟之事，直到十二月六日，凌景夏的職銜發生了變化即由原來的吏部侍郎變爲吏部侍郎兼編類聖政所詳定官，而紹興三十二年十一月十四日，徐度被罷去權吏部侍郎兼編類聖政所詳定官。由此可以推定凌景夏除編類聖政所詳定官在紹興三十二年十一月十四日之後。隆興元年五月十九日，孝宗採納王大寶等人裁減並省官吏，編類聖政所併歸國史日曆所，原編類聖政所詳定官一職被廢除，再不除授，故凌景夏編類聖政官被罷亦在此時。因而可知凌景夏兼編類聖政所詳定官的時間爲紹興三十二年十一月至隆興元年五月。

袁孚 〔註58〕	右正言兼編類聖政所詳定官	紹興三十二年九月
周必大 〔註59〕	起居郎兼編類聖政所詳定官兼權中書舍人	紹興三十二年九月至隆興元年三月
陸游 〔註60〕	樞密院編修官兼編類聖政所檢討官	紹興三十二年九月至隆興元年五月
范成大 〔註61〕	監和劑局兼編類聖政所檢討官	隆興元年四月至隆興二年二月

〔註58〕宋·周必大《文忠集》卷一六四《龍飛錄》云：「（紹興三十二年九月）丁未，敕編類聖政所詳定官、右正言袁孚知溫州。」案《宋會要輯稿·職官》四一之七一云：「九月十一日，詔敕令所可改爲編類聖政所。」故袁孚任編類聖政所詳定官當在九月十一日之後。因此袁孚任編類聖政所詳定官的時間爲紹興三十二年九月。

〔註59〕宋·周綸撰《周益國文忠公年譜》（吳洪澤等主編：《宋人年譜叢刊》第九冊，四川大學出版社 2003 年版，第 5875 頁）載：「（紹興三十二年壬午）八月丁亥，除起居郎。……九月丁未，兼編類聖政所詳定官。隆興元年癸未三月甲辰，同金給事安節繳龍大淵、曾覿除知閣指揮。戊午入奏，以遷祔祈祠，主管台州崇道觀。」可知周必大兼編類聖政所檢討官的時間爲紹興三十二年九月至隆興元年三月。又周綸撰《宋故左丞相少傅贈太師益國周公墓誌》云：「孝宗登極，試起居郎，兼編類聖政所詳定官，兼權中書舍人。」可知其以起居郎兼編類聖政所詳定官又兼權中書舍人。

〔註60〕清·趙翼撰《陸放翁年譜》（吳洪澤等主編：《宋人年譜叢刊》第九冊，四川大學出版社 2003 年版，第 5708～5709 頁）只云其在紹興三十二年六月孝宗即位後，未明言其何時除編類聖政所檢討官。又云隆興二年，因陸游言曾覿、龍大淵結黨營私，出通判建康。又錢大昕撰《陸放翁先生年譜》（陳文和主編：《嘉定錢大昕全集》第四冊，江蘇古籍出版社 1997 年版，第 8 頁）載，紹興三十二年九月，因權知院史浩、同知黃祖舜的舉薦，孝宗召見陸游，除樞密院編修官兼編類聖政所檢討官。隆興二年二月己卯，到鎮江任上。于北山《陸游年譜》（中華書局 1961 年版，第 75～88 頁）云陸游於紹興三十二年九月除樞密院編修官兼編類聖政所檢討官。隆興元年五月，除左通直郎、通判鎮江府，隆興二年二月到鎮江通判任上。于書考證詳實，趙翼之說有誤，當以錢、于二說爲是。故陸游任編類聖政所檢討官的時間是紹興三十二年九月至隆興元年五月。

〔註61〕王德毅撰《范石湖先生年譜》（吳洪澤等主編：《宋人年譜叢刊》第九冊，四川大學出版社 2003 年版，第 5761 頁）云：「（孝宗隆興元年癸未）四月，編類《光堯壽聖太上皇帝聖政》，命先生爲聖政所檢討官，又兼敕令所編修官。……（隆興二年甲申）二月，除樞密院編修官。」孔凡禮撰《范成大年譜》（齊魯書社 1985 年版，第 120～124 頁）所載與此同。隆興二年二月，范成大除樞密院編修官，其聖政所檢討官應在此月被罷。又周必大《文忠集》卷六一《資政殿大學士贈銀青光祿大夫范公成大神道碑慶元元年》云：「壽皇受禪，命宰臣編類《高宗聖政》。隆興元年四月，以公爲檢討官，又兼敕令

陳居仁〔註62〕	監行在點檢贍軍激賞酒庫所耀場兼編類聖政所檢討官	隆興元年四月至隆興二年八月
王東里〔註63〕	校書郎兼國史日曆所編類聖政檢討官	隆興元年十月至隆興二年十月
程千里〔註64〕	秘書省正字兼國史日曆所聖政檢討官	隆興元年十月至隆興二年二月

所，近世局務無修書者，人以公爲宜。」又樓鑰《攻媿集》卷八九《華文閣直學士奉政大夫致仕贈金紫光祿大夫陳公行狀》云：「改監行在點檢贍軍激賞酒庫所耀場。隆興元年，孝宗修《高廟聖政》，妙選僚屬，時參政范公成大爲和劑局，與公皆自筦庫中兼檢討官。」可知范成大以監和劑局兼任編類聖政所檢討官。

〔註62〕元・脫脫《宋史》卷四〇六《陳居仁傳》云：「紹興二十一年舉進士，秦檜與膏（居仁之父）有故，有勸以一見可得美官。居仁曰：『是有命焉。』終不自通，移永豐令，入監行在點檢贍軍激賞酒庫所耀場。詔修《高宗聖政》，妙選僚屬，與范成大並充檢討官。淮甸交兵，魏杞以宗正少卿使金，辟居仁幕下。」又周必大《文忠集》卷六四《文華閣直學士贈金紫光祿大夫陳公居仁神道碑慶元五年》云：「紹興二十一年進士第，用舉主陞左從政郎，移永豐令，入監行在點檢贍軍激賞酒庫所耀場。孝宗登極，循左文林郎。隆興改元，修《高宗聖政》，時參政范公成大監和劑局，與公並兼檢討官，蓋異選也。淮甸交兵，魏丞相杞以宗正少卿使北，辟公書狀官。」又樓鑰《攻媿集》卷八九《華文閣直學士奉政大夫致仕贈金紫光祿大夫陳公行狀》云：「改監行在點檢贍軍激賞酒庫所耀場。隆興元年，孝宗修《高廟聖政》，妙選僚屬，時參政范公成大爲和劑局，與公皆自筦庫中兼檢討官。二年，考滿當改秩，既已進卷。丞相壽春魏公使金，公嘗學事之，辟公爲書狀官。」可知陳居仁與范成大同時兼編類聖政所檢討官，由上一條注可知范成大於隆興元年四月兼任檢討官。故知陳居仁於隆興元年四月兼檢討官。又《宋史》卷三三《孝宗紀一》云：「（隆興二年八月）壬午，遣魏杞等爲金國通問使。」可知陳居仁於隆興元年八月隨魏杞出使金朝而罷檢討官。故陳居仁兼任檢討官的時間爲隆興元年四月至隆興二年八月。

〔註63〕宋・陳騤《南宋館閣錄》卷八《官聯下》載：「王東里，（隆興元年）七月以正字兼」國史日曆所編類聖政檢討官。此條校勘記云：「『元年七月以正字兼』，黃（丕烈）系抄本作『以校書郎兼』，上文校書郎銜內載王氏元年七月除職，或當以抄本爲正。」又《宋會要輯稿》職官四一之七三云：「（隆興元年）十月四日，詔聖政所檢討官差秘書省校書郎王東里、正字程千里兼。其聖政文字，秘書監、少同預編類。」由此可知王東里於隆興元年十月以秘書省校書郎兼國史日曆所編類聖政檢討官，《南宋館閣錄》誤。又《南宋館閣錄》卷七《官聯上》云：隆興二年十月，王東里從校書郎升任著作佐郎。」由此可知王東里當在隆興二年十月罷去國史日曆所編類聖政檢討官。

〔註64〕程千里爲編類聖政所檢討官之事，《南宋館閣錄》卷七《官聯上》不載。《宋會要輯稿・職官》四一之七三云：「（隆興元年）十月四日，詔聖政所檢討

王銍 〔註65〕	秘書省正字兼國史日曆所編類聖政檢討官	乾道元年三月至乾道二年六月
施師點 〔註66〕	秘書省正字兼國史日曆所編類聖政檢討官	乾道元年三月至乾道二年十月
黃石 〔註67〕	著作佐郎	乾道元年十月至乾道二年十一月
汪大猷 〔註68〕	秘書少監	乾道二年六月至乾道二年九月

官差秘書省校書郎王東里、正字程千里兼。其聖政文字，秘書監、少同預編類。」可知程千里於隆興元年十月以秘書省正字兼國史日曆所編類聖政檢討官。又《南宋館閣錄》卷八《官聯下》載，程千里以秘書省正字於隆興二年二月通判秀州。故可知其被罷國史日曆所編類聖政所檢討官應在隆興二年二月。

〔註65〕宋‧葉適《水心先生文集》卷一八《校書郎王公夷仲墓誌銘》云：「召試爲秘書省正字，兼聖政檢討官，遷校書郎。」陳騤《南宋館閣錄》卷八《官聯下》載王銍於乾道元年三月以秘書省正字兼國史日曆所編類聖政檢討官。又載乾道二年六月，王銍以校書郎兼國史院編修官。故王銍任國史日曆所編類聖政檢討官的時間爲乾道元年三月至乾道二年六月。

〔註66〕宋‧陳騤《南宋館閣錄》卷八《官聯下》云施師點於乾道元年三月以秘書省正字兼國史日曆所編類聖政檢討官。葉適《水心先生文集》卷二四《故知樞密院事資政殿大學士施公墓誌銘》云：「（公）授正字，兼聖政檢討。校書郎，兼吳益王教授，國史編修官。」又《南宋館閣錄》卷八《官聯下》云施師點於乾道二年十一月除校書郎。而此時，《高宗聖政》已進呈安奉完畢，編類聖政機構被撤銷，故施師點兼國史日曆所編類聖政檢討官的時間爲乾道元年三月至乾道二年十月。

〔註67〕宋‧周必大《文忠集》卷三二《朝散大夫直顯謨閣黃公石墓誌銘淳熙四年》云：「（乾道元年）十一月，進著作佐郎。（乾道）二年省試，初擬公點檢試卷，上特升參詳官。三月再對，力陳正心出治之要。……四月，兼權司封郎官。十月爲眞，仍兼司勳。十一月，《太上聖政》書成，以公經修，進秩一等。」可知黃石是以著作佐郎參與編修《高宗聖政》。又《南宋館閣錄》卷七《官聯上》云：「黃石，字圮老，永嘉人，黃公度榜同進士出身，治《詩》。（乾道）元年十一月除（著作佐郎），二年十月爲司封員外郎。」由此可知其罷著作佐郎在乾道二年十月。

〔註68〕宋‧周必大《文忠集》卷六七《敷文閣學士宣奉大夫贈特進汪公大猷神道碑嘉泰元年》云：「（乾道二年）六月遷秘書少監，首率館職續編《國朝會要》《高宗聖政》成書，轉左朝請郎。」故知其於乾道二年六月任秘書少監，一直到乾道二年九月《高宗聖政》修成。

孝宗聖政	王藺〔註69〕	知樞密院事兼參知政事兼提舉編類聖政	淳熙十六年（1189）閏五月至紹熙元年（1190）七月
	留正〔註70〕	左丞相、監修國史兼提舉編類聖政	紹熙元年七月至紹熙三年（1192）十二月
	倪思〔註71〕	著作郎	淳熙十六年二月至五月
	沈有開〔註72〕	著作郎	紹熙三年十月至十二月
	李唐卿〔註73〕	著作佐郎	紹熙三年十月至十二月

〔註69〕 宋・佚名《南宋館閣續錄》卷七《官聯一》云：「王藺，淳熙十六年閏五月以知樞密院事兼參知政事兼權」提舉編類聖政。又《宋會要輯稿・職官》四一之七三、七四載：「（淳熙十六年）閏五月一日，詔知樞密院事兼參知政事王藺提舉編類聖政。」《宋宰輔編年錄》卷一九載：「（紹熙元年）七月，王藺，樞密院使，自知樞密院事除。」且不久，留正以左丞相兼提舉編類聖政。故其提舉編類聖政亦在七月罷。故王藺兼提舉編類聖政的時間爲淳熙十六年閏五月至紹熙元年七月。

〔註70〕 宋・佚名《南宋館閣續錄》卷七《官聯一》云：「留正，紹熙元年七月以左丞相兼」提舉編類聖政。《宋宰輔編年錄》卷一九云：「（紹熙五年）八月丙辰，留正罷左丞相。」且《孝宗聖政》已於紹熙三年十二月撰成。故留正提舉編類聖政的時間爲紹熙元年七月至紹熙三年十二月。

〔註71〕 《宋史》本傳不載其參與編修《孝宗聖政》之事。《南宋館閣續錄》卷八《官聯二》云：「倪思，字正甫，吳興人，乾道二年蕭國梁榜進士及第，治詩賦。（淳熙）十四年二月除（著作郎），（淳熙）十六年五月爲將作少監。」依據著作郎佐參與編類聖政的規定，倪思被除著作郎後，參與修撰《孝宗聖政》。又陳傅良《止齋先生文集》卷一一《禮部侍郎倪思訪修至尊壽皇聖帝聖政特轉一官制》載倪思因參與修纂聖政而轉一官，可知倪思在淳熙十六年二月至五月參與修纂。

〔註72〕 宋・佚名《南宋館閣續錄》卷八《官聯二》云：「沈有開，（紹熙三年）十月除」著作郎。依據著作郎佐參與編類聖政的規定，沈有開除著作郎後，參與修撰《孝宗聖政》直到書成。陳傅良《止齋先生文集》卷一一《祕書省著作郎黃由沈有開著作佐郎李唐卿王容太常丞兼國史日曆所編類聖政檢討官章頴將作少監黃艾並該修進至尊壽皇聖帝聖政內黃艾係經修不經進各特轉一官制》載沈有開在《孝宗聖政》修成時爲著作郎，並因參與編修轉一官，可知其參與修纂《孝宗聖政》的時間爲紹熙三年十月至十二月。

〔註73〕 宋・佚名《南宋館閣續錄》卷八《官聯二》云：「李唐卿，（紹熙三年）十月除」著作佐郎。依據著作郎佐參與編類聖政的規定，李唐卿除著作佐郎後，參與修撰《孝宗聖政》直到書成。陳傅良《止齋先生文集》卷一一《祕書省著作郎黃由沈有開著作佐郎李唐卿王容太常丞兼國史日曆所編類聖政檢討官章頴將作少監黃艾並該修進至尊壽皇聖帝聖政內黃艾係經修不經進各特轉一官制》載李唐卿在《孝宗聖政》修成時爲著作佐郎，並因參與編修轉一官，可知其參與修纂《孝宗聖政》的時間爲紹熙三年十月至十二月。

王容〔註74〕	著作佐郎	紹熙三年十月至十二月
王叔簡〔註75〕	校書郎兼國史日曆所編類聖政檢討官　著作佐郎	淳熙十六年七月至紹熙二年（1191）六月　　　紹熙二年六月至八月
黃由〔註76〕	秘書郎兼國史日曆所編類聖政檢討官　著作佐郎　著作郎	淳熙十六年七月至十一月　　淳熙十六年十一月至紹熙二年十一月　紹熙二年十一月至紹熙三年十二月
章穎〔註77〕	太常博士兼國史日曆所編類聖政檢討官	紹熙二年十月至紹熙三年閏二月

〔註74〕 宋‧佚名《南宋館閣續錄》卷八《官聯二》云：「王容，（紹熙三年）十月除」
著作佐郎。依據著作郎佐參與編類聖政的規定，王容除著作佐郎後，參與修
撰《孝宗聖政》。陳傅良《止齋先生文集》卷一一《祕書省著作郎黃由沈有開
著作佐郎李唐卿王容太常丞兼國史日曆所編類聖政檢討官章穎將作少監黃艾
並該修進至尊壽皇聖帝聖政內黃艾係經修不經進各特轉一官制》載王容在《孝
宗聖政》修成時爲著作佐郎，並因參與編修轉一官，可知其參與修纂《孝宗
聖政》的時間爲紹熙三年十月至十二月。

〔註75〕 宋‧佚名《南宋館閣續錄》卷九《官聯三》云：「王叔簡，（淳熙十六年）七
月以校書郎兼」日曆所編類聖政檢討官。又《宋會要輯稿》職官四一之七四
載：「七月九日，詔秘書省秘書郎黃由、校書郎王叔簡並兼國史日曆所編類聖
政檢討官。」又《南宋館閣續錄》卷九《官聯三》云：「王叔簡，（紹熙）二
年六月除（著作佐郎），八月知洋州。」故可知王叔簡兼日曆所編類聖政檢討
官的時間爲淳熙十六年七月至紹熙二年六月，其以著作佐郎的身份參與聖政
修纂的時間爲紹熙二年六月至八月。

〔註76〕 宋‧佚名《南宋館閣續錄》卷九《官聯三》云：「黃由，（淳熙十六年）七月以
秘書郎兼」日曆所編類聖政檢討官。又《宋會要輯稿‧職官》四一之七四載：
「七月九日，詔秘書省秘書郎黃由、校書郎王叔簡並兼國史日曆所編類聖政檢
討官。」《南宋館閣續錄》卷八《官聯二》載，黃由，淳熙十六年十一月除著
作佐郎，紹熙二年十一月爲著作郎。故可知其任日曆所編類聖政檢討官的時間
爲淳熙十六年七月至十一月。依據著作郎佐參與編類聖政的規定，黃由除著作
佐郎、著作郎後，仍參與修撰《孝宗聖政》直到書成。陳傅良《止齋先生文集》
卷一一《祕書省著作郎黃由沈有開著作佐郎李唐卿王容太常丞兼國史日曆所編
類聖政檢討官章穎將作少監黃艾並該修進至尊壽皇聖帝聖政內黃艾係經修不
經進各特轉一官制》載黃由在《孝宗聖政》修成時爲著作郎，並因參與編修轉
一官即爲明證，可知他以著作郎、著作佐郎參與修纂聖政的時間爲淳熙十六年
十一月至紹熙二年十一月、紹熙二年十一月至紹熙三年十二月。

〔註77〕 宋‧佚名《南宋館閣續錄》卷九《官聯三》云：「章穎，字茂獻，臨江軍新喻
人，淳熙二年詹騤榜進士及第，治《周禮》。（紹熙）二年十月以太常博士兼；
三年閏二月爲太常丞，仍兼。」陳傅良《止齋先生文集》卷一一《祕書省著
作郎黃由沈有開著作佐郎李唐卿王容太常丞兼國史日曆所編類聖政檢討官章

		太常丞兼國史日曆所編類聖政檢討官	紹熙三年閏二月至十二月
	黃艾〔註78〕	著作郎	紹熙元年十月至紹熙三年十月
光宗聖政	謝深甫〔註79〕	知樞密院事兼參知政事兼權提舉編類聖政	慶元五年（1199）十月至慶元六年（1200）二月
	鍾必萬〔註80〕	秘書郎日曆所編類聖政檢討官	慶元五年十月至慶元六年二月
	楊濟〔註81〕	秘書郎兼日曆所編類聖政檢討官	慶元五年十月至慶元六年八月

綜上所述，有宋一朝，私修聖政錄者，僅錢惟演、石介二人，其餘皆爲官方主持修纂。據現有史料來看，北宋徽宗朝之前，官方修纂聖政錄時，朝

穎將作少監黃艾並該修進至尊壽皇聖帝聖政內黃艾係經修不經進各特轉一官制》載章穎在《孝宗聖政》修成時爲太常丞兼國史日曆所編類聖政檢討官，並因參與編修轉一官。由此可知章穎兼國史日曆所編類聖政檢討官的時間爲紹熙二年十月至紹熙三年十二月。

〔註78〕 宋·佚名《南宋館閣續錄》卷七《官聯一》云：「黃艾，字伯者，莆陽人。乾道八年，黃定榜進士及第，治詩賦。十六年十月除（秘書丞），紹熙元年十月爲著作郎。」又卷八《官聯二》云：「黃艾，（紹熙）元年十月除（著作郎），三年十月爲將作少監。」且據著作郎佐參與編類聖政的規定，可知黃艾於紹熙元年十月至紹熙三年十月任著作郎時參與《孝宗聖政》的編修，陳傅良《止齋先生文集》卷一一《秘書省著作郎黃由沈有開著作佐郎李唐卿王容太常丞兼國史日曆所編類聖政檢討官章穎將作少監黃艾並該修進至尊壽皇聖帝聖政內黃艾係經修不經進各特轉一官制》載黃艾只參與編修，沒有進呈轉一官即爲明證。

〔註79〕 宋·佚名《南宋館閣續錄》卷七《官聯一》云：「謝深甫，（慶元）五年十月，以知樞密院事兼參知政事兼權」提舉編類聖政。又《宋宰輔編年錄》卷二〇云：「慶元六年閏二月，謝深甫爲右丞相。自知樞密院事遷金紫光祿大夫除。」故知謝深甫提舉編類聖政的時間爲慶元五年十月至慶元六年二月。

〔註80〕 鍾必萬爲國史日曆所編類聖政檢討官之事，《南宋館閣續錄》卷九《官聯三》不載，《玉海》卷四九《慶元光宗聖政》云：「（慶元）五年十月五日，詔開局編類（《光宗聖政》），置檢討官二員。鍾必萬、楊濟。」又《南宋館閣續錄》卷八《官聯二》云：「鍾必萬，（慶元五年）六月除秘書郎，六年九月爲（秘書）丞。」故可知鍾必萬於慶元五年十月以秘書郎兼國史日曆所編類聖政檢討官，直至慶元六年二月《光宗聖政》撰成。

〔註81〕 宋·佚名《南宋館閣續錄》卷九《官聯三》云：「楊濟，（慶元）五年十月以秘書郎兼」國史日曆所編類聖政檢討官。又卷八《官聯二》云：「（慶元）六年八月爲著作佐郎。」故知其兼國史日曆所編類聖政檢討官的時間爲慶元五年十月至慶元六年八月。

廷派遣宰執大臣總領其事，分選其他官員充任修纂之事，員額沒有定制。至徽宗時，朝廷設置了編修聖政錄官、聖政錄同編修官等專門的職官安排編修人員開展聖政錄的編纂工作。南宋時，聖政錄的修纂先在敕令所，其中設置刪定官三員，吏人十一員，掌收發文書的通引官二員；後在編類聖政所，其在敕令所的基礎上，以宰臣提舉，宰臣「惟提大綱」，而不與修撰之事。置編類聖政所詳定官、檢討官負責具體修撰之事，其員額不定。後又併入國史日曆所，國史日曆所中依然以宰臣提舉，以「提舉編類聖政」繫銜，檢討官以「國史日曆所編類聖政檢討官」繫銜，員額為兩員，以館職兼，負責具體修纂。原有編類聖政所之吏員亦全部遣散，由日曆所人吏充用，同時宋廷為加強聖政的修纂力量，命秘書監、秘書少監和著作郎、著作佐郎也參與聖政的修纂。

（三）聖政錄編纂考

唐穆宗長慶四年（821）四月戊寅，「宰臣崔植、杜元穎奏請，坐日所有君臣獻替，事關禮體，便隨日撰錄，號為《聖政紀》，歲終付史館。從之。事亦不行」〔註82〕。雖然穆宗採納了宰臣撰錄《聖政紀》的建議，但實際上並未編纂。至宋時，聖政錄的修撰才開始大規模地開展起來。對於宋代聖政錄的編纂情況，王德毅曾對部分官、私修撰的聖政錄的基本情況予以考證〔註83〕，但尚不全面。本節在前人研究的基礎上，對宋代聖政錄的編纂情況逐一進行考證。

1.《咸平聖政錄》

錢惟演撰，二卷。錢惟演，字希聖，吳越王錢俶之子，歸宋後歷任右屯衛將軍、右神武將軍。真宗時，歷任直秘閣、知制誥、翰林學士、樞密副使等職。曾預修《冊府元龜》，與楊億分為之序。《宋史》本傳稱其「博學能文辭」〔註84〕。

咸平三年（1000）五月十五日，錢惟演獻所著文及《咸平聖政錄》，召試學士院，命為太僕少卿。〔註85〕《玉海》引《實錄》亦云：「咸平三年五月丙申，以錢惟演為太僕少卿。惟演獻《咸平聖政錄》二十事，召試，有是命。」

〔註82〕 後晉‧劉昫：《舊唐書》卷一六《穆宗紀》，中華書局1975年版，第489頁。
〔註83〕 王德毅：《宋代的聖政和寶訓之研究》，《書目季刊》第20卷第3期，1986年。
〔註84〕 宋‧脫脫：《宋史》卷三一七《錢惟演傳》，中華書局1977年版，第10341頁。
〔註85〕 清‧徐松：《宋會要輯稿‧選舉》三一之一二，中華書局1957年版，第4729頁。

〔註86〕又《續資治通鑑長編》載：「右神武將軍錢惟演為太僕少卿。惟演，俶之子也。幼好學，於是獻所為文，召試學士院，而有是命。」〔註87〕可知此次進呈朝廷的《咸平聖政錄》所載僅有二十事，進呈時間為咸平三年五月十五日，正因為奏進此書，錢惟演改官太僕少卿。與錢惟演同時代的楊億亦云：「少卿進《咸平聖政錄》及詩，自將軍改官。」〔註88〕而《玉海》又云：「（咸平）六年（1003）八月戊寅，直秘閣錢惟演上《咸平聖政錄》二卷，詔付史館。」〔註89〕《宋會要輯稿》亦云：「（咸平六年）八月，太僕少卿、直秘閣錢惟演上《咸平聖政錄》二卷。」〔註90〕

值得注意的是咸平三年五月所上的《咸平聖政錄》僅有二十事，而咸平六年八月所上為二卷。由此可知，《咸平聖政錄》進行了兩次修撰，第一次所修記載的是咸平元年至咸平三年五月間皇帝的嘉言美事，並非全帙。錢惟演於咸平三年五月十五日進呈僅有二十事的《咸平聖政錄》，目的在於試探朝廷的態度。當朝廷閱後，給他加官太僕少卿，打消其疑慮後，第二次將咸平三年五月至咸平六年八月的史事進行補撰，並於八月戊寅進呈。宋廷因命其直秘閣，預修《冊府元龜》。此書具體撰寫時間不詳，共二卷〔註91〕。《宋史·藝文志》作「三卷」，「三」當為「二」之訛，此並非元人編修之誤，實為傳抄刻寫所致。此書今已佚。

2.《天禧聖政紀》

錢惟演等撰，一百五十卷。這是第一部由官方主持修撰的聖政錄，始撰於天禧四年（1018）十一月，成於天禧五年（1019）三月。真宗「天禧四年

〔註86〕宋·王應麟：《玉海》卷五八《咸平聖政錄》，廣陵書社 2003 年版，第 1113 頁。

〔註87〕宋·李燾：《續資治通鑑長編》卷四七，咸平三年五月丁酉條，中華書局 2004 年版，第 1017 頁。

〔註88〕宋·楊億：《武夷新集》卷一九《謝太僕錢少卿啟》，福建人民出版社 2007 年版，第 293 頁。

〔註89〕宋·王應麟：《玉海》卷四八《咸平聖政錄》，廣陵書社 2003 年版，第 1113 頁。卷四九《咸平聖政錄》（第 927 頁）云：「六年八月戊寅，直秘閣錢惟演上二卷，詔付史館。」卷五八《咸平聖政錄》（第 1113 頁）云：「六年八月戊寅，太僕少卿、直秘閣錢惟演上，二卷，詔付史館。」

〔註90〕清·徐松：《宋會要輯稿·崇儒》五之二〇，中華書局 1957 年版，第 2256 頁。

〔註91〕陳樂素《宋史藝文志考證》第一篇《宋史藝文志考異》（廣東人民出版社 2014 年版，第 75 頁）云：「錢惟演《咸平聖政錄》，三卷。《紹興目》作一卷。」《紹興目》指紹興改定《秘書省四庫闕書目》，徐松輯本及葉德輝考證本。據查此二種輯本，並無記載，陳氏恐誤。

十一月壬戌，輔臣請中書、密院取時政記美事別爲編錄，從之。命錢惟演、王曾編次，丁謂等參詳。五年三月，取至道至祥符時政記、日曆、起居注美事，錄爲《聖政紀》，凡百五十卷」〔註92〕。因錢惟演有修撰聖政錄的經驗，故實際主持修撰的是錢惟演，《玉海》在記載撰者時，將錢惟演排在首位。因丁謂以首相、監修國史的身份監修，故亦有目錄書籍著錄該書的作者爲丁謂。天禧五年正月癸卯，《聖政紀》尚未撰成時，宋眞宗親自撰寫《聖政紀序》。李燾在記載時，對此事十分審愼，正文中載入，但在小注中，認爲眞宗親撰《聖政紀序》事「本紀不書，當考」〔註93〕。王應麟認爲此事是眞實的，仍將此事載入《玉海》中，云：「（天禧五年）正月癸卯，上作序示輔臣。」〔註94〕仁宗乾興元年（1022），「又掇其（《聖政紀》）事之之要者爲《眞宗政要》」〔註95〕。《聖政記》在南宋時尚存，南宋秘書省編《秘書省續編到四庫闕書目》載：「丁謂等纂《聖政紀》一百五十卷。」〔註96〕《聖政紀》《眞宗政要》在宋以後已無流傳。今俱已佚。

3.《三朝聖政錄》

石介撰，三卷。石介，字守道，一字公操，兗州奉符（今山東泰安東南）人。家居徂徠山下，世稱徂徠先生。《宋史》本傳載其「篤學有志尚，樂善疾惡，喜聲名，遇事奮然敢爲」〔註97〕。宋仁宗天聖八年（1030）中進士，歷任嘉州軍事判官、國子監直講等職，「嘗患文章之弊、佛老爲蠹，著《怪說》《中國論》，言去此三者，乃可以有爲」〔註98〕，且常「出入大臣之門，頗招賓客，預政事，人多指目」〔註99〕。介不自安，自請外任，通判濮州。不久，病卒。

〔註92〕 宋·王應麟：《玉海》卷四八《天禧聖政紀》，廣陵書社 2003 年版，第 922 頁。
〔註93〕 宋·李燾：《續資治通鑑長編》卷九七，天禧五年正月癸卯條，中華書局 2004 年版，第 2240 頁。
〔註94〕 宋·王應麟：《玉海》卷四八《天禧聖政紀》，廣陵書社 2003 年版，第 922 頁。
〔註95〕 宋·王應麟：《玉海》卷四八《天禧聖政紀》，廣陵書社 2003 年版，第 922 頁。
〔註96〕 宋·秘書省編：《秘書省續編到四庫闕書目》南京圖書館編：《南京圖書館藏稀見書目書志叢刊》第 1 冊，國家圖書館出版社 2017 年版，第 29 頁。案：此書目是在編撰於宋徽宗政和七年（1117），著錄圖書 3295 部，14900 多卷的《秘書省續編到四庫闕書目》的基礎上於紹興十五年（1145）改定的。具體考證過程，請參見張固也、王新華：《〈秘書省續編到四庫闕書目〉考》，南京大學古典文獻研究所編：《古典文獻研究》第十二輯，鳳凰出版社 2009 年版，第 317～332 頁。《南京圖書館藏稀見書目書志叢刊》影印底本爲元鈔本。
〔註97〕 元·脫脫：《宋史》卷四三二《石介傳》，中華書局 1977 年版，第 12833 頁。
〔註98〕 元·脫脫：《宋史》卷四三二《石介傳》，中華書局 1977 年版，第 12833 頁。
〔註99〕 元·脫脫：《宋史》卷四三二《石介傳》，中華書局 1977 年版，第 12836 頁。

關於《三朝聖政錄》的撰寫時間，《玉海》云「嘉州判官石介撮取太祖、太宗、眞宗三聖之政爲書」〔註100〕。《宋史》本傳載其「代父丙遠官，爲嘉州軍事判官」〔註101〕，可知石介代父任職，在任嘉州判官期間撰寫並進呈《三朝聖政錄》。但並未言明其何時任嘉州軍事判官，石介在《自序》中云：「臣生三十四年……唐史臣吳兢嘗爲《貞觀政要》，臣竊效之，作《三朝聖政錄》。」〔註102〕陳植鍔考證出寶元元年（1038），石介三十四歲。是年三月出發，代父赴蜀任嘉州軍事判官，九月初到達任所。在嘉州任上待了只一個月左右，旋因母親訃至，倉促回家奔喪。……是年，石介編著《三朝聖政錄》成，韓琦爲之《序》〔註103〕。可知石介於寶元元年開始撰寫《三朝聖政錄》並於此年完成。

此書《郡齋讀書志》《直齋書錄解題》《宋史·藝文志》俱無著錄。《通志》云：「《三朝聖政錄》三卷，石介撰。」〔註104〕《玉海》云：「嘉州判官石介撮取太祖、太宗、眞宗三聖之政爲書，凡十九條，始君道、英斷、謹惜名器、終戒貪吏，每篇末自爲贊，以申諷諭。」〔註105〕《羣書考索》云：「《三朝聖政錄》，撰人不著名氏，錄太祖、太宗、眞宗三朝政事，以類相從，起君道至戒貪吏，凡二十門，爲六卷，每門系之贊云。」〔註106〕不同的是，《羣書考索》所載《三朝聖政錄》撰人不著名氏，卷數也比《通志》《玉海》多出三卷。韓琦《三朝聖政錄序》云：「採記三朝以來行事、見聞最詳者，類而次之，爲二十門，目曰《三朝聖政錄》，每篇之末又自爲之贊，以申諷諭之意。」〔註107〕可見，《羣書考索》《玉海》著錄的《三朝聖政錄》實爲一書，卷數不同。又《國史經籍志》載「《三朝聖政錄》三卷，石介」〔註108〕。綜上所說，《三朝

〔註100〕宋·王應麟：《玉海》卷四九《三朝聖政錄》，廣陵書社 2003 年版，第 928 頁。

〔註101〕元·脫脫：《宋史》卷四三二《石介傳》，中華書局 1977 年版，第 12833 頁。

〔註102〕宋·石介撰，陳植鍔點校：《徂徠石先生文集》卷一八《三朝聖政錄序》，中華書局 2009 年版，第 209～210 頁。

〔註103〕陳植鍔撰，周秀蓉整理：《石介事蹟著作編年》，中華書局 2003 年版，第 75～82 頁。

〔註104〕宋·鄭樵：《通志》卷六五《藝文三·雜史》，中華書局 1987 年版，第 775 頁。

〔註105〕宋·王應麟：《玉海》卷四九《三朝聖政錄》，廣陵書社 2003 年版，第 928 頁。

〔註106〕宋·章如愚：《羣書考索·前集》卷一七《正史門·國史類》，影印文淵閣四庫全書本。

〔註107〕宋·韓琦：《安陽集》卷二二《三朝聖政錄序》，影印文淵閣四庫全書本。

〔註108〕明·焦竑：《國史經籍志》卷三《史類·雜史》，《續修四庫全書》第 916 冊，上海古籍出版社 2013 年版。

聖政錄》當為三卷，《羣書考索》所載之六卷當為「三卷」之訛。南宋建炎年間，此書尚存，饒州進士程康國還為此書撰寫了《贊》〔註109〕。此書今已散佚，現存多種輯本：明人陶宗儀輯本，一卷；清人王介藩輯本，不分卷；清順治四年（1647）兩浙督學李際期刊本，一卷；藍格舊鈔本，卷數不詳。

4.《三朝聖政錄》

富弼等撰，二十卷。富弼，字彥國，河南（今河南洛陽）人。天聖八年（1030），舉茂材異等，授將作監丞、知河南府長水縣。歷任簽書河陽判官、知制誥等職。慶曆三年（1043），累擢至樞密副使，與范仲淹等一起發起「慶曆新政」。至和二年（1055），拜同中書門下平章事。

慶曆三年（1043）九月，樞密副使富弼向宋仁宗建言：「臣今欲選官置局，將三朝典故及討尋久來諸司所行可用文字，分門類聚，編成一書，置在兩府，俾為模範。」〔註110〕仁宗即詔「命史官檢討王洙、集賢校理余靖、秘閣校理孫甫、集賢校理歐陽修等同編修」〔註111〕。慶曆四年（1044）九月，書成，凡九十六門，歷時一年。

是書的名稱，諸書記載有異。《豫章文集》卷五《尊堯錄》作「太平故事」；《續資治通鑑長編》卷一四三作「祖宗故事」；《郡齋讀書志》卷二作「三朝政錄」；《直齋書錄解題》卷五作「三朝政要」；《羣書考索·前集》卷一七《正史門·國史類》作「太平政要」；《玉海》卷四九《藝文》作「慶曆三朝太平寶訓」；《文獻通考》卷二○一《經籍考》作「三朝聖政錄」。因此《三朝聖政錄》另有《三朝政錄》《三朝政要》《太平政要》《祖宗故事》《太平故事》《慶曆三朝太平寶訓》七個名稱〔註112〕。諸書所記書名雖不同，但作者、內容略同，且所載卷數相同，皆云二十卷，惟《文獻通考》載為十卷，《文獻通考》誤。

南宋時，呂源在此書的基礎上，撰就《三朝政要增釋》〔註113〕，此二書今已散佚，元佚名所撰《宋史全文》以「富弼曰」「富弼等釋曰」的方式插引，

〔註109〕宋·王應麟：《玉海》卷四九《三朝聖政錄》，廣陵書社2003年版，第928頁。

〔註110〕宋·李燾：《續資治通鑑長編》卷一四三，慶曆三年九月丙戌條，中華書局2004年版，第3456頁。

〔註111〕宋·李燾：《續資治通鑑長編》卷一四三，慶曆三年九月丙戌條，中華書局2004年版，第3455頁。

〔註112〕參見汪聖鐸《宋代歷史文獻研究》，河北大學出版社2016年版，第75～86頁。

〔註113〕對此書的考證，參見汪聖鐸《宋代歷史文獻研究》，河北大學出版社2016年版，第86～87頁。

前者 15 次，後者 4 次。王應麟《玉海》、黃履翁《新箋決科古今源流至論·別集》、樓鑰《攻媿集》卷五○、章如愚《羣書考索·後集》卷一五載富弼釋文或一條或數條。

5.《三朝聖政略》

佚名撰，十四卷。其具體修纂情況不詳。南宋秘書省編《秘書省續編到四庫闕書目》載：「《三朝聖政略》十四卷。」〔註114〕徐松輯《秘書省四庫闕書目》〔註115〕所載同。此書當為富弼《三朝聖政錄》之節鈔本。

6.《仁宗聖政》

《仁宗聖政》的基本編纂情況，史籍闕載，無法得知。但宋人劉達可輯《璧水羣英待問會元》、佚名《翰苑新書集》、章如愚《羣書考索》、佚名《羣書會元截江網》中存九條佚文，可證宋廷組織編纂過《仁宗聖政》。

7.《英宗聖政》

《英宗聖政》的基本編纂情況，史籍闕載，不能詳考。但宋人劉達可輯《璧水羣英待問會元》中存三條佚文，說明宋廷的確組織編纂過《英宗聖政》。

8.《神宗聖政》

《神宗聖政》的基本編纂情況，史籍闕載，不得而知。但宋人劉達可輯《璧水羣英待問會元》、謝維新《事類備要》中存七條佚文，表明宋廷的確組織編纂過《神宗聖政》。

9.《哲宗聖政》

《哲宗聖政》的基本編纂情況，史籍闕載，無法得知。但宋人劉達可輯《璧水羣英待問會元》中存二條佚文，說明宋廷的確組織編纂過《哲宗聖政》。

10.《崇寧聖政錄》

鄭居中等撰。鄭居中，字達夫，開封（今河南開封）人。崇寧中，累官至中書舍人、直學士院，後改資政學士、中太一宮使兼侍讀。大觀元年（1107），遷同知樞密院事。政和三年（1113），知樞密院事。政和六年（1116），拜少保、太宰兼門下侍郎。與蔡京異政，為士論稱許，堅決反對宋朝聯金攻遼。

〔註114〕 宋·秘書省編：《秘書省續編到四庫闕書目》，南京圖書館編：《南京圖書館藏稀見書目書志叢刊》第 1 冊，國家圖書館出版社 2017 年版，第 29 頁。

〔註115〕 清·徐松輯：《秘書省四庫闕書目》，嚴靈峰編：《書目類編》第 2 冊，臺灣成文出版社有限公司 1978 年版，第 574 頁。

《宋史・鄭居中傳》不載其主持修纂《崇寧聖政》。其餘史籍亦無載，此書宋時諸目錄書籍皆無載。元修《宋史・藝文志》云：「鄭居中《崇寧聖政》，二百五十五冊，又《聖政錄》，三百二十三冊。」〔註116〕可知此書爲鄭居中主持修撰。按自石介撰《三朝聖政錄》之後，聖政錄的編纂歸於朝廷。《崇寧聖政》定爲官方編纂，一般選官置局，眾人共同修撰而成，鄭居中爲實際主持者，因而題爲作者。此書已佚，宋人陳元靚編纂的《纂圖增新羣書類要事林廣記》〔註117〕戊集上《貨寶類・貨泉沿革》中存一條佚文。

11.《大觀聖政錄》

《大觀聖政錄》的基本編纂情況，因史籍闕載而無法考知。但宋人陳元靚編纂的《纂圖增新羣書類要事林廣記》〔註118〕戊集上《貨寶類・貨泉沿革》中存一條佚文，表明宋廷修纂過《大觀聖政錄》。

12.《高宗聖政》（《光堯壽聖太上皇帝聖政》）

紹興三十二年（1162）六月二十三日，孝宗下詔：「朕惟太上皇帝臨御三紀，法令、典章粲然備具。嗣位之初，深懼墜失，其議設官，裒集建炎、紹興以來詔旨、條例以聞，朕當與卿等恪意奉行，以對揚慈訓。」〔註119〕不久，命權吏部侍郎徐度、權刑部侍郎路彬措置裒集。九月十一日，「以敕令所爲編類聖政所，命輔臣領之」〔註120〕，正式開始編纂《高宗聖政》，「以右僕射陳康伯提舉，參知政事史浩同提舉」〔註121〕。

九月十二日，吏部侍郎凌景奏稱「近年間有勳臣之家經省部理訴，稽之令甲，姓名不載，難以施行。兼在元祐黨禁，如文彥博、司馬光、呂公著等，以至靖康、建炎以來忠臣義士奮不顧身以衛社稷者，類多有之，皆略而未編，亦盛世之缺典也。願詔有司精加討論慶曆、建中靖國所載或有未盡，悉令添入元祐、靖康、建炎以後有合籍記者，接續修纂，以光中興，天下幸甚」〔註122〕，

〔註116〕元・脱脱：《宋史》卷二○三《藝文志二》，中華書局1977年版，第5096頁。

〔註117〕此條載於日本宮內廳書陵部藏元刻本中，而元至順建安椿莊書院刻本中不載此條。

〔註118〕此條載於日本宮內廳書陵部藏元刻本中，而元至順建安椿莊書院刻本中不載此條。

〔註119〕宋・王應麟：《玉海》卷四九《乾道光堯聖政》，廣陵書社2003年版，第930頁。

〔註120〕宋・李心傳撰，徐規點校：《建炎以來朝野雜記・甲集》卷四《兩朝聖政錄》，中華書局2000年版，第112頁。

〔註121〕清・徐松：《宋會要輯稿・職官》四一之七一至七二，中華書局1957年版，第3202頁。

〔註122〕清・徐松：《宋會要輯稿・職官》四一之七一，中華書局1957年版，第3202頁。

詔就委編類聖政所接續修纂。十月七日，凌景夏又上箚子奏請「乞下吏部盡數抄錄，並移文諸路，搜訪勳勞實跡繳申朝廷。」〔註123〕朝廷採納其奏請。緊接著十二月六日，凌景夏、周必大上奏：「奉旨編類光堯壽聖太上皇帝一朝聖政，合要建炎元年五月十[一]日以後至紹興三十二年六月十一日以前三省、樞密院時政記、起居注參照編類欲乞下日曆所併移文諫院、後省，依年分逐旋關借或鈔錄，用畢封還。並合要詔旨草稿參照，已得指揮許差人於學士院就行鈔錄。」〔註124〕

隆興元年（1163）三月十六日，因詳定官凌景夏奏請，下詔：「編類聖政所修纂光堯壽聖太上皇帝聖政，凡大號令、大政事今日合遵行者，並編類門目，每月投進，其編年紀事，候書成日，一併進呈。」〔註125〕五月十九日，編類聖政所併歸日曆所。乾道二年（1166）九月二十九日，國史日曆所上《光堯壽聖太上皇帝聖政》六十卷〔註126〕。

《高宗聖政》的卷數及書成奏上的時間，諸書記載相異。其卷數有六十卷、五十卷、三十卷三種說法。

六十卷：《宋會要輯稿》云：「乾道二年閏九月二十九日己巳，國史日曆所上《光堯壽聖太上皇帝聖政》六十卷。」〔註127〕《玉海》云：「乾道二年閏九月二十九日己巳，日曆所上《聖政》六十卷。」〔註128〕《南宋館閣錄》云：「同日（乾道二年閏九月二十九日），國史日曆所上《太上皇帝聖政》六十卷。」〔註129〕《咸淳臨安志》云：「於是建官設局，纂輯大典，始於建炎受命之初，止於紹興勌勤之日，凡九百五條，釐爲六十卷。」〔註130〕《宋史‧藝文志》云：「《高宗聖政》，六十卷。」〔註131〕

五十卷：《直齋書錄解題》云：「《高宗聖政》五十卷，《孝宗聖政》五十

〔註123〕 宋‧佚名撰，汪聖鐸點校：《宋史全文》卷二三《宋高宗十九》，中華書局 2016 年版，第 1951 頁。
〔註124〕 清‧徐松：《宋會要輯稿‧職官》四一之七二，中華書局 1957 年版，第 3202 頁。
〔註125〕 清‧徐松：《宋會要輯稿‧職官》四一之七二，中華書局 1957 年版，第 3202 頁。
〔註126〕 清‧徐松：《宋會要輯稿‧職官》四一之七三，中華書局 1957 年版，第 3203 頁。
〔註127〕 清‧徐松：《宋會要輯稿‧職官》四一之七三，中華書局 1957 年版，第 3203 頁。
〔註128〕 宋‧王應麟：《玉海》卷四九《乾道光堯聖政》，廣陵書社 2003 年版，第 930 頁。
〔註129〕 宋‧陳騤撰，張富祥點校：《南宋館閣錄》卷四《修纂上》，中華書局 1998 年版，第 35 頁。
〔註130〕 宋‧潛說友：《咸淳臨安志》卷七《行在所錄》，中華書局編：《宋元方志叢刊》第 4 冊，中華書局 1990 年版，第 3417 頁。
〔註131〕 元‧脫脫：《宋史》卷二○三《藝文志二》，中華書局 1977 年版，第 5103 頁。

卷，乾道、淳熙中所修，皆有御製序。」〔註132〕

三十卷：《建炎以來朝野雜記》兩朝聖政錄條云：「乾道二年冬，蔣子禮為參知政事，上其書，凡三十卷。上自為之序。」〔註133〕

綜合上述史料，《高宗聖政》應為六十卷。陳振孫、李心傳所見《高宗聖政》已非全帙，且二說孤證難立，五十卷和三十卷本當為「書坊鈔節以便舉子應用之儲者也」〔註134〕。

《宋會要輯稿》《南宋館閣錄》《玉海》皆載書成奏進的時間為乾道二年閏九月己巳即二十九日，惟《宋史·孝宗紀》稱「(乾道二年九月)己巳，魏杞等上神宗、哲宗、徽宗《三朝帝紀》《太上皇聖政》」〔註135〕，無「閏」字。查陳垣《二十四史朔閏考》知乾道二年並無閏月，應以《宋史·孝宗紀》所記為是，其餘諸書皆誤。冬十月「癸酉，上《太上皇聖政》于德壽宮」〔註136〕。原書今已佚，現存《增入名儒講義皇宋中興兩朝聖政》中存有一部分。

13.《中興聖政草》

《中興聖政草》，亦名《高宗聖政草》《建炎聖政草》，陸游撰，一卷。陸游於紹興二十四年（1154）應禮部試，因論恢復被黜。孝宗即位，賜陸游進士出身，除為樞密院編修官兼編類聖政所檢討官。不久被貶出判鎮江、隆興府〔註137〕。

紹興三十二（1162）年六月二十三日，孝宗下詔準備修纂《高宗聖政》。九月，因權知院史浩、同知黃祖舜的舉薦，陸游以樞密院編修官兼編類聖政所檢討官的身份參與修纂，陸游之子陸子虡所撰《劍南詩稿跋》云：「孝宗皇帝嗣位之初，召對便殿，賜進士第。時始置編類太上皇帝聖政所，妙束時髦，先君首預其選，擢檢討官。」〔註138〕陸游一開始就參與了《高宗

〔註132〕宋·陳振孫撰，徐小蠻、顧美華點校：《直齋書錄解題》卷五《典故類》，中華書局 2015 年版，第 168 頁。

〔註133〕宋·李心傳撰，徐規點校：《建炎以來朝野雜記·甲集》卷四《兩朝聖政錄》，中華書局 2000 年版，第 112 頁。

〔註134〕宋·陳振孫撰，徐小蠻、顧美華點校：《直齋書錄解題》卷五《典故類》，中華書局 2015 年版，第 168 頁。

〔註135〕元·脫脫：《宋史》卷三三《孝宗紀一》，中華書局 1977 年版，第 635 頁。

〔註136〕元·脫脫：《宋史》卷三三《孝宗紀一》，中華書局 1977 年版，第 635 頁。

〔註137〕陸游詳細生平，請參見錢大昕《陸放翁先生年譜》，陳文和主編《嘉定錢大昕全集》第四冊，江蘇古籍出版社 1997 年版。

〔註138〕宋·陸子虡：《劍南詩稿跋》，孔凡禮、齊治平編：《陸游資料彙編》，中華書局 1962 年版，第 41 頁。

聖政》的編纂，他自己回憶說：「某被命修《光堯皇帝聖政》，草創凡例，網羅放逸，雖寢食間，未嘗置也。」〔註139〕隆興元年五月，身爲樞密院編修官兼編類聖政所檢討官的陸游因「忤貴倖自免」〔註140〕，離開編類聖政所，「出通判建康[鎮江]府，尋易隆興府」〔註141〕。此書爲陸游在鎮江任上「暇日偶追記得此，命兒輩錄之」〔註142〕。成書於隆興二年（1164）十月，共一卷，凡二十條〔註143〕。

此書現存於《永樂大典》卷一萬二千九百二十九「一送，宋高宗一百七十一」中，題名「中興聖政草」，計有二十條，篇末附有跋。跋文與《渭南文集》所載《高宗聖政草跋》基本相同。有學者將《永樂大典》所載《中興聖政草》二十條輯出並加以標點〔註144〕。《中興聖政草》記事自建炎元年五月庚寅至三年閏八月丙申，因此與明時所編《文淵閣書目》所載的《建炎聖政草》一部一冊爲同書〔註145〕。

14.《孝宗聖政》（《至尊壽皇聖帝聖政》）

淳熙十六年（1189）二月二十九日，光宗下詔：「壽皇聖帝臨御歲久，典章法度粲若日星，可令日曆所編類成書，朕當遵而行之，仰稱付託之意。」〔註146〕命國史日曆所編修《孝宗聖政》。紹熙三年（1192）十一月，書成，「掇其最凡得六百四十一條，爲五十卷」〔註147〕。「癸卯，帝率羣臣上《壽皇聖帝玉牒》《聖政》《會要》于重華宮」〔註148〕。陳振孫云：「《高宗聖政》五十卷，《孝宗聖政》五十卷，乾道、淳熙中所修，皆有御製序。此二帙，書坊鈔節以

〔註139〕宋·陸游：《陸遊集·渭南文集》卷二六《高宗聖政草》，中華書局1976年版，第2222頁。

〔註140〕宋·陸子虞：《劍南詩稿跋》，孔凡禮、齊治平編《陸游資料彙編》，中華書局1962年版，第41頁。

〔註141〕元·脫脫：《宋史》卷三九五《陸游傳》，中華書局1977年版，第12058頁。

〔註142〕宋·陸游：《陸遊集·渭南文集》卷二六《高宗聖政草》，中華書局1976年版，第2222頁。

〔註143〕宋·陳振孫撰，徐小蠻、顧美華點校：《直齋書錄解題》卷五《典故類》，中華書局2015年版，第168頁。

〔註144〕參見孔原《陸游及〈高宗聖政草〉》，《史學月刊》1996年第4期。

〔註145〕明·楊士奇：《文淵閣書目》卷四，叢書集成初編本。

〔註146〕清·徐松：《宋會要輯稿·職官》四一之七三，中華書局1957年版，第3203頁。

〔註147〕宋·陳傅良：《止齋先生文集》卷四〇《奉詔擬進御進至尊壽皇聖帝聖政序》，四部叢刊本。

〔註148〕元·脫脫：《宋史》卷三六《光宗紀》，中華書局1977年版，第704頁。

便舉子應用之儲者也。」〔註149〕《高宗聖政》原六十卷，節鈔爲五十卷，而《孝宗聖政》本爲五十卷，並無節鈔，陳振孫之說誤，但《孝宗聖政》亦有書坊節鈔本流傳於世，如「《孝宗聖政》，十二卷，亦書坊鈔節，比前爲稍詳」〔註150〕。另有三十卷的《孝宗聖政》刊行於世〔註151〕。故其供舉子應試所用應是事實。原書今已佚，現存《增入名儒講義皇宋中興兩朝聖政》中存有一部分。

15.《光宗聖政》（《聖安壽仁太上皇帝聖政》）

寧宗即位後，仿傚前朝故事，於慶元五年（1199）十一月六日下旨編纂《光宗聖政》，「所有聖政，令一就編類，同《日曆》投進」〔註152〕。六年（1200）二月，書成，共三十卷，寧宗御製《聖安壽仁太上皇帝聖政序》附於篇首。己卯，光宗率羣臣奉上《聖安壽仁太上皇玉牒》《聖政》《日曆》《會要》于壽康宮〔註153〕。是書今已散佚不存。

16.《寧宗聖政》

《寧宗聖政》的基本編纂情況，史籍闕載，無法得知。但在佚名《羣書會元截江網》《翰苑新書集》中存有五條佚文，說明宋廷的確組織編纂過《寧宗聖政》。

17.《宋聖政編年》

《宋聖政編年》，亦名《宋聖政編年錄》。《宋史·藝文志》云：「《宋聖政編年》，十二卷，不知作者。」〔註154〕清修《續通志》載：「《宋聖政編年》，十二卷。」〔註155〕記事起太祖，止紹興九年。朱熹認爲此書是「書坊人做，非好書」〔註156〕。《遂初堂書目》亦載有《聖政編年》〔註157〕。是書已散佚，

〔註149〕宋·陳振孫撰，徐小蠻、顧美華點校：《直齋書錄解題》卷五《典故類》，中華書局 2015 年版，第 168 頁。

〔註150〕宋·陳振孫撰，徐小蠻、顧美華點校：《直齋書錄解題》卷五《典故類》，中華書局 2015 年版，第 169 頁。

〔註151〕宋·李心傳撰，徐規點校：《建炎以來朝野雜記·甲集》卷四《兩朝聖政錄》，中華書局 2000 年版，第 112 頁。

〔註152〕宋·佚名撰，張富祥點校：《南宋館閣續錄》卷四《修纂》，中華書局 1998 年版，第 201 頁。

〔註153〕元·脫脫：《宋史》卷三七《寧宗紀一》，中華書局 1977 年版，第 726 頁。

〔註154〕元·脫脫：《宋史》卷二○三《藝文志二》，中華書局 1977 年版，第 5093 頁。

〔註155〕清·嵇璜：《續通志》卷一六四《校讎略·宋藝文志》，影印文淵閣四庫全書本。

〔註156〕宋·黎靖德編，王星賢點校：《朱子語類》卷一二八《本朝二·法制》，中華書局 1986 年版，第 3079 頁。

〔註157〕宋·尤袤：《遂初堂書目》，叢書集成初編本。

現存諸史籍如章如愚《羣書考索》、佚名《錦繡萬花谷》、謝維新《事類備要》、黃履翁《新箋決科古今源流至論‧別集》、陳元靚《纂圖增新羣書類要事林廣記‧戊集》中存六條佚文。

18.《高宗孝宗聖政編要》

作者不詳，二十卷。《宋史‧藝文志》云「《高宗孝宗聖政編要》，二十卷，乾道、淳熙中修」〔註158〕，蓋為「書坊鈔節，以便舉子應用之儲者也」〔註159〕。《文獻通考》所載同。是書已散佚不存。

19.《高宗聖政典章》

作者不詳，十卷。《宋史‧藝文志》載：「《高宗聖政典章》，十卷，不知作者。」〔註160〕此書蓋亦自六十卷本《高宗聖政》鈔節而成的。

20.《增入名儒講義皇宋中興兩朝聖政》

《增入名儒講義皇宋中興兩朝聖政》，又名《中興聖政錄》《中興聖政記》，或題留正撰，或不著撰人名氏，共六十四卷。明楊士奇《文淵閣書目》載：「《中興聖政》，一部二十一冊。闕。」〔註161〕清藏書家汪士鍾《藝芸書舍宋元本書目》載：「《中興聖政錄》，二十一冊，存一之二十四，十五之六十四卷。」〔註162〕此書雖然冠以「聖政」之名，但已非修成於乾道二年（1166）的《光堯壽聖太上皇帝聖政》（即《高宗聖政》）六十卷和紹熙三年（1192）的《至尊壽皇聖帝聖政》（即《孝宗聖政》）五十卷的原本。〔註163〕此書現存三種版本：一是宛委別藏本，二是南宋建刊巾箱本，三是藍格舊鈔本。後兩種現存中國臺灣。〔註164〕

阮元曾對此書作過跋，從他的跋語中可以基本瞭解此書的基本情況，跋云：

> 此書不知編集人姓名。起建炎元年，訖淳熙十五年，書內標題
> 謂之「增入名儒講義皇宋中興兩朝聖政」。其所採《中興龜鑑》《大

〔註158〕元‧脫脫：《宋史》卷二〇三《藝文志二》，中華書局 1977 年版，第 5103 頁。

〔註159〕宋‧陳振孫撰，徐小蠻、顧美華點校：《直齋書錄解題》卷五《典故類》，中華書局 2015 年版，第 168 頁。

〔註160〕元‧脫脫：《宋史》卷二〇三《藝文志二》，中華書局 1977 年版，第 5103 頁。

〔註161〕明‧楊士奇：《文淵閣書目》卷六，叢書集成初編本。

〔註162〕清‧汪士鍾：《藝芸書舍宋元本書目》，叢書集成初編本。

〔註163〕參見清‧阮元《四庫未收書目提要》卷二《增入名儒講義皇宋中興兩朝聖政》，叢書集成初編本；梁太濟《唐宋歷史文獻研究叢稿》，上海古籍出版社 2004 年版，第 311～332 頁。

〔註164〕關於三種版本的基本情況以及他們之間的關係，請參見本書上編附錄《〈增入名儒講義皇宋中興兩朝聖政〉版本考述》一文。

事記》等書各低一格附後，所謂增入講義是也。其書編年紀事體例，一仿《資治通鑑》爲之。卷端有分類事目，列十五門，興復一、任相二、君道三、治道四、皇親五、官職六、人才七、禮樂八、儒學九、民政十、兵事十一、財用十二、技術道釋十三、邊事十四、災祥十五，每門各有子目共三百條。案《書錄解題》典故類，有《高宗孝宗聖政編要》二十卷，陳振孫云：「《高宗聖政》五十卷，《孝宗聖政》五十卷，乾道、淳熙中修，皆有御製序。此二帙書坊鈔節，以便舉子應用之儲者也。」據振孫所述，知此即彙合兩書而冠以中興兩朝之名者，所有御製序亦不復存，蓋亦書坊所刻，故有增入講義，非進御之原本也。此書流傳絕少，今借宋刻本影鈔，自三十卷至四十五卷，惜已闕佚，無從訪補矣。〔註165〕

從阮元的題跋中可知：第一，此書撰者不詳，紀事起於高宗建炎元年（1127），訖於孝宗淳熙十五年（1188）；第二，此書編年紀事的體例是仿照《資治通鑑》，但是其書整體的體例並不是編年體，而是分成若干門類，分門別類地的將同一類事件編加以編纂，共十五門，即興復、任相、君道、治道、皇親、官職、人才、禮樂、儒學、民政、兵事、財用、技術道釋、邊事、災祥。每門各有子目三百條；第三，阮元認爲此書是書坊所刻流傳，並不是南宋所修纂進呈朝廷的《高宗聖政》和《孝宗聖政》；第四，此書是阮元據宋刻本影抄，自三十卷至四十五卷闕；第五，此書引有《中興龜鑑》《大事記》等書，作爲增入的講義。

21.《理宗聖政》

《理宗聖政》的基本編纂情況，因史籍闕載，不能詳考，其他史籍中亦未發現佚文。但元黃慶元年（1312）陳氏餘慶堂刻佚名《宋季三朝政要》卷前識語云：「理宗國史載之過北，無復可考。今將理、度兩朝《聖政》及《幼主本末》纂集成書，以備他日史官之採擇云。」〔註166〕由此可知宋廷的確組織編纂過《理宗聖政》。由於《理宗聖政》未有佚文，故無法確知《宋季三朝政要》中徵引《理宗聖政》的具體情形。

〔註165〕清·阮元：《四庫未收書目提要》卷二《中興兩朝聖政》，叢書集成初編本。
〔註166〕宋·佚名撰，王瑞來箋證：《宋季三朝政要箋證》，中華書局 2010 年版，第29 頁。

22.《度宗聖政》

《度宗聖政》的基本編纂情況，史籍闕載，無法得知，在其他史籍中尚未發現佚文。但元皇慶元年（1312）陳氏餘慶堂刻佚名《宋季三朝政要》卷前識語云：「理宗國史載之過北，無復可考。今將理、度兩朝《聖政》及《幼主本末》纂集成書，以備他日史官之採擇云。」〔註167〕由此可知宋廷的確組織編纂過《度宗聖政》。由於《度宗聖政》未有佚文，故無法確知《宋季三朝政要》中徵引《度宗聖政》的具體情形。

綜上所述，有宋一代，聖政錄的編修開端於錢惟演私人修撰的《咸平聖政錄》。這種記錄皇帝嘉言美事的史籍得到了朝廷的認可，並在官方的主持下，修纂了第一部官修聖政錄——《天禧聖政紀》。自宋真宗以後，各朝皇帝都十分重視聖政錄的編纂，聖政錄的編修成為必須遵循的一條「祖宗之法」，貫徹實行於整個宋代。宋代所修聖政錄有明文記載的共計十六部，其中若干部或為各書之節鈔本，或為二種之合刊本。北宋時期，既有官修，又有私修，至南宋時，聖政錄的編修權收歸朝廷，全部是官修。相關情況參見表2。

表2　宋代聖政錄修纂一覽表

書　名	別　稱	修撰者	始撰時間	撰成奏進時間	卷　數	屬性
咸平聖政錄		錢惟演		咸平六年八月	二	私修
天禧聖政紀		錢惟演、王曾、丁謂	天禧四年十一月	天禧五年三月	一五〇	官修
三朝聖政錄		石介	寶元元年	寶元元年	三	私修
三朝聖政錄	三朝政要、太平故事、三朝政錄、太平政要、祖宗故事、太平故事、慶曆三朝太平寶訓	富弼、王洙、余靖、孫甫、歐陽修	慶曆三年九月	慶曆四年九月	二〇	官修
三朝聖政略		不詳	不詳	不詳	一四	不詳
仁宗聖政		不詳	不詳	不詳	不詳	官修

〔註167〕宋·佚名撰，王瑞來箋證：《宋季三朝政要箋證》，中華書局2010年版，第29頁。

英宗聖政		不詳	不詳	不詳	不詳	官修
神宗聖政		不詳	不詳	不詳	不詳	官修
哲宗聖政		不詳	不詳	不詳	不詳	官修
崇寧聖政錄		鄭居中	不詳	不詳	不詳	官修
大觀聖政錄		不詳	不詳	不詳	不詳	官修
高宗聖政	光堯壽聖太上皇帝聖政		紹興三十二年九月	乾道二年九月	六〇	官修
孝宗聖政	至尊壽皇聖帝聖政		淳熙十六年二月	紹熙三年十一月	五〇	官修
中興聖政草	高宗聖政草、建炎聖政草	陸游		隆興二年十月	一	私修
光宗聖政	聖安壽仁太上皇帝聖政		慶元五年十一月	慶元六年二月	三〇	官修
寧宗聖政	不詳	不詳	不詳	不詳	不詳	不詳
宋聖政編年	宋聖政編年錄	不詳	不詳	不詳	一二	不詳
高宗孝宗聖政編要		不詳	不詳	不詳	二〇	官修
高宗聖政典章		不詳	不詳	不詳	二〇	不詳
增入名儒講義皇宋中興兩朝聖政	中興聖政錄中興聖政記	或題留正或不著撰人名氏	不詳	不詳	六四	不詳
理宗聖政		不詳	不詳	不詳	不詳	官修
度宗聖政		不詳	不詳	不詳	不詳	官修

（四）聖政錄的進呈與管理

　　聖政錄修纂完畢後，都要進呈至朝廷，由朝廷安排保存地點並進行管理。官修與私修聖政錄的安放地點與管理大不相同。北宋時期聖政錄的進呈與管理制度與南宋也有所不同。本節試對這一問題加以討論，以明宋代聖政錄的進呈與管理制度。需要說明的是北宋官修聖政錄的進呈、保存地點、管理制度因史料匱乏，只能勾勒其概貌。

1. 聖政錄的進呈

　　北宋時期，朝廷修纂聖政錄時，一般選官置局，選派大臣數員充任負責修撰，宰執大臣一員總領修纂之事。聖政錄修纂完畢後，由主持修纂工作的

宰臣領銜進呈。慶曆四年（1044）九月，《三朝聖政錄》成，即爲總領修纂事務的樞密副使富弼領銜奏進。天禧五年三月，《天禧聖政紀》修成，爲負責監修的首相丁謂領銜進呈。這也是後世的目錄史籍中著錄此二書時，作者一項內著錄「富弼撰」、「丁謂修」的原因。

　　私人修撰的聖政錄，由修撰者進呈朝廷，藏於史館。咸平六年（1003）八月，《咸平聖政錄》成，「太僕少卿、直秘閣錢惟演上，二卷，詔付史館」〔註168〕。寶元元年（1038），石介修撰《三朝聖政錄》成，進呈朝廷，藏於史館。

　　南宋時，聖政錄編纂完成後，由提舉編類聖政的宰相率羣臣將聖政錄進呈給皇帝，皇帝撰寫聖政序。因高、孝、光宗尚在人世，故嗣君須率羣臣將附有皇帝序文的聖政錄進呈至太上皇的居所。

　　首先看聖政錄的第一次進呈。由提舉編類聖政的宰執率羣臣將聖政錄進呈給皇帝。如《高宗聖政》修成，「蔣子禮爲參知政事，上其書，凡三十卷。上自爲之序。」〔註169〕《孝宗聖政》《光宗聖政》的進呈亦如《高宗聖政》。史載：「（慶元六年二月）戊寅，右丞相京鏜等上聖安壽仁太上皇帝《玉牒》《聖政》《日曆》《會要》。」〔註170〕

　　《高宗聖政》進呈的具體時間爲乾道二年（1166）九月二十九日〔註171〕，《光宗聖政》進呈的具體時間爲慶元六年（1200）二月二十二日〔註172〕。《孝宗聖政》進呈的具體時間，諸書記載不一，有紹熙三年（1192）十一月四日、紹熙三年十二月四日、紹熙三年十二月二十三日三種說法。

〔註168〕宋・王應麟：《玉海》卷五八《咸平聖政錄》，廣陵書社 2003 年版，第 1113 頁。

〔註169〕宋・李心傳撰，徐規點校：《建炎以來朝野雜記・甲集》卷四《兩朝聖政錄》，中華書局 2000 年版，第 112 頁。

〔註170〕宋・佚名撰，汪聖鐸點校：《宋史全文》卷二九《宋寧宗一》，中華書局 2016 年版，第 2467 頁。

〔註171〕《宋會要輯稿》職官一八之三四、五五、四一之七三、禮七之三二，《南宋館閣錄》卷四《修纂上》，《玉海》卷四九《乾道光堯聖政》皆載書成奏進的時間爲乾道二年閏九月二十九日，惟《宋史》卷三三《孝宗紀一》載乾道二年九月己巳即二十九日，無「閏」字。應以《宋史》所記爲是，其餘諸書皆誤。

〔註172〕宋・佚名撰，張富祥點校：《南宋館閣續錄》卷四《修纂》，中華書局 1998 年版，第 201 頁；宋・佚名撰，汪聖鐸點校：《宋史全文》卷二九《宋寧宗一》，中華書局 2016 年版，第 2467 頁。

　　紹熙三年十一月四日說：《宋會要輯稿》載：「（紹熙）三年十一月二日，閣門言：『十一月十四日，垂拱殿進呈至尊壽皇聖帝《玉牒》《聖政》《會要》。』」〔註173〕又云：「十一月七日，御史臺、閣門、太常寺言：『十一月十四日進呈《至尊壽皇聖帝玉牒》《聖政》《會要》』。」〔註174〕十一月四日是《孝宗聖政》書成，原擬定進呈的時間，時各種儀制、儀注都已準備妥當，但光宗藉口聖政序文的撰寫推託延宕，致使在這一日沒有完成進呈。陳傅良云：「是時《壽皇聖政》書成，已降指揮十一月十四日進呈，忽長至日，駕不出，宰執以下不勝憂懼。是日卻付出《聖政序》，內翰李巘獻之所撰也。翊日，丞相進呈，上云『可別令人撰入』。」〔註175〕

　　紹熙三年十二月四日說：《南宋館閣續錄》卷三載：「（紹熙三年十二月）是月四日，進《孝宗皇帝聖政》。先二日，光宗皇帝親製序文，仍書賜提舉編類聖政、左丞相留正。」〔註176〕又卷四載：「（紹熙）三年十二月四日，國史日曆所上《孝宗皇帝聖政》五十卷。」〔註177〕《玉海》所載與《南宋館閣續錄》同〔註178〕。又陳傅良代撰的《至尊壽皇聖帝聖政序》文末云：「紹熙三年十二月二日，嗣皇帝臣謹序。」〔註179〕與《南宋館閣續錄》載「先二日，光宗皇帝親製序文」相合。

　　紹熙三年十二月二十三日說：《宋會要輯稿》載：「（紹熙）三年十二月二十三日，國史日曆所上《至尊壽皇聖帝聖政》五十卷。二十五日，國史日曆所編類聖政言：『《至尊壽皇聖帝聖政》今已進呈安奉了畢，所有本所諸色人將來推恩，內不願轉資合得折資錢，並經修不經進使臣人吏等推恩犒設錢二千貫文。今來務從省減，更不支降，止候推恩止候推恩指揮下日，從本所具的確人數申明朝廷，行下戶部，依例入歷批勘。』從之。」〔註180〕

〔註173〕清・徐松：《宋會要輯稿・職官》二〇之四五，中華書局1957年版，第2843頁。

〔註174〕清・徐松：《宋會要輯稿・職官》二〇之四七，中華書局1957年版，第2844頁。

〔註175〕宋・陳傅良：《止齋先生文集》卷二一《封事紹熙三年十一月》，四部叢刊本。

〔註176〕宋・佚名撰，張富祥點校：《南宋館閣續錄》卷三《儲藏》，中華書局1998年版，第174頁。

〔註177〕宋・佚名撰，張富祥點校：《南宋館閣續錄》卷四《修纂》，中華書局1998年版，第200頁。

〔註178〕宋・王應麟：《玉海》卷四九《紹熙孝宗聖政》，廣陵書社2003年版，第930頁。

〔註179〕宋・陳傅良：《止齋先生文集》卷四〇《奉詔擬進御製至尊壽皇聖帝聖政序》，四部叢刊本。

〔註180〕清・徐松：《宋會要輯稿・職官》四一之七四，中華書局1957年版，第3203頁。

　　由上可知，《孝宗聖政》進呈的時間爲紹熙三年十二月四日，十一月四日爲原擬定進呈時間，因光宗推託延宕，沒有完成進呈。十二月二十三日只有《宋會要輯稿》所載一條史料，孤證難立，且二十五日時，編類聖政所言聖政進呈安奉完畢，此時間當爲安奉時間，會要編纂者一時未察，將安奉時間誤以爲進呈時間。

　　聖政進呈皇帝後，皇帝須撰寫聖政序。「（乾道二年）閏九月二十九日，進《高宗皇帝聖政》；十月三日，孝宗皇帝親製序文，仍書賜提舉編類聖政、參知政事蔣芾。」〔註181〕，「（紹熙三年十二月）四日，進《孝宗皇帝聖政》。先二日，光宗皇帝親製序文……（慶元）六年二月二十二日，進《光宗皇帝聖政》，後一日，今上皇帝（寧宗）親製序文。」〔註182〕

　　但從文獻記載看，皇帝親自撰寫聖政序這一規定並沒有嚴格執行，《高宗聖政》進呈太上皇帝時，孝宗「親御翰墨，製爲序文，以冠篇首」〔註183〕。《光宗聖政序》亦是寧宗親製。《孝宗聖政序》乃大臣代撰。《孝宗聖政序》先後共撰兩篇，一是李巘所撰，「是時《壽皇聖政》書成，已降指揮十一月十四日進呈，忽長至日，駕不出，宰執以下不勝憂懼。是日卻付出《聖政序》，內翰李巘獻之所撰也。翊日，丞相進呈，上云『可別令人撰入』。既進入，宸翰遂出，於是過宮。」〔註184〕一是陳傅良所撰，「光宗撰《壽皇聖政錄序》，秘監陳君舉所作也。此文今見《致堂》《止齋集》中，但人不知爾。」〔註185〕所撰《聖政序》載於《止齋先生文集》中〔註186〕。《南宋館閣續錄》《玉海》等書云「光宗親製」序文，爲文飾之語，誤矣。

　　皇帝撰寫聖政序文後，提舉聖政編修的宰臣及參與編修的官員須在其後題跋，然後刻石藏於秘府。《高宗聖政》撰成，孝宗「製序，仍書賜參政蔣

〔註181〕宋・陳騤撰，張富祥點校：《南宋館閣錄》卷三《儲藏》，中華書局1998年版，第22頁。

〔註182〕宋・佚名撰，張富祥點校：《南宋館閣續錄》卷三《儲藏》，中華書局 1998年版，第174頁。

〔註183〕宋・潛說友：《咸淳臨安志》卷七《行在所錄》，中華書局編：《宋元方志叢刊》第4冊，中華書局1990年版，第3147頁。

〔註184〕宋・陳傅良：《止齋先生文集》卷二一《封事紹熙三年十一月》，四部叢刊本。

〔註185〕宋・李心傳撰，徐規點校：《建炎以來朝野雜記・乙集》卷一一《親筆與御筆內批不同》，中華書局2000年版，第671頁。

〔註186〕宋・陳傅良：《止齋先生文集》卷四一《奉詔擬進御製至尊壽皇聖帝聖政序》，四部叢刊本。

苗，苗等請勒之秘府，與《河圖大訓》並傳」。《孝宗聖政》與《光宗聖政》修成，「（光宗）親製序，仍書賜宰臣留正。……翌日，（寧宗）製序書賜參政臣深甫，並刻石秘府」〔註187〕。《止齋先生文集》卷四一載有《宰臣以下跋御製至尊壽皇聖帝聖政序記》一文，文末詳列題跋的人員，有「太常丞兼國史日曆所編類聖政檢討官臣章穎、著作佐郎臣王容、臣李唐卿、著作郎臣沈有開、臣黃由、秘書少監臣陳傅良、左丞相兼提舉監修國史日曆提舉編類聖政（臣留正）」〔註188〕。《讀書附志》載：「《御製聖安壽仁太上皇帝聖政序》（《光宗聖政》），一卷。寧宗皇帝御製《光宗皇帝聖政序》也。謝深甫跋其下。」〔註189〕

再看第二次進呈。因孝宗、光宗、寧宗即位後，立即展開修撰前朝皇帝聖政，而前朝皇帝退位為太上皇，因此聖政須先由提舉編類聖政修纂宰臣領銜進呈皇帝，然後由皇帝率羣臣將聖政進呈至太上皇居所。聖政一般與帝紀、日曆、國史、會要、玉牒一併進呈。《高宗聖政》與《三朝帝紀》於乾道二年（1166）十月三日同時進呈。（紹興）三十一年（1161），「提舉修《三朝國史》陳康伯奏：『今來編修《三朝正史紀》成，乞選日進呈。』從之。至是與《太上皇帝聖政》同進呈。……十月三日恭進」〔註190〕。《孝宗聖政》《光宗聖政》與《日曆》《會要》等一併進呈。《宋會要輯稿》載：

（紹熙）三年十二月五日，皇帝詣重華宮，恭進至尊壽皇聖帝《玉牒》《聖政》《會要》。〔註191〕

（慶元）六年二月二十三日，皇帝詣壽康宮，恭進聖安壽仁太上皇帝《玉牒》《聖政》《日曆》《會要》。〔註192〕

需要特別注意的是《孝宗聖政》《光宗聖政》的進呈。光宗時期的兩宮關係並非像孝宗朝那樣融洽，反而顯得十分緊張。光宗患有精神病，每次受到

〔註187〕宋·王應麟：《玉海》卷三二《乾道御製聖政序紹熙慶元》，廣陵書社 2003年版，第 619 頁。

〔註188〕宋·陳傅良：《止齋先生文集》卷四一《宰臣以下跋御製至尊壽皇聖帝聖政序記》，四部叢刊本。

〔註189〕宋·趙希弁撰，孫猛校證：《讀書附志》卷下，上海古籍出版社 2006 年版，第 1221 頁。

〔註190〕宋·陳騤撰，張富祥點校：《南宋館閣錄》卷四《修纂下》，中華書局 1998年版，第 35 頁。

〔註191〕清·徐松：《宋會要輯稿·禮》四九之五六，中華書局 1957 年版，第 1511 頁。

〔註192〕清·徐松：《宋會要輯稿·禮》四九之七九，中華書局 1957 年版，第 1523 頁。

宋孝宗責善後容易產生誤解，心理狀態極不穩定，加之李皇后從中離間，多次阻撓宋光宗朝拜重華宮，因而孝宗、光宗父子關係不和〔註193〕。這種不和也表現在《孝宗聖政》的進呈上。

按照慣例，聖政第一次進呈後過二三日或次日，即進呈太上皇帝。《孝宗聖政》第一次進呈時間原擬定爲紹熙三年（1192）十一月十四日〔註194〕，因孝、光宗父子關係不和，光宗藉口《孝宗聖政序》的撰寫一味地推託延宕，遲遲不肯過宮進呈，「是時《壽皇聖政》書成，已降指揮十一月十四日進呈，忽長至日，駕不出，宰執以下不勝憂懼。是日卻付出《聖政序》，內翰李巘獻之所撰也。翌日，丞相進呈，上云『可別令人撰入』。既進入，宸翰遂出，於是過宮。」〔註195〕對這種情況，大臣們十分憂懼，紛紛建言盡快進呈，如大臣倪思建議「速進《壽皇聖政》，按爲成規。」〔註196〕但最終在大臣的勸諫之下，二十日後的十二月四日，《孝宗聖政》第一次進呈完成，次日進呈孝宗。光宗在大臣的勸說下進呈《孝宗聖政》，一定程度上緩和了他與孝宗的關係，也向朝臣和民眾呈現出一種父子和睦親愛的景象，對於朝廷的穩定具有重要的意義，但光宗這種被動式的行爲僅僅曇花一現，之後兩宮關係日益惡化。

甯宗即位後，對於光宗也極爲誠孝。即位的第三天，就下詔：「建泰安宮，以奉太上皇」，「五日一朝泰安宮，百官每月兩朝。」〔註197〕但由於光宗患有精神病，時好時壞，而且對甯宗取代他的行爲十分憤怒，始終不肯原諒，甯宗多次過宮朝賀，都被光宗拒絕。至慶元五年（1199）八月「辛巳，太祖朝楹生芝，率羣臣詣壽康宮上壽，始見太上皇，成禮而還。甲申，以過宮上壽禮成，中外奉表稱賀。」〔註198〕此時，雖然二人在宮廷中近在咫尺，但甯宗已五年未見光宗，至此父子之間的齟齬相對緩和，因此中外稱賀。在天下臣民看來，光宗、甯宗之間父子關係是不和的，儘管這種不和是光宗單方面導致

〔註193〕孝宗與光宗父子不和，臣民勸諫的詳情，請參見虞雲國《南宋行暮：宋光宗宋甯宗時代》，上海人民出版社 2018 年版，第 89～98 頁。

〔註194〕清·徐松：《宋會要輯稿·職官》二〇之四五，中華書局 1957 年版，第 2843 頁。

〔註195〕宋·陳傅良：《止齋先生文集》卷二一《封事紹熙三年十一月》，四部叢刊本。

〔註196〕宋·魏了翁：《鶴山先生大全文集》卷八五《顯謨閣學士特贈光祿大夫倪公墓誌銘端平三年》，四部叢刊本。

〔註197〕宋·脫脫：《宋史》卷三七《甯宗紀一》，中華書局 1977 年版，第 715 頁。

〔註198〕宋·脫脫：《宋史》卷三七《甯宗紀一》，中華書局 1977 年版，第 725 頁。

的。因此，慶元六年（1200），光宗將聖政進呈光宗，一定程度上鞏固了他與光宗緩和的父子關係。

南宋制，日曆、聖政、會要、玉牒修纂進呈安奉完畢，朝廷要以例推恩，官員轉官，減少磨勘年限，「修書官吏各轉一官，減一年磨勘。內選人改合入官，更減一年磨勘。經修不經進、行在供職官轉一官。餘人等第推恩，支賜有差」〔註199〕。若不願轉資，「合得折資錢，並經修不經進使臣人吏等推恩犒設錢二千貫文」〔註200〕。紹熙三年（1192）十二月，《孝宗聖政》進呈安奉事畢，參與編修和奏進的起居舍人陳傅良、禮部侍郎倪思，秘書省著作郎黃由、沈有開，著作佐郎李唐卿、王容，太常丞兼國史日曆所編類聖政檢討官章穎，將作少監黃艾，承信郎、監潭州南嶽廟徐靖，忠訓郎、秘書省書庫官盛端友，訓武郎、監秘書省門梁周弼，翊郎趙章，武功大夫、降授昌州刺史、帶御器械霍汝翼等官員俱轉一官〔註201〕。曾主持編纂的留正「進少保，封衛國公」〔註202〕。淳熙六年（1179）二月，《光宗聖政》進呈安奉畢，修職郎李圭用因進《玉牒》《日曆》《聖政》《會要》四書，轉官循從事郎〔註203〕。

按照太常寺的規定，《高宗聖政》進呈安奉事畢，羣臣要上表向皇帝、太上皇帝稱賀。乾道二年（1166）七[十]月五日，太常寺言：「進呈安奉《三朝帝紀》、《光堯壽聖太上皇帝聖政》禮畢，執政率文武百僚詣文德殿，拜表稱賀，次指德壽宮拜表稱賀。」但其後《孝宗聖政》《光宗聖政》進呈安奉完畢後，此制不見實行，可能被廢止。

〔註199〕 宋・陳騤撰，張富祥點校：《南宋館閣錄》卷四《修纂上》，中華書局 1998年版，第 37 頁。

〔註200〕 清・徐松：《宋會要輯稿・職官》四一之七三，中華書局 1957 年版，第 3203 頁。

〔註201〕 宋・陳傅良：《止齋先生文集》卷一一《禮部侍郎倪思訪修至尊壽皇聖帝聖政特轉一官制》、《秘書省著作郎黃由沈有開著作佐郎李唐卿王容太常丞兼國史日曆所編類聖政檢討官章穎將作少監黃艾並該修進至尊壽皇聖帝聖政內黃艾係經修不經進各特轉一官制》、《承信郎監潭州南嶽廟徐靖忠訓郎秘書省書庫官盛端友訓武郎監秘書省門梁周弼翊郎趙章該進至尊壽皇聖帝聖政各轉一官制》、《武功大夫降授昌州刺史帶御器械霍汝翼該進至尊壽皇聖帝聖政特轉成州團練使制》，四部叢刊本；宋・樓鑰：《攻媿集》卷三五《起居舍人陳傅良經進壽皇政轉一官敕》，影印文淵閣四庫全書本。

〔註202〕 宋・脫脫：《宋史》卷三九一《留正傳》，中華書局 1977 年版，第 11975 頁。

〔註203〕 宋・衛涇：《後樂集》卷一《修職郎李圭用玉牒日曆聖政會要四處進書賞循從事郎制》，影印文淵閣四庫全書本。

2. 聖政錄的安奉和管理

北宋時，官修聖政錄的安奉地點史書記載非常模糊，只能依據有限的史料進行一定的考證，且存放地點並不固定，亦無一套完整的管理制度。至南宋，聖政錄安奉在秘閣中，朝廷制定了較為嚴密的管理制度。

天禧五年（1019）三月，《天禧聖政紀》撰成進呈。此書保存於天章閣內。《續資治通鑑長編》云：

> （天禧四年十一月）壬戌，宰臣等言：「聖製已約分部帙，望令雕板摹印，頒賜館閣，及道釋經藏名山勝境。仍命內臣規度禁中嚴淨之所，別創殿閣緘藏。」詔可。尋於龍圖閣後修築，命入內都知張景宗、副都知鄧守恩管勾，是為天章閣。又言：「陛下臨御以來，功業隆盛。望令中書、樞密院取時政記中盛美之事，別為聖政錄。」從之，仍令樞密副使錢惟演、參知政事王曾編次，丁謂等參詳。〔註204〕

又岳珂《愧郯錄》卷一四云：

> （天禧）十一月甲戌，作天章閣。五年三月戊戌，天章閣成。……是時輔臣集御製三百卷，《玉京集》三十卷，《授時要錄》二十四卷。又取至道元年四月訖大中祥符歲中書、樞密院時政記、史館日曆、起居注善美之事，錄為《聖政記》，凡一百五十卷，並命工鏤板，又以御書石本為九十編，命中使岑守素等主其事，至是畢藏于閣。〔註205〕

又《宋會要輯稿·崇儒》六之一云：

> 天禧四年十一月壬戌，詔從丁謂等請，作天章閣奉安御集。十一月，中書言「聖製已約分部帙，望令雕板摹印，頒賜館閣，及道釋經藏名山勝境。仍命內臣規度禁中嚴淨之所，別創殿閣緘藏。詔可。」從之。又出御製七百二十二卷付之宰相。十二月，輔臣以御書、御製共二卷進呈，皆帝親筆及親作草本，詔藏御集閣，以天章為名。十二月己巳興工，五年三月戊戌閣成。……時輔臣集御製三百卷，又取至道元年四月訖大中祥符歲中書、樞密院時政記、史館日曆、起居注善美之事錄為《聖政紀》，凡百五十卷，並命工鏤板。〔註206〕

〔註204〕宋·李燾：《續資治通鑑長編》卷九六，天禧四年十一月壬戌條，中華書局2004年版，第2222頁。

〔註205〕宋·岳珂撰，朗潤點校：《愧郯錄》卷一四，中華書局2016年版，第180～181頁。

〔註206〕清·徐松：《宋會要輯稿·崇儒》六之一，中華書局1957年版，第2269頁。

由此可知，天章閣始建於天禧四年十二月，建成於天禧五年三月，位於龍圖閣北、會慶殿西，用以緘藏眞宗御製、御集。宋廷將《天禧聖政紀》歸入眞宗御製、御集一類，藏入天章閣。仁宗乾興元年（1022）八月賜給輔臣「《先帝御集》三百卷，《釋奠文集》一部，《清景殿詩》二卷，《三惑論並欹器論》《大童經》各一冊，《聖政紀》一百五十卷」〔註207〕，亦可證明《聖政紀》儲存於天章閣。

天章閣初建時，並未建官。仁宗天聖八年（1030）十月，初置待命〔制〕，范諷、鞠詠充職。景祐四年（1036），增置侍講，以賈昌朝、趙希言、王宗道等爲之。慶曆七年（1047），又置學士、直學士〔註208〕。需要強調的是，所設置的學士、直學士、待制都不是實職，爲虛名，用於他官兼職或帶職，稱爲「貼職」。實際負責管理天章閣的是提舉官勾管閣事。〔註209〕

慶曆四年九月，富弼《三朝聖政錄》撰成進呈。此書存於中書門下、樞密院中。富弼在慶曆三年九月，奏請朝廷修纂《三朝聖政錄》時，就言道「臣今欲選官置局，將三朝典故及討尋久來諸司所行可用文字，分門類聚，編成一書，置在兩府，俾爲模範」〔註210〕。又《玉海》云：「樞密副使富弼請考祖宗故事可行者爲書，置在二府，俾爲模範，得以遵守。」〔註211〕可知《三朝聖政錄》撰成後，存於二府。鄭居中所纂《崇寧聖政》因史籍闕載，無法考其儲藏之所。

私人所修聖政錄則作爲一種史料，保存於史館。咸平六年（1003）八月，《咸平聖政錄》成，「太僕少卿、直秘閣錢惟演上，二卷，詔付史館」〔註212〕。寶元元年（1038），石介編《三朝聖政錄》成，進呈朝廷，藏於史館。宋代史館爲三館之一，屬崇文院。

唐時，以昭文館、史館、集賢院爲三館，且尙未合於一處。至五代後梁「始以左長慶門東北小屋數十間爲三館，其後俗謂之『西館』」〔註213〕。宋承唐、五代之制，建國初，宋太祖於開封宮城長慶門東北設置三館。太平興國

〔註207〕清·徐松：《宋會要輯稿·崇儒》六之一，中華書局1957年版，第2269頁。
〔註208〕清·徐松：《宋會要輯稿·崇儒》六之一，中華書局1957年版，第2269頁。
〔註209〕參見汪瀟晨、龔延明《宋代帝閣雙重職能研究——以宋代帝閣職能、職名爲中心》，《中華文史論叢》2017年第3期。
〔註210〕宋·李燾：《續資治通鑑長編》卷一四三，慶曆三年九月丙戌條，中華書局2004年版，第3456頁。
〔註211〕宋·王應麟：《玉海》卷四九《慶曆三朝寶訓》，廣陵書社2003年版，第927頁。
〔註212〕宋·王應麟：《玉海》卷五八《咸平聖政錄》，廣陵書社2003年版，第1113頁。
〔註213〕宋·孫逢吉：《職官分紀》卷一五，中華書局1988年版，第364頁。

二年（977）宋太宗下詔在左升龍東北舊車輅院地，重修三館。次年二月，建成。太宗賜名爲崇文院。「遷舊館之書以實之。院之東廊爲昭文書，南廊爲集賢書，西廊有四庫，分經、史、子、集四部，爲史館書」〔註214〕。秘閣始建於端拱元年（988）五月。宋太宗以崇文院中堂建爲秘閣，挑選圖書、古畫、墨蹟入藏。此時雖建秘閣，「而層宇未立，書籍止置偏廷廡內」〔註215〕。淳化三年（992）五月，太宗下詔增修秘閣，八月閣成，太宗「賜飛白書『秘閣』二字以賜」〔註216〕。此後，三館秘閣成爲北宋著名的皇家藏書機構。

宋廷設置一系列職官，管理三館，具體負責崇文院內圖書的整理、編校。三館秘閣的職官設置情況如下：史館下設直史館、修撰（以京朝官充）、編修、校勘、檢討，掌修國史、日曆及典圖籍之事。判史館事一人，以兩省五品以上充。集賢院下設集賢院修撰、直集賢院、集賢校理，掌本館所藏經史子集四庫圖籍修寫、校之事。判集賢院事一人，或差兩人，以兩省五品以上充。昭文館設直昭文館，以京朝官充，掌本館所藏經、史、子、集四庫圖籍修寫、校之事。判昭文館事一人，以兩省五品以上充。崇文院設置檢討、校勘等。檢討，無定員，以京朝官充；崇文院校勘，無定員，以京朝官、幕職州縣官充。掌聚三館圖籍。監崇文館兼監秘閣一人，內侍充。後又置同勾當崇文院公事一人。秘閣下設有直秘閣，無定員，以朝官充；秘閣校理，無定員，以京朝官充。秘閣校勘。掌繕寫秘藏供御典籍圖書之事。編校秘閣書籍，整理、校對本閣圖書。判秘閣一人。〔註217〕

以上是北宋聖政錄的收藏和管理情況。從中可以看出，北宋聖政錄的儲藏與管理並未形成嚴格、規範的制度，儲藏地點也不固定，其管理制度也無法詳細言之，只能就勾勒其大致的概貌。

南宋時，「實錄奉安於天章閣、敷文閣，日曆、聖政、會要則奉安於秘閣」〔註215〕，可知聖政安奉於秘閣。宋室南渡，高宗於紹興十三年（1143）

〔註214〕宋・李燾：《續資治通鑑長編》卷一九，太平興國三年二月丙辰條，中華書局2004年版，第422頁。

〔註215〕宋・程俱撰，張富祥校證：《麟臺故事校證》卷一《沿革》，中華書局 2000年版，第25頁。

〔註216〕清・徐松《宋會要輯稿・職官》一八之四八，中華書局1957年版，第2778頁。

〔註217〕參見龔延明《宋代崇文院雙重職能探析——以三館秘閣官實職、貼職爲中心》，《北京大學學報》2016年第4期。

〔註215〕宋・陳騤撰，張富祥點校：《南宋館閣錄》卷四《修纂上》，中華書局 1998年版，第39頁。

十二月十一日下詔重建秘書省，次年賜御書「秘閣」「右文殿」「道山堂」「石渠」牌〔註216〕。秘閣位於秘書省內右文殿殿後，「五間，高四丈。太上御書金字『秘閣』牌。中設御座、御案、腳踏、黃羅帕褥。御屏畫出水龍。閣上木雕朱漆殿一座，安奉聖政、會要、日曆、御製御札等。」〔註217〕。聖政安奉的確切地點為秘閣中的一座木雕朱漆殿內。

《南宋館閣錄》載：「《太上皇帝聖政》六十一冊，《日曆》一千二冊，並藏閣上。……今上皇帝御書《光堯壽聖太上皇帝聖政序》一座。」〔註218〕《玉海》亦載：「淳熙四年（1177），陳騤編《館閣錄》，載秘閣諸庫書目御札六百七軸三十五冊，五道。《太上聖政》六十一冊，《日曆》一千二冊，並藏閣上。」〔註219〕《南宋館閣續錄》云「《孝宗皇帝會要》三百六十八冊，又《總會要》二百冊，《日曆》二千冊，《聖政》五十冊，《光宗皇帝會要》一百冊，《日曆》三百冊，《聖政》三十冊，《今上皇帝會要》一百十五冊，《日曆》五百十冊，並藏閣上」〔註220〕，「《孝宗皇帝御書秋日幸秘書省近體詩》一、《狠石銘》一、《光宗皇帝御書壽皇聖帝聖政序》一，以上皆在秘閣西廂，榜曰『御書石刻』。《今上皇帝御書聖安壽仁太上皇帝聖政序》一，設秘閣下」〔註221〕。

南宋朝廷重建秘閣，收藏日曆、聖政、會要等書，制定了一套嚴密的制度進行管理。

第一，由秘書省經籍案掌理秘閣所藏圖書。「經籍案掌行秘閣御製、御書、圖畫、經史子集書籍並朝廷檢閱典故，及御前取降圖畫書籍及修撰祠祭樂章等事。請官撰」〔註222〕。

〔註216〕宋·王應麟：《玉海》卷一六三《紹興御書秘閣右文殿道山堂石渠》，廣陵書社 2003 年版，第 3012 頁。

〔註217〕宋·陳騤撰，張富祥點校：《南宋館閣錄》卷二《省舍》，中華書局 1998 年版，第 10 頁。

〔註218〕宋·陳騤撰，張富祥點校：《南宋館閣錄》卷三《儲藏》，中華書局 1998 年版，第 23～24 頁。

〔註219〕宋·王應麟：《玉海》卷五二《淳熙中興館閣書目》，廣陵書社 2003 年版，第 999 頁。

〔註220〕宋·佚名撰，張富祥點校：《南宋館閣續錄》卷三《儲藏》，中華書局 1998 年版，第 175 頁。

〔註221〕宋·佚名撰，張富祥點校：《南宋館閣續錄》卷三《儲藏》，中華書局 1998 年版，第 189 頁。

〔註222〕宋·陳騤撰，張富祥點校：《南宋館閣錄》卷一〇《職掌》，中華書局 1998 年版，第 151 頁。

　　第二，秘閣所藏書籍僅供禁中使用，不得外借。紹興元年（1131）四月十四日，朝廷下詔：「秘閣書除供禁中外，並不許本省官及諸處關借，雖奉特旨，亦不許關借。」〔註 223〕紹興二十七年（1157）十一月二十九日，朝廷再次降詔，「秘書省書籍除本省官關請就省校勘外，依舊制並不許諸處借出，長、貳常切覺察」〔註 224〕。此處雖說是秘書省，也包括秘閣。嘉泰四年（1204）十月，著作佐郎曾從龍奏請朝廷申嚴此制，「除本省官關就省中校勘外，並不許借出；如輒借出，以違制論」〔註 225〕。可見士大夫從秘書省借書之風甚盛。

　　第三，派遣官員每月上秘閣檢視。慶元六年（1200）三月，朝廷以秘書丞邵文炳等所上箚子，詔每月輪秘書省官一員上閣檢點。箚子云：「契勘本省秘閣上見安奉聖政、日曆、會要、寶藏御前圖畫、御製御札等，事體至重，欲每月輪本省官一員上閣檢點，周而復始。」〔註 226〕嘉泰四年（1204）十月，著作佐郎曾從龍奏請朝廷重申檢視之制，云：「仍令本省長、貳每月輪委以次官，不時點視，如點閣之法。庶幾冊府崇嚴，典籍森備，其於聖世右文之治，誠非小補。」〔註 227〕朝廷聽從其建議，詔每月輪本省官一員點視書籍，其中亦包括秘閣。朝廷屢次下詔檢點書籍，亦可知南宋時期，每月上閣檢視之制並未一值得到貫徹執行。

　　綜上所述，北宋官修聖政錄進呈和管理制度因史料缺乏記載，尚不完全清楚，只能依據有限史料進行簡單地勾勒：官修聖政錄由主持修纂的宰臣領銜進呈，《天禧聖政紀》儲藏於天章閣，富弼的《三朝聖政錄》儲藏於二府。進呈的儀制、聖政錄的管理制度史載不詳。私人所修聖政錄，由修撰者進呈，作爲一種史料儲備存於史館。相比較而言，南宋聖政錄的上述事項則較爲明晰。聖政錄要進呈兩次：一次是提舉聖政修纂的宰相率羣臣將聖政錄進呈至

〔註 223〕宋・陳騤撰，張富祥點校：《南宋館閣錄》卷三《儲藏》，中華書局 1998 年版，第 21 頁。

〔註 224〕宋・陳騤撰，張富祥點校：《南宋館閣錄》卷三《儲藏》，中華書局 1998 年版，第 22 頁。

〔註 225〕宋・佚名撰，張富祥點校：《南宋館閣續錄》卷三《儲藏》，中華書局 1998 年版，第 175 頁。

〔註 226〕宋・佚名撰，張富祥點校：《南宋館閣續錄》卷三《儲藏》，中華書局 1998 年版，第 174 頁。

〔註 227〕宋・佚名撰，張富祥點校：《南宋館閣續錄》卷三《儲藏》，中華書局 1998 年版，第 175 頁。

皇帝處，皇帝撰聖政序；另一次是由皇帝率羣臣將聖政錄進呈至太上皇居所，然後儲藏於秘閣中的一座木雕朱漆殿內。進呈安奉完畢，朝廷依例獎賞編修和奏進人員。聖政錄的管理制度較爲嚴格，聖政錄藏於秘閣，由秘書省經籍案掌理，只供禁中使用，不得外借，秘書省派遣官員每月上閣點視。

二、宋代聖政錄的體例、內容 及與其他史籍的關係

　　鄧小南指出：「本朝史的修撰，在中國歷史上有久遠的傳統。在宋代，則不僅敘事纂述，對於本朝史的闡發更有了長足的發展。《寶訓》《聖政》的繁盛，正是宋人重視闡發本朝歷史的突出表現。」〔註1〕自錢惟演於咸平六年（1003）撰成第一部聖政錄——《咸平聖政錄》之後，編修聖政錄，成為有宋一代不容偏廢的傳統。前輩學者對宋代聖政錄的體例、內容、史料來源雖有涉及，但較為簡略，只是在論述其他主題時稍作論述，因此本部分首先考察聖政錄的體例、內容；其次探討聖政錄與現存史籍的關係；再次，分析聖政錄與其他史籍如時政記、日曆、起居注、會要、玉牒的關係，以明聖政錄的史料來源；最後，探討聖政錄與寶訓的關係，區別二者的同異。

（一）聖政錄的體例與內容

1. 聖政錄的體例

　　石介《三朝聖政錄序》云：「唐史臣吳兢嘗爲《貞觀政要》，臣竊效之，作《三朝聖政錄》。」〔註2〕韓琦《三朝聖政錄序》也稱：「權嘉州判官石介，宦學有立，志切忠義，感唐臣吳兢所撰《貞觀政要》，……迺採記三朝以來行事、見聞最詳者，類而次之，爲二十門，目曰《三朝聖政》。」〔註3〕可知

〔註1〕鄧小南：《宋代歷史探求——鄧小南自選集》，首都師範大學出版社2015年版，第161頁。

〔註2〕宋·石介撰，陳植鍔點校：《徂徠石先生文集》卷一八《三朝聖政錄序》，中華書局1984年版，第209～210頁。

〔註3〕宋·韓琦：《安陽集》卷二二《三朝聖政錄序》，影印文淵閣四庫全書本。

石介仿傚《貞觀政要》而作《三朝聖政錄》。宋人修撰聖政錄，是受唐吳兢所修《貞觀政要》的影響〔註4〕。在宋人眼中，在編修聖政錄時，吳兢所撰《貞觀政要》是他們傚仿的最理想的典範。

唐開元年間，吳兢於「《太宗實錄》外，採太宗與羣臣問對之語，以備觀戒，為《政要》」〔註5〕。《貞觀政要》以分類繫事，始「君道」，終「愼終」，每門之下編輯若干事條，共十卷四十篇。《貞觀政要》以分類繫事，將所搜集的史料按照不同的主題分門別類予以編纂的這一體例為聖政錄所傚仿。

宋代聖政錄的編纂體例與《貞觀政要》的體例相近。石介《三朝聖政錄》「以類相從，起君道至戒貪吏，凡二十門，為六卷，每門系之贊云」〔註6〕。韓琦《三朝聖政錄序》云：「採記三朝以來行事、見聞最詳者，類而次之，為二十門，目曰《三朝聖政錄》，每篇之末又自為之贊，以申諷諭之意。」〔註7〕《玉海》亦云：「（《三朝聖政錄》）始君道、英斷、謹惜名器、終戒貪吏，每篇末自為贊。」〔註8〕富弼在主持編纂《三朝聖政錄》時，上表明言該書之體例，云：「臣今欲選官置局，將三朝典故及討尋久來諸司所行可用文字，分門類聚，編成一書。」書成，「分別事類，凡九十六門，二十卷」〔註9〕。

南宋時，編纂《高宗聖政》，陸游云：「某被命修《光堯皇帝聖政》，草創凡例，網羅放逸，雖寢食間，未嘗置也。」〔註10〕陸游所創的完整凡例，現今已不可得知。但從陸游在通判鎮江府任上回憶記錄的《高宗聖政草》的事條來看，《高宗聖政》一書先紀事，每一事後，以「臣等曰」的方式記入大臣對此事的議論。

隆興元年（1163）三月十六日，朝廷下詔：「編類聖政所修纂《光堯壽聖太上皇帝聖政》，凡大號令、大政事，今日合遵行者，並編類門目，每月

〔註4〕王德毅：《宋代的聖政和寶訓之研究》，《書目季刊》第20卷第3期，1986年。
〔註5〕宋·王應麟：《玉海》卷四九《唐貞觀政要》，廣陵書社2003年版，第925～926頁。
〔註6〕宋·章如愚：《羣書考索·前集》卷一七《正史門·國史類》，影印文淵閣四庫全書本。
〔註7〕宋·韓琦：《安陽集》卷二二《三朝聖政錄序》，影印文淵閣四庫全書本。
〔註8〕宋·王應麟：《玉海》卷四九《三朝聖政錄》，廣陵書社2003年版，第928頁。
〔註9〕宋·李燾：《續資治通鑑長編》卷一四三，慶曆三年九月丙戌條，中華書局2004年版，第3456頁。
〔註10〕宋·陸游：《陸遊集·渭南文集》卷二六《高宗聖政草》，中華書局1976年版，第2222頁。

投進；其編年紀事，候書成日，一併進呈。」〔註11〕《玉海》卷四九「乾道
《光堯聖政》」條云：「編類聖政所修纂《光堯壽聖太上皇帝聖政》，凡大號
令、大政事，合遵行者，並編類，每月投進。」〔註12〕李心傳認爲《光堯聖
政錄》（《高宗聖政》）「大凡分門立論，視《寶訓》而加詳焉」〔註13〕，指出
《高宗聖政》編纂體例的特點是「分門立論」，與《寶訓》相似。現存的《增
入名儒講義皇宋中興兩朝聖政》雖然不是聖政原本，但仍然保留著分類事
目，有興復門、任相門、君德門、治道門、皇親門、官職門、人才門、禮樂
門、儒學門、民政門、兵事門、財用門、技術道釋門、邊事門、災祥門，每
門有事類〔註14〕。

　　總之，宋代《聖政錄》的編纂體例是仿傚《貞觀政要》的體例，即分門
繫事，將所搜集的史料按照不同的主題分門別類予以編排，每門繫之讚語，
以表達編撰者的認識。

2. 聖政錄的內容

　　趙宋一朝，無論官修、私修，聖政錄主要記錄宋朝歷代皇帝的聖訓和聖
舉，即皇帝的「嘉言、美事」〔註15〕，「大號令、大政事合遵行者」〔註16〕。
在此前提下，具體到每一部聖政錄，其所記內容也有差異。

　　錢惟演《咸平聖政錄》在宋及後世的目錄書籍中對此書只記書名、作者、
卷數，因史料無載，其具體內容不詳，蓋爲眞宗歌功頌德，所記咸平時期眞
宗皇帝的「嘉言、美事」。其主持修纂《天禧聖政紀》的內容也因史書闕載而
不詳，只知此書「取時政記、日曆、起居注美事，別爲編錄」〔註17〕。

　　石介《三朝聖政錄》的內容，石介在自序中做了詳細的說明，序云：

　　　　臣生三十四年，目不識干戈之事，耳不聞金革之聲，唯是草茅
　　　之下、閭里之中，聽田父農叟歌詠三聖之德，盈溢乎耳。及登仕路

〔註11〕 清・徐松：《宋會要輯稿・職官》四一之七二，中華書局 1957 年版，第 3202 頁。
〔註12〕 宋・王應麟：《玉海》卷四九《乾道光堯聖政》，廣陵書社 2003 年版，第 930 頁。
〔註13〕 宋・李心傳撰，徐規點校：《建炎以來朝野雜記・甲集》卷四《兩朝聖政錄》，
　　　　中華書局 2000 年版，第 112 頁。
〔註14〕 宋・佚名：《增入名儒講義皇宋中興兩朝聖政・分類事目》，江蘇古籍出版社
　　　　1988 年影印宛委別藏本。
〔註15〕 宋・程俱撰，張富祥校證：《麟臺故事校證》卷三《修纂》，中華書局 2000 年
　　　　版，第 302 頁。
〔註16〕 宋・王應麟：《玉海》卷四九《乾道光堯聖政》，廣陵書社 2003 年版，第 930 頁。
〔註17〕 宋・王應麟：《玉海》卷四八《天禧聖政紀》，廣陵書社 2003 年版，第 922 頁。

> 以來，時接搢紳大夫語，其説三聖之政益詳。然三聖之德，三朝之
> 政，國史載之備矣。但臣以爲三聖致太平之要道，或慮國史紀之至
> 繁，書之不精，聖人一日萬幾，不能徧覽，唐史臣吳兢嘗爲《貞觀
> 政要》，臣竊效之，作《三朝聖政錄》。〔註18〕

由上可知，石介《三朝聖政錄》的主要內容爲三聖（太祖、太宗、眞宗）治
理天下，使天下太平的「要道」。此「要道」來源有二：一是草茅之下、閭里
之中，所聽到的百姓歌頌三聖的事蹟；二是聽搢紳大夫所言三聖之政。石介
從中選取能夠彰顯「致太平之要道」的言行事件予以記錄。

　　韓琦《三朝聖政錄序》云：「採記三朝以來行事、見聞最詳者。」〔註19〕
《玉海》云：「嘉州判官石介撮取太祖、太宗、眞宗三聖之政爲書。」〔註20〕
章如愚《羣書考索》云：「錄太祖、太宗、眞宗三朝政事。」〔註21〕可知撰錄
太祖、太宗、眞宗之政事、見聞。《三朝聖政錄》所記皆爲三聖的聖德、美政，
朱熹所編《三朝名臣言行錄》中的一條記載可以窺其一斑：

> 石守道編《三朝聖政錄》，將上，一日，求質於公（韓琦），公
> 指數事爲非。其一，太祖惑一宮嬖，視朝宴，羣臣有言，太祖悟，
> 伺其酣寢刺殺之。公曰：「此豈可爲萬世法？已溺之，迺惡其溺而殺
> 之，彼何罪？使其復有嬖，將不勝其殺矣。」遂去此等數事，守道
> 服其清識。〔註22〕

可見，《三朝聖政錄》修成以後，經過了二次刪修，將不可作爲世訓的部分刪
除，所保留者是可訓示後世的皇帝嘉言美事。

　　關於富弼《三朝聖政錄》的內容，李燾《續資治通鑑長編》有詳細的記
載，云：

> 臣今欲選官置局，將三朝典故及討尋久來諸司所行可用文字，
> 分門類聚，編成一書，置在兩府，俾爲模範。……其間典法深大，
> 今世不能遵守者，於逐事之後各釋其意。意相類者，止釋一事，事

〔註18〕　宋・石介撰，陳植鍔點校：《徂徠石先生文集》卷一八《三朝聖政錄序》，中
　　　　　華書局 1984 年版，第 209～210 頁。
〔註19〕　宋・韓琦：《安陽集》卷二二《三朝聖政錄序》，影印文淵閣四庫全書本。
〔註20〕　宋・王應麟：《玉海》卷四九《三朝聖政錄》，廣陵書社 2003 年版，第 928 頁。
〔註21〕　宋・章如愚：《羣書考索・前集》卷一七《正史門・國史類》，影印文淵閣四
　　　　　庫全書本。
〔註22〕　宋・朱熹撰，李偉國點校：《三朝名臣言行錄》卷一《丞相魏國韓忠獻王琦》，
　　　　　上海古籍出版社、安徽教育出版社 2010 年版，第 380 頁。

理明白者更不復釋。〔註23〕

羅從彥《尊堯錄》所載與《續資治通鑑長編》同。由此可知《三朝聖政錄》的內容為三部分，即三朝「典故」；諸司所行可用文字；富弼等人的「釋」。正如王應麟所言：「凡三朝賞罰之權、成德之本、責任將帥之術、升黜官吏之法、息費強兵之制、禦戎平寇之略、寬民恤災之惠、睦親立教之本、御臣防患之機、察納諫諍之道，率編錄焉。」〔註24〕《三朝聖政錄》現已散佚不存，樓鑰《攻媿集》和黃履翁《新箋決科古今源流至論‧別集》中各存一條佚文，引錄如下，以窺是書之內容。

　　《政要》（《三朝聖政錄》）：乾德中，責授節度使王全斌、崔彥進為留後，左衛上將王仁贍為右衛大將軍，制授內客省使曹彬，宣徽南院使、侍衛都指揮使劉義允節度使，皆收蜀將帥也。初孟昶降，全斌等不能正身率下，爭取珠玉及取人婦女。太祖聞蜀復亂，及全斌歸闕，太祖召王仁贍詰之。仁贍遍指諸將過失，求欲自解。太祖曰：「納李廷珪妓女，開德豐庫取珠貝，亦全斌等耶？」

　　富弼釋曰：賞罰，人主之權衡。用其權，無他，賞當功、罰當罪而已。全斌雖有平蜀之功，貪恣不法，復致蜀亂，故不可不貶降。曹彬有功無過，故當顯用也。賞罰如是之明，宜乎將相盡力。〔註25〕

　　太宗淳化四年六月，以左諫議大夫魏庠，司封郎中、知制誥柴成務同知給事中事。凡制敕之有所不便，許依故事封駁以聞。八月，命樞密直學士向敏中、張詠同知銀臺通進司，凡天下章奏案牘必由二司，然後進御。先是，中外奏報，但由尚書內省籍以下有司，有司或行或否，得緣而為奸，禁中不得知，外司無糾察之職。至是，始命敏中等謹視其出入而鈎稽焉。事無大小，不敢有所留滯矣。九月，以給事中封駁隸銀臺通進司，應詔敕並令樞密直學士向敏中、張詠詳酌可否，然後行下。

〔註23〕宋‧李燾：《續資治通鑑長編》卷一四三，慶曆三年九月丙戌條，中華書局 2004 年版，第 3455～3456 頁。

〔註24〕宋‧王應麟：《玉海》卷四九《慶曆太平三朝寶訓》，廣陵書社 2003 年版，第 927～928 頁。

〔註25〕宋‧黃履翁：《新箋決科古今源流至論‧別集》卷八《邊將》，影印文淵閣四庫全書本。

富弼等釋曰：古者詔命，皆中書奉行，門下省審封駁改正，厥
有司存，太宗親選向敏中、張詠同判通進司等，以察稽失。二府奉
行之過，皆得改駁，關防之意，謹之於始也。〔註26〕

南宋紹興三十二年（1162）六月丙子，孝宗即位，立即下令編纂《高宗
聖政》。從現有史料來看，《高宗聖政》的內容有三個部分：

第一，高宗一朝的詔旨與條例。紹興三十二年（1162）六月丁亥，宋孝
宗下詔：「朕惟太上皇帝臨御三紀，法令、典章粲然備具。嗣位之初，深懼墜
失，其議設官，裒集建炎、紹興以來詔旨、條例以聞，朕當與卿等恪意奉行，
以對揚慈訓。」〔註27〕嘉定二年（1210）二月二十一日，禮部侍郎吳奕上奏
朝廷，與四川推恩，舉行特奏名考試。朝廷下令禮部審查，禮部依據《高宗
聖政》所載紹興二年的詔令命四川再次舉行特奏名考試，〔註28〕表明《高宗
聖政》包含高宗一朝的詔旨條例。

第二，大臣的表章奏議。紹興三十二年（1162）十二月二十五日，權發
遣閬州呂遊問上表，稱「本州新井縣麥秀三岐，閬中縣牛產二犢，已遵近降
指揮，畫圖繳申尚書禮部。繼於六月初十日有五色雲見於州城之南錦屏山之
西，若煙非煙，若霧非霧，浮空映日，自未及申。傾城士庶觀之，莫不歡仰，
皆謂與前二瑞不同。兼西南地望正屬普安郡，雲見其上，又在皇帝即位一日，
允合陛下受命之符。竊謂合宣付史館，以彰陛下聖德」〔註29〕，孝宗下旨將
此奏降付聖政所，可知《高宗聖政》吸收了臣下奏章中的內容。

第三，時政記、起居注中的嘉言、美事。紹興三十二年（1162）十二月六
日，凌景夏、周必大言：「奉旨編類光堯壽聖太上皇帝一朝聖政，合要建炎元年
五月十[一]日以後至紹興三十二年六月十一日以前三省、樞密院時政記、起居
注參照編類欲乞下日曆所併移文諫院、後省，依年分逐旋關借或鈔錄，用畢封
還。並合要詔旨草稿參照，已得指揮許差人於學士院就行鈔錄。」〔註30〕

成書於南宋時期的類書《國朝冊府畫一元龜》〔註31〕中存有《高宗聖政》

〔註26〕宋・樓鑰：《攻媿集》卷五〇《進故事・三朝政要》，影印文淵閣四庫全書本。
〔註27〕宋・王應麟：《玉海》卷四九《乾道光堯聖政》，廣陵書社2003年版，第930頁。
〔註28〕清・徐松：《宋會要輯稿・選舉》一三之七至八，中華書局1957年版，第4471頁。
〔註29〕清・徐松：《宋會要輯稿・瑞異》一之二七，中華書局1957年版，第2078頁。
〔註30〕清・徐松：《宋會要輯稿・職官》四一之七二，中華書局1957年版，第3202頁。
〔註31〕宋・佚名：《國朝冊府畫一元龜》，中國國家圖書館編《原國立北平圖書館甲
庫善本叢書》第423～424冊，國家圖書館2013年版。

原文，在此引錄二條，以增強對此書的直觀認識。該書《甲集》卷四三《官制門·將帥》云：

> 高宗紹興五年三月，進呈韓世忠已於十一日過淮南。趙鼎奏曰：「乞遣中使傳宣撫問。」上曰：「當別有所賜。近劉光世進馬來，問朕乞花瓶，遂報玉瓶賜之。」趙鼎等奏曰：「陛下御府寶器以寵大將，深得駕御之術。」

《乙集》卷一九《奏對門·章奏》云：

> （高宗建炎）三年三月，臣僚上言：「宜倣唐制及祖宗舊制，應（獻陳）章奏，委翰林學士、給事中、中書舍人輪日於禁中看詳，條陳具奏，使是非予奪盡從公論，左右小臣不得妄言利害。既委臣僚，乞不差內臣傳送，只實封往復，庶免黨與交結之罪。」詔從之。

《孝宗聖政》《光宗聖政》的所載內容應與《高宗聖政》大致相同。因此明確《高宗聖政》的內容，也就清楚了後兩部聖政的內容，只是時期不同而已。

需要說明的是，五百卷《高宗實錄》修成於嘉泰二年（1202），一千卷《高宗日曆》修成於淳熙三年（1176）三月，在《高宗聖政》在編纂時，二書尚未修成，因此《高宗聖政》只能取錄時政記、起居注。《孝宗聖政》於紹熙三年（1192）十二月修成之前，《孝宗日曆》早於紹熙元年（1190）八月就已成書，且國史日曆所在編纂《孝宗聖政》時明言「所修聖政係就用本所應干國史文字照使」〔註32〕，因此《孝宗聖政》取錄《孝宗日曆》中皇帝的盛美之事。

需要指出的是，從輯出的聖政錄佚文來看，私修聖政錄與官修聖政錄的內容的撰述形式迥然不同。其一，官修聖政錄有詳細的紀年，而私修聖政錄的紀年十分模糊，或只書皇帝廟號，或書皇帝廟號、年號，無明確的紀年。其二，官修聖政錄中每條的撰寫模式是時間+進呈某事件+皇帝的訓示+臣僚的讚語，有些沒有臣僚的讚語，私修聖政錄在撰寫上並不像官修的那麼嚴格，顯得比較隨意。私修聖政錄更似宋代「筆記」。出現這種情形的原因有二：其一，二者的史料來源不同。私修聖政錄多採自草茅之下、閭里之中，所聽到的百姓歌頌皇帝的事蹟以及搢紳大夫所言皇帝之政，因是聽聞，無法確定其具體時間。而官修聖政錄則採自官方所修的時政記、日曆、起居注中之史料，這些史料有明確的時間，故而官修聖政錄也有明確的年月日；其二，官方在

〔註32〕清·徐松：《宋會要輯稿·職官》四一之七三，中華書局1957年版，第3203頁。

修纂聖政錄前，為了保障修纂聖政錄的規範化和延續性，制定了一定的撰述凡例，而私修聖政錄不涉及這類問題，因此沒有固定的撰述形式。

綜上所述，聖政錄所記錄的，是宋代歷朝皇帝的「聖政嘉言皇猷美事」〔註33〕，使得「祖宗之典刑，宜乎光明盛大不可掩也」〔註34〕。具體來說，官方主持修纂的聖政錄記載的是朝廷編修的各種文字，如時政記、日曆、起居注、實錄、國史，以及皇帝所頒詔旨、臣僚奏議中嘉言、美事；私人修撰聖政錄所載的是鄉間民眾、在朝士大夫所傳頌的皇帝的嘉言、美事。官修聖政錄和私修聖政錄內容的撰述形式十分的迥異，私修聖政錄更似「筆記」，這是由於官、私修聖政錄的史料來源不同以及官修聖政錄制定了規範化的修撰凡例所致。

3. 聖政錄的分類

關於聖政錄的分類，前人有不同的看法。秘書省編《秘書省續編到四庫闕書目》將《天禧聖政紀》、《三朝聖政略》列入「實錄」類〔註35〕，鄭樵《通志》卷六五《藝文三》將石介《三朝聖政錄》列入「雜史」〔註36〕，焦竑《國史經籍志》卷三《史類・雜史》同；今校證本晁公武《郡齋讀書志》中無聖政錄的信息，但明人焦竑指出，晁公武將《三朝聖政錄》列入「雜史」〔註37〕；陳振孫《直齋書錄解題》卷五將富弼《三朝政要》《高宗聖政草》《高宗聖政》《孝宗聖政》列入「典故類」〔註38〕；尤袤《遂初堂書目》將《聖政編年》《高宗聖政》《孝宗聖政》列入「國史類」〔註39〕；馬端臨《文獻通考》卷二〇一《經籍考二十八》將富弼《三朝聖政錄》《高宗聖政草》《高宗聖政》《孝宗聖政》列入史部「故事門」〔註40〕；《宋史》卷二〇三《藝文志二》將《宋聖政

〔註33〕 宋・李燾：《續資治通鑑長編》卷三五，淳化五年四月丙戌條，中華書局2004年版，第778頁。

〔註34〕 宋・晁說之：《嵩山文集》卷一《元符三年應詔封事》，四部叢刊本。

〔註35〕 宋・秘書省編：《秘書省續編到四庫闕書目》，南京圖書館編：《南京圖書館藏稀見書目書志叢刊》第1冊，國家圖書館出版社2017年版，第29頁。

〔註36〕 宋・鄭樵：《通志》卷六五《藝文三》，中華書局1987年版，第775頁。

〔註37〕 明・焦竑：《國史經籍志》卷六《糾謬》，《續修四庫全書》第916冊，上海古籍出版社2013年版。

〔註38〕 宋・陳振孫撰，徐小蠻、顧美華點校：《直齋書錄解題》卷五《典故類》，上海古籍出版社2015年版，第163～169頁。

〔註39〕 宋・尤袤：《遂初堂書目》，叢書集成初編本。

〔註40〕 元・馬端臨：《文獻通考》卷二〇一《經籍考二十八》，中華書局2011年版，第5775～5781頁。

編年》列入史類「編年類」，《天禧聖政紀》《咸平聖政錄》《崇寧聖政錄》列入「別史類」，《高宗聖政》《孝宗聖政》《高宗聖政草》《高宗孝宗聖政編要》列入「故事類」〔註41〕；焦竑《國史經籍志》卷三將錢惟演《咸平聖政錄》富弼《三朝聖政錄》《天禧聖政記》《高宗聖政草》《高宗聖政》《孝宗聖政》繫於史類「起居注」〔註42〕。清人總結云：

> 臣等謹案：《宋志》編年惟見《政錄》《聖政》《政要》等書，而寶訓則未之見，至別史一門，則有《聖政紀》《政要》《聖政錄》《三朝寶訓》《兩朝寶訓》《六朝寶訓》《三朝訓覽圖》；故事一門又有《五朝寶訓》《三朝訓覽圖》及《高宗聖政》《光宗聖政》諸書，是聖政三出而寶訓則兩出也。焦氏《經籍志》：石介《三朝聖政錄》二卷入雜史，而富弼《三朝聖政錄》十卷又入時政記，呂夷簡《三朝寶訓》三十卷入雜史，而李淑《三朝寶訓》三十卷又入時政記，至《宋政錄》十二卷，則雜史、時政記兩出，是亦編纂之訛也。案陳振孫《書錄》、馬貴與《經籍考》，凡聖政、寶訓皆入故事，而編年、別史則無之，庶從其類云。〔註43〕

由上可知，清人對《宋史·藝文志》、焦竑《國史經籍志》中聖政分類過多是不贊成的，反而認可《直齋書錄解題》《文獻通考·經籍考》將它們一律列入「故事類」的做法。可見，聖政錄性質的分類的不同劃分，反映了前人對其性質認識的差別。

（二）聖政錄與現存史籍的關係

一般而言，聖政錄修纂完畢後，作為一種史料儲藏於館閣中。宋廷在修纂其他史書時，聖政錄成為修史時引錄的重要史料之一。宋代官、私修聖政錄原書現已不存，但在宋時所修纂的其他史籍中，不少史籍廣泛地引錄了聖政錄。故本節以《高宗聖政》《孝宗聖政》與《增入名儒講義皇宋中興兩朝聖政》的關係、《高宗聖政草》與《增入名儒講義皇宋中興兩朝聖政》關係、聖政錄與《宋史全文》的關係、徵引石介《三朝聖政錄》史籍考四個方面嘗試著討論聖政錄與現存史籍的關係問題。

〔註41〕元·脫脫：《宋史》卷二〇三《藝文志二》，中華書局 1977 年版，第 5103～5108 頁。

〔註42〕明·焦竑：《國史經籍志》卷三《史類·雜史》，《續修四庫全書》第 916 冊，上海古籍出版社 2013 年版。

〔註43〕清·嵇璜：《續通志》卷一六四《校讐畧·宋藝文志》，影印文淵閣四庫全書本。

1. 聖政今本非原本之舊補辨

《聖政》今本指現尚存世的六十四卷（實存四十八卷）《增入名儒講義皇宋中興兩朝聖政》。原本指修撰於乾道二年（1166）的《光堯壽聖太上皇帝聖政》（即《高宗聖政》）六十卷和紹熙三年（1192）的《至尊壽皇聖帝聖政》（即《孝宗聖政》）五十卷。

最早對《增入名儒講義皇宋中興兩朝聖政》研究的是阮元。他認爲《聖政》今本是「彙合兩書而冠以中興兩朝之名者，所有御製序亦不復存，蓋亦書坊所刻，故有增入講義，非進御之原本也」〔註44〕。梁太濟《聖政今本非原本之舊詳辨》一文從體例、論、事條三個方面對現今所存《增入名儒講義皇宋中興兩朝聖政》進行了考辨，指出其非原本〔註45〕。

現存宋代的一部類書，名爲《國朝冊府畫一元龜》，明烏絲欄抄本，成書於南宋後期，其命名與體例皆仿照《冊府元龜》，主要徵引宋代史籍，來記載宋代的君臣事蹟，有甲、乙、丙三集，卷數超過二百卷。〔註46〕所引宋代史籍主要有《續資治通鑑長編》《國朝會要》《諸臣奏議》以及宋人筆記、撰文等。《高宗聖政》〔註47〕便是所引史籍之一。該書現存甲集卷三六至四三、六九至七六、八五至九〇、乙集目錄二卷、又卷一六至二三。其中所引《高宗聖政》的情況如表3所示。

表3 《國朝冊府畫一元龜》引《高宗聖政》一覽表

書　　名	卷數	門　　類	條數	備　　註
《國朝冊府畫一元龜‧甲集》	三八	《百官門‧東宮官》	2	
	三九	《百官門‧宦寺》	1	
	四〇	《百官門‧牧守》	8	
	四三	《官制門‧將帥》	6	
《國朝冊府畫一元龜‧乙集》	一六	《君臣門‧君臣》	1	
	一七	《聽納門‧聽納求言附》	7	《高宗不欲用稱頌之言》見讒詔門；《責看詳官不進呈監司郡守所

〔註44〕 清‧阮元：《四庫未收書目提要》卷二《增入名儒講義皇宋中興兩朝聖政》，叢書集成初編本。

〔註45〕 梁太濟：《唐宋歷史文獻研究叢稿》，上海古籍出版社2004年版，第311～332頁。

〔註46〕 參見尹承《國圖藏〈國朝冊府畫一元龜〉考》，《文獻》2015年第2期。國圖應爲原國立北平圖書館甲庫善本叢書。

〔註47〕 《元龜》引時題作《聖政錄》，宋代多次編修聖政，亦稱聖政錄，二者實爲一書。今避免錯亂，統一爲《高宗聖政》。

			條上利害並許監司郡守見於民事外別呈利害》見章奏門；《從富直柔及三省言不許繼先換武功大夫》見方技門。
一九	《奏對門‧章奏》	4	
二〇	《任用門‧用人》	14	《宰相得人則任用無不當》《宰相賢則所引用皆質不可疑其朋黨》《高宗論明皇委任得失》見宰相門。
二二	《久任門‧三司計臣久任》	1	
二二	《久任門‧守帥久任》	3	

　　從上表可以得知，《國朝冊府畫一元龜》所引《高宗聖政》總共 47 條，其中 6 條只列標題，並無具體事文，其餘 41 條皆有具體事文。其中《任用門‧用人》所引條數最多，達 14 條，《百官門‧牧守》引用 8 條，《聽納門‧聽納求言附》引用 7 條。

　　《國朝冊府畫一元龜》一書成書於南宋後期，所引《高宗聖政》定為乾道二年所修的《高宗聖政》。而阮元、梁太濟考證《增入名儒講義皇宋中興兩朝聖政》並非原本，那麼《國朝冊府畫一元龜》所引《高宗聖政》與《增入名儒講義皇宋中興兩朝聖政》有什麼關係呢？通過翻檢，《國朝冊府畫一元龜》所引的 39 條《高宗聖政》中有 13 條在《增入名儒講義皇宋中興兩朝聖政》中有相似的內容，其餘 26 條不見於《增入名儒講義皇宋中興兩朝聖政》中，由此可以斷定，《增入名儒講義皇宋中興兩朝聖政》不是原本。現將二書中相關事條對勘如表 4 所示：

表 4　《國朝冊府畫一元龜》引《高宗聖政》與《增入名儒講義皇宋中興兩朝聖政》相關事條對勘表〔註48〕

序號	《國朝冊府畫一元龜》引《高宗聖政》	《增入名儒講義皇宋中興兩朝聖政》
1	《甲集》卷三九《百官門‧宦寺》：高宗建炎元年二月，詔曰：「<u>自來以內</u>	卷三：（建炎元年二月）甲戌，詔曰：「<u>自來以</u>

〔註48〕此表中所加下劃線的是《國朝冊府畫一元龜》所引《高宗聖政》與《增入名儒講義皇宋中興兩朝聖政》的相同部分。

	侍官一員兼鈐轄教坊，蓋太平無事時故事。<u>朕方日極憂念，并絕聲樂，</u>不令過耳。<u>近緣內侍官更代，失於檢察，仍帶前項</u>兼官，實雖廢而名存，亦所不忍，所有內侍鈐轄教坊名闕，可減罷，<u>更不差置。</u>」	內侍官一員兼鈐轄教坊，朕方日極憂念，屏絕聲樂，近緣內侍官失於檢察，仍帶前項，可減罷，更不差置。」
2	《甲集》卷四〇《百官門‧牧守》： 七年十一月，進呈金安節論：「<u>諸路和糴米，</u>虛耗太多，如饒州一石牧四斗斛，擬下提刑司體究。」<u>上曰：「郡守當痛與懲戒。」</u>趙鼎等奏江東郡守掊斂不恤民者，<u>上曰：「郡守以字民爲職，掊斂不恤，朕何賴焉，當悉罷，與宮觀，選除循吏如周綱、陳槖之流，使罷者不失宮觀之祿而民被實惠，實爲兩得。」</u>	卷二二： （紹興七年十一月）己酉，殿中侍御史金安節言：「諸路和糴米，收耗太多。」上曰：「郡守當痛與懲戒。」趙鼎等奏江東郡守有掊斂不恤民者，上曰：「郡守以字民爲職，掊斂不恤，朕何賴焉，當悉罷，與宮觀，選除循吏如周綱、陳槖之流，使罷者不失宮觀之祿而民被實惠，實爲兩得。」
3	《甲集》卷四三《官制門‧將帥》： （紹興）十一年正月，上曰：「張俊昨日殿內奏事，朕問曾讀《郭子儀傳》否？俊對曰：『臣理會不得』。朕諭云，郭子儀時方多虞，雖握重兵，<u>處外而心尊朝廷。或有詔至，即日就道，無纖芥顧望，故身享厚福，</u>富貴壽考，時莫比，而又子子孫孫慶流無窮。今卿所管兵馬，乃朝廷兵馬，若知尊朝廷如郭子儀，則非<u>特身享厚福，子孫昌盛亦須如郭子儀</u>也。若恃兵權之重而輕視朝廷，凡有詔命不即稟從，則非特子孫不享福，恐身亦有不測之禍。卿宜戒之。」於是秦檜等聞聖訓悚然，以爲眞得戒諭將臣之體。	卷二七： （紹興十一年春正月）庚戌，淮南宣撫使張俊入見，上問：「曾讀《郭子儀傳》否？」俊對以未曉，上諭云：「子儀時方多虞，雖總重兵，處外而心尊朝廷，或有詔至，即日就道，無纖介顧望，故身享厚福，子孫慶流無窮。今卿所管兵，乃朝廷兵也，若知尊朝廷如子儀，則非特身享福，子孫昌盛亦如之。」
4	《乙集》卷一六《君臣門‧君臣》： 高宗紹興四年十一月，上謂輔臣曰：「<u>朕與大臣論事，稍有不合，便輕爲去就，何也？</u>」張浚曰：「事有可行，有不可行，陛下一言之漏，言者意其好惡，因有論列，不得不爲去就。」<u>上曰：「君臣之間當至誠相與，勿事形跡，庶可同心協德，以底於治。</u>」	卷一六： （紹興四年十一月）丁卯，上謂執政曰：「朕與大臣論事，稍有不合，便輕爲去就，何也？」張浚曰：「事有可行，有不可行，陛下一言之漏，言者意其好惡，因有論列，不得不爲去就。」上曰：「君臣之間當至誠相與，勿事形跡，庶可同心協德，以底平治。朕以三四大臣，皆當分委，張浚專治軍旅，胡松年可專治戰艦。」濬曰：「仁祖亦嘗委范仲淹、韓琦分事而治，言者數以爲辭，不旋踵報罷。」上曰：「今日之事，若

		不專責，無由辦集，將來如財用，亦須委一大臣。」
5	《乙集》卷一七《聽納門‧聽納求言附》： 高宗建炎元年十二月，詔略曰：「朕以眇躬獲嗣天統，以一心之思慮而圖四海之安危，以一己之見聞而萬機之情偽，非盡臣工之謀議，曷臻方夏之綏寧。肆敷朕心，歷告列位，<u>自今服采在職，其各悉心極言。凡言動、舉措之過，差暨軍旅、財用之闕失，人情之逆順，政事之否臧，號令不便於民，法制無益於國，若時施設，咸得指陳</u>，或抗章而盡辭，或造膝而入告，務從簡直，以便聽觀。厥有讜可績、謀臧，具依。<u>切至而有根原，忠鯁而無顧忌，亟當獎擢，昭示勸旌</u>。」	卷三： （建炎元年十二月）乙酉，詔自今服采在職，其各悉心極言，凡言動、舉措之過，差暨軍旅財用之闕失，人情之逆順，政事之否臧，號令不便於民，法制無益於國，若時施設，咸得指陳，切至而有根原，忠鯁而無顧忌，亟當獎擢，昭示勸旌。
6	《乙集》卷一七《聽納門‧聽納求言附》： 紹興二年十月，進呈國子監丞張戒所上書。先是，戒奏曰：「<u>臣幸因輪對，輒撰成書一封，軍國重事，臣靡不盡言，陛下萬幾之暇，留神省覽。」上曰：「甚好。」戒進呈訖，奏曰：「臣所論事多，必有不合聖心處。」上曰：「朕覽天下章奏不如此，朝廷初無拒諫之意，人臣進言其可行者，行之；其不可行者，置之。朕未嘗加罪。」戒奏曰：「誠如聖論，人臣進言，若皆合聖心，即是陛下所已知者，又何用言為？」上曰：「不惟已知、已施行，不須言。若人臣進言，必欲合人主之意，却是觀望。</u>」戒奏曰：「陛下明此，天下幸甚。」趙鼎曰：「其言雖有過當，小臣敢盡言如此，亦不易得。」上曰：「戒因面對，攜此書來上，幾萬餘言。朕熟覽之，其間固有過當，然其憂國愛君之心，誠有可嘉。戒自言『恐忤聖意，願陛下容之。』方患朕之過失，不得自聞；民之疾苦，不得上達。大開言路以防壅蔽，豈罪言者？朕意自欲賞之。」沈與求曰：「陛下容納如此，使臣下忘忌諱，思有以仰裨聖德，何患不聞蓋言？」	卷一八： （紹興二年十月）壬辰，國子監丞張戒面對，奏上曰：「臣幸因輪對，輒撰成書一封，宗社大計、軍國重事，臣靡不盡言，願陛下萬幾之暇，留神省覽。」上曰：「甚善。」戒進呈訖，奏曰：「臣所論事既多，必有不合聖心處。」上曰：「朕覽天下章奏不如此，朝廷初無拒諫之意，人臣進言，其可行者，行之，其不可行者，置之，朕未嘗加罪。」戒曰：「誠如聖論，人臣進言，若皆合聖心，即是陛下所已知者，又何用言為？」上曰：「不惟已知，已施行，不須言，若人臣進言，必欲合人主之意，即是觀望。」 戒曰：「陛下明此，天下幸甚。」

7	《乙集》卷一七《聽納門‧聽納求言附》： （紹興）十一年十一[二]月，秦檜奏曰：「考之《經》、《傳》，人君莫難於聽納。」上曰：「朕觀自古人君不肯聽納者，皆因有心，或好大喜功，或窮奢極欲，一實其衷，則凡拂心之言，皆不能入矣。若清心寡欲，豈有不聽納乎？朕於宮中觀書、寫字之外，並無嗜好。凡事無心，故羣臣之言是則從、非則否，未嘗惑也。」檜曰：「《詩》稱『孝者，以緝熙於光明。』陛下光明之性如日並照，又力學以緝熙之，則羣臣進言，豈能妄說以惑聖聽乎？」	卷二七： （紹興十一年十二月）癸酉，秦檜言：「考之《經》、《傳》，人君莫難於聽納。」上曰：「朕觀自古人君不肯聽納者，皆因有心，或好大喜功，或窮奢極欲，一實其衷，則凡拂心之言，皆不能入矣。若清心寡欲，豈有不聽納乎？朕於宮中觀書寫字之外，並無嗜好，凡事無心，故羣臣之言，是則從，非則否，未嘗惑也。」
8	《乙集》卷二〇《任用門‧用人》： 高宗紹興元年十月，進呈郭仲珣初除管軍恩例，當得閤職。上曰：「祖宗待三衙之厚如此。」富直柔曰：「祖宗時，三衙用邊功、戚里，班行各一人，蓋有指意。」上曰：「參用戚里，固祖宗法，然窒礙處，多恐不可用。」輔臣退而歎曰：「此言可為萬世法。」	卷一〇： （紹興元年十月）乙酉，同知樞密院事富直柔言：「祖宗時，三衙用邊功、戚里、班行各一人，蓋有指意。」上曰：「參用戚里，固祖宗法，然窒礙處，多恐不可用。」
9	《乙集》卷二〇《任用門‧用人》： （紹興七年）七月，上因論人材，曰：「士大夫須令更歷外任，不必須在朝廷。若既練達，而止令在外，則又不盡其才之道，卻須召實朝廷。」前此上因論館職人材，及秘書郎張戒曰：「姿質甚好，但未更事，可令在外作一任後，召用之。」會戒請外補，遂除提舉福建路市舶。陳與義曰：「前日陛下惜張戒人材，除外任以養成之，聖意甚美。」上曰：「中書省可籍記，他日卻召用。」	卷二一： （紹興七年七月）丙寅，秘書郎張戒提舉福建路茶事。上因論館中人材，以為戒好資質，而未更事任，可令在外作一任，復召用之。戒聞，請補外。後二日，上謂輔臣曰：「士大夫須更歷外任，不須在朝廷。若既練達，而止令其在外，則又不盡用材之道。」陳與義進曰：「前日陛下惜張戒人材，除外任以養成之，聖意甚美。」上曰：「中書省可籍記，他日復召用。」
10	《乙集》卷二〇《任用門‧用人》： （紹興七年）十月，進呈馮康國乞外任箚子。趙鼎奏曰：「張浚罷黜，蜀中士大夫皆不自安。今留行在所，幾十餘人往往，一時遴選，臣恐臺諫以浚里黨或有論列，望陛下垂察。」上曰：「朝廷用人止當論才不才，頃臺諫好以朋黨罪士大夫，如罷一宰相，則凡所薦引不問	卷二二： （紹興七年十月）庚子，都官員外郎馮康國乞補外。趙鼎奏：「自張浚罷黜，蜀中士大夫皆不自安，今留行在所，幾十餘人往往，一時遴選，臣恐臺諫以浚里黨，或有論列，望陛下垂察。」上曰：「朝廷用人，止當論才不才，頃臺諫好以朋黨罪士大夫，如罷一宰相，則凡所

	才否，一時罷黜，此乃朝廷使之爲朋黨，非所以愛惜人才而厚風俗也。」鼎等頃[頓]首謝曰：「陛下聖慮如此，羣臣敢不自竭以體聖意。」	薦引，不問才否，一時罷黜，此乃朝廷使之爲朋黨，非所以愛惜人才而厚風俗也。」鼎等頓首謝。
11	《乙集》卷二〇《任用門‧用人》：（紹興七年）十一月，進呈石公揆論（蓋）諒、呂稽中，趙鼎等開陳諒、稽中之爲人。上曰：「用人不須太速，須使名實加於上下，然後無異論。賢士大夫眾所未知，驟加拔擢，一遭點污，則爲終身之累，非所以愛惜人才也。二人可且與外任。」	卷二二：（紹興七年十一月）壬子，樞密院計議官呂稽中、司農寺丞蓋諒並罷，二人皆爲都督府官屬，故侍御史石公揆論之。趙鼎等開陳稽中、諒之爲人。上曰：「用人不須太速，須使名實加於上下，然後無異論。賢士大夫，眾所未知，驟加拔擢，一遭點污，則爲終身之累，非所以愛惜人才也。」
12	《乙集》卷二二《久任門‧三司計臣久任》：高宗紹興五年十二月，太府少卿沈昭遠奏乞久任計臣事。上曰：「祖宗時，三司使如陳恕最爲久任，號稱其職。今內外計臣，儻能稱職，但就加爵秩以褒寵之可也，不須數易。」張浚曰：「久任豈獨計臣爲然？他官儻有稱職者，亦當如此。」	卷一八：（紹興五年十二月）庚申，太府少卿沈昭遠請久任計臣。上曰：「祖宗時，三司使如陳恕，最爲久任，號稱職。今內外計臣，倘能稱職，就加爵秩以褒寵之可也，不須數易。」張浚曰：「久任豈獨計臣爲然，他官倘有稱職者，亦當如此。」
13	《乙集》卷二二《久任門‧守帥久任》：（紹興）六年六月，王弗箚子，乞令沿江守令久任。上曰：「朕昔爲元帥時，嘗見州縣官說，及在官者以三年爲任，猶且一年立威信，二年守規矩，三年則務收人情，以爲去計矣。況今止以二年者乎？雖有緝治之心，蓋亦無暇日也。弗所論甚當，當宜如此施行。」於是詔兩淮沿江守臣並以三年爲任。	卷一九：（紹興六年六月）戊午，詔：「兩淮沿江守臣並以三年爲任。」用都督行府同措置營田王弗請也。輔臣進呈，上曰：「朕昔爲元帥時，嘗見州縣官說及在官者以三年爲任，猶且一年立威信，二年守規矩，三年則務收，人情以爲去計矣，況今止以二年者乎？雖有緝治之心，蓋亦無暇日也。弗所論甚當，當如此施行。」

　　通過上表的對勘，我們可以清晰地看出，除第 12 條相同外，在其餘每一條中，《國朝冊府晝一元龜》所引《高宗聖政》與《增入名儒講義皇宋中興兩朝聖政》的內容部分相同，部分相異。第 1、2、3、5、6、7、8、9、10、11 條中前者的內容顯然要比後者更爲詳盡和豐富，而在第 4、13 條中，後者的內容也顯然要比前者豐富詳盡。

　　由此我們可以明確得出如下認識：其一，現存的六十四卷的《增入名儒講義皇宋中興兩朝聖政》絕不是修成於乾道二年和紹熙三年的《高宗聖政》《孝

宗聖政》原本，是後人改編而成的，這一結論進一步證明阮元和梁太濟二先生關於《中興兩朝聖政》並非原本的結論。其二，阮元認爲《增入名儒講義皇宋中興兩朝聖政》是「彙合兩書（《高宗聖政》和《孝宗聖政》）而冠以中興兩朝之名者」。但從比勘的結果來看，《增入名儒講義皇宋中興兩朝聖政》並非簡單機械地將《高宗聖政》和《孝宗聖政》彙合到一起，而是經過後人的精心改編，故阮元所說有誤。

2.《高宗聖政草》與《增入名儒講義皇宋中興兩朝聖政》

《高宗聖政草》是陸游在鎮江通判任上，「暇日偶追記得此，命兒輩錄之」〔註49〕。是書成書在隆興二年（1164）十月，共一卷，凡二十條〔註50〕。此書現存於《永樂大典》卷一萬二千九百二十九「一送，宋高宗一百七十一」中，題名《中興聖政草》。記事自建炎元年五月庚寅至三年閏八月丙申，計有二十條，篇末附有跋。與《渭南文集》所載《高宗聖政草跋》基本相同。

以《高宗聖政草》與現存的宛委別藏本《增入名儒講義皇宋中興兩朝聖政》比勘，建炎元年六月辛亥條、建炎三年八月戊申條、閏八月丙戌條、丙申條四條不見記載。建炎元年五月庚寅條、六月甲子條、建炎元年六月辛巳條、丙戌條、十月丁巳條、十二月丁巳條、建炎二年四月己未條、庚申條、乙丑條、七月丁亥條、八月癸丑條、乙亥條、建炎三年三月辛巳條、四月乙卯條、五月辛巳條、丙戌條十六條記事見載，但記事無一相同。並且建炎元年六月辛巳條、十月丁巳條、十二月丁巳條、建炎二年四月己未條、八月癸丑條、建炎三年三月辛巳條、四月乙卯條、五月辛巳條、丙戌條的以「臣等曰」爲形式的議論卻被刪去。其餘七條的議論也有或多或少的改動，〔註51〕由此可以說明今本現存的《增入名儒講義皇宋中興兩朝聖政》並非乾道二年（1166）年所修的《高宗聖政》。

以《高宗聖政草》與李心傳《建炎以來繫年要錄》比勘，可以發現與《增入名儒講義皇宋中興兩朝聖政》的比勘情況基本相同。需要說明的是，因陸游在撰《高宗聖政草》時，距其離開編類聖政所已一年零三個月，因此所撰的《高宗聖政草》中出現一些紀年方面的錯誤。至於出現《高宗聖政草》與

〔註49〕宋·陸游：《陸遊集·渭南文集》卷二六《高宗聖政草》，中華書局 1976 年版，第 2222 頁。

〔註50〕宋·陳振孫撰，徐小蠻、顧美華點校：《直齋書錄解題》卷五《典故類》，中華書局 2015 年版，第 168 頁。

〔註51〕參見孔原《陸游及〈高宗聖政草〉》，《史學月刊》1996 年第 4 期。

《建炎以來繫年要錄》和《增入名儒講義皇宋中興兩朝聖政》二書比勘結果相同的狀況，這與《增入名儒講義皇宋中興兩朝聖政》成書有關。

出現這種狀況的原因有兩種可能：其一，正如梁太濟先生所說，編纂《增入名儒講義皇宋中興兩朝聖政》高宗部分時，分為三步。第一步，撇開乾道二年所修《高宗聖政》的原有事條，改從《建炎以來繫年要錄》篩選摘錄。第二步，將原本以「臣等曰」領起的論改冠以「臣留正等曰」，與其他須「增入」的「名儒講義」一起，附人相應的事條之下。「論」所附之「事」，如果業已摘錄，且出入不大，當然徑附其下，如果出人過大，則將事條予以抽換，然亦偶有不再抽換的。第三步，補充《要錄》所未備或更換《要錄》原記述〔註52〕。其二，編纂《增入名儒講義皇宋中興兩朝聖政》一書時，參考了官方所藏的比《建炎以來繫年要錄》更為原始的資料。以上兩種可能，因史籍闕載，無法斷定，只能期待新的資料出現。

總之，依據現有的比勘來看，《增入名儒講義皇宋中興兩朝聖政》並非乾道二年所修《高宗聖政》，但在《增入名儒講義皇宋中興兩朝聖政》中包含有《高宗聖政》的內容。

3. 聖政錄與《宋史全文》的關係

《宋史全文》三十六卷，編者已不可考。是書在編撰過程中，大量徵引宋代其他史籍中的史論。清四庫館臣曾指出此書所徵引的文獻，云：

> 其書自建隆以迄咸淳，用編年之體，以次排纂。其靖康以前，亦本於（李）燾之《長編》而頗加刪節，高、孝二代則取諸留正之《中興聖政草》。今以《永樂大典》所載《聖政草》相與參校，其文大同小異，留正等所附案語亦援引甚多。至光、寧以後，則別無藍本可據，為編書者所自綴輯。故《永樂大典》於光、寧二宗下亦全收此書之文。勘對並合其於諸家議論，採錄尤富，如呂中《講義》、何俌《龜鑑》、李沆《太祖實錄》《論定國論》、富弼等釋、呂源等增釋、陳瓘《論大事記》諸書，雖其立說不盡精醇，而原書世多失傳，亦足以資參考也。〔註53〕

〔註52〕梁太濟：《唐宋歷史文獻研究叢稿》，上海古籍出版社2004年版，第327～330頁。
〔註53〕清・永瑢等：《四庫全書總目》卷四七《史部三・編年類》，中華書局1965年版，第428頁。

　　清代藏書家丁丙亦云此書「靖康以前取諸李燾《長編》，高、孝二代取諸留政《中興聖政草》及無名氏《中興兩朝編年綱目》，光、寧二代取諸劉時舉《續宋中興編年通鑑》」〔註54〕。《鐵琴銅劍樓藏書目錄》所載同〔註55〕。《宋史全文》所徵引的其他史籍中的史論非常豐富，上引史料所載尚不完整。汪聖鐸認爲插引本朝史論是《宋史全文》的重要特色，據統計，徵引的史論文獻達三十八種〔註56〕。

　　依據前文中所引史料已說明，聖政錄是《宋史全文》所徵引的重要文獻之一。「高、孝二代則取諸留正之《中興聖政草》。今以《永樂大典》所載《聖政草》相與參校，其文大同小異，留正等所附案語亦援引甚多」。其中留正之《中興聖政草》實爲《增入名儒講義皇宋中興兩朝聖政》，用以參校的《永樂大典》所載《中興聖政草》實爲陸游《高宗聖政草》，所引富弼釋文源於富弼《三朝政要》。富弼《三朝政要》與其所修《三朝聖政錄》同書異名〔註57〕。現考證如下：

　　首先看引《三朝政要》的情況。《宋史全文》引「富弼等增釋」出於何處？前文所引史料俱不載，汪聖鐸認爲《宋史全文》所引「富弼曰」「富弼等釋曰」的內容是出自《三朝政要》，由於史料的匱乏，並沒有十分的肯定，只是說大約都是源於富弼所修《三朝政要》。《三朝政要》現已佚，只存於其他史籍中，佚文的數量也較少。《宋史全文》所引諸條中的部分條文在丘濬《大學衍義補》、王鳴鶴《登壇必究》、徐乾學《資治通鑑後編》有引錄，可惜都未標明出處，幸運的是，《宋史全文》卷三所引的其中一條在《玉海》中有相同記載，現將此條引錄於下：

《玉海》卷一四一《兵制·太平興國軍誡》載：

　　太平興國八年六月己亥，以宣徽南院使、樞密副使王顯爲樞密使。上召謂顯曰：「卿世非儒家，少罹兵患，必寡學問，今在朕左右典掌萬機，固無暇博覽羣書」。命左右取《軍戒》三篇賜顯，曰：「讀此亦可以免面牆矣。」

〔註54〕清·丁丙撰，曹海花點校：《善本書室藏書志》卷七，浙江古籍出版社 2016 年版，第 302 頁。

〔註55〕清·瞿鏞撰，瞿果行、瞿鳳起點校：《鐵琴銅劍樓藏書目錄》卷九，上海古籍出版社 2000 年版，第 234～235 頁。

〔註56〕汪聖鐸：《宋代歷史文獻研究》，河北大學出版社 2016 年版，第 50 頁。

〔註57〕具體考證，參見汪聖鐸《宋代歷史文獻研究》，河北大學出版社 2016 年版，第 75～87 頁。

富弼《政要》釋曰：「大臣不知學術，則闇於大體。王顯一武人，雖以才力任用至樞密使，太宗慮其不學，不能曉通變之事，故以《軍誡》授之，使知賢者行事也。」〔註58〕

通過對勘，二書所引富弼釋文相同，只差二字。且《玉海》明確標明出自富弼《政要》即《三朝政要》。由此可以得出結論：《宋史全文》所引富弼釋文源於富弼所修《三朝政要》。據汪聖鐸統計，《宋史全文》以「富弼曰」「富弼等釋曰」的方式徵引，前者 15 次，後者 4 次，共計 19 次〔註59〕。

其次，考察《宋史全文》所引《增入名儒講義皇宋中興兩朝聖政》的情況。前文所引，《宋史全文》中的高宗、孝宗部分取自留正《增入名儒講義皇宋中興兩朝聖政》。現存《增入名儒講義皇宋中興兩朝聖政》題為六十四卷，實存四十八卷的殘本。以此殘本與《宋史全文》對勘，《宋史全文》中的高宗、孝宗部分的事條與論俱源於《增入名儒講義皇宋中興兩朝聖政》，但並不是全部照搬照抄，而是在取用時選擇性地刪減了《增入名儒講義皇宋中興兩朝聖政》中的內容。

從二書的「論」來看，《宋史全文》雖引錄《增入名儒講義皇宋中興兩朝聖政》中的論，但並非照搬，《宋史全文》引錄時選擇性地刪減。具體情況見表 5。

表 5 《宋史全文》與《增入名儒講義皇宋中興兩朝聖政》中「論」的數量統計表

《增入名儒講義皇宋中興兩朝聖政》各卷「論」的概況		《宋史全文》各卷所引《聖政》中「論」的概況		《宋史全文》未引《聖政》「論」的概況
卷一	「臣留正等曰」2 條 「龜鑑曰」6 條 「大事記曰」2 條	卷一六上	「龜鑑曰」4 條 「大事記曰」2 條	「臣留正等曰」2 條 「龜鑑曰」2 條
卷二	「臣留正等曰」1 條 「龜鑑曰」1 條 「幼老春秋曰」1 條	卷一六上	「臣留正等曰」1 條 「龜鑑曰」1 條 「幼老春秋曰」1 條	
卷三	「臣留正等曰」11 條 「史臣曰」1 條 「龜鑑曰」1 條	卷一六下	「臣留正等曰」6 條	「臣留正等曰」5 條 「史臣曰」1 條 「龜鑑曰」1 條

〔註58〕宋·王應麟：《玉海》卷一四一《兵制·太平興國軍誡》，廣陵書社 2003 年版，第 2623 頁。

〔註59〕汪聖鐸：《宋代歷史文獻研究》，河北大學出版社 2016 年版，第 51 頁。

卷四	「龜鑑曰」1 條 「張滙進論曰」1 條 「大事記曰」3 條 「臣留正等曰」1 條	卷一七上	「龜鑑曰」1 條 「張滙進論曰」1 條 「大事記曰」2 條	「大事記曰」1 條 「臣留正等曰」1 條
卷五	「臣留正等曰」2 條 「龜鑑曰」2 條 「大事記曰」1 條	卷一七上	「臣留正等曰」2 條 「龜鑑曰」1 條 「大事記曰」1 條	「龜鑑曰」1 條
卷六	「大事記曰」2 條 「龜鑑曰」1 條 「張滙進論曰」1 條 「臣留正等曰」2 條	卷一七上	「臣留正等曰」2 條	「大事記曰」2 條 「龜鑑曰」1 條 「張滙進論曰」1 條
卷七	「大事記曰」2 條 「龜鑑曰」1 條 「史臣曰」1 條 「臣留正等曰」3 條	卷一七下	「大事記曰」2 條 「臣留正等曰」1 條 「史臣曰」1 條	「龜鑑曰」1 條 「臣留正等曰」2 條
卷八	「臣留正等曰」3 條 「龜鑑曰」1 條 「朱勝非閒居錄曰」2 條 「林泉記曰」1 條 「李心傳曰」1 條	卷一七下	「臣留正等曰」2 條 「龜鑑曰」1 條 「朱勝非閒居錄曰」2 條 「林泉記曰」1 條 「李心傳曰」1 條	「臣留正等曰」1 條
卷九	「臣留正等曰」2 條 「龜鑑曰」2 條	卷一八上	「臣留正等曰」1 條 「龜鑑曰」1 條	「臣留正等曰」1 條 「龜鑑曰」1 條
卷一〇	「臣留正等曰」4 條 「龜鑑曰」1 條	卷一八上	「臣留正等曰」1 條 「龜鑑曰」1 條	「臣留正等曰」3 條
卷一一	「臣留正等曰」7 條 「朱勝非閒居錄曰」3 條	卷一八上	「臣留正等曰」7 條 「朱勝非閒居錄曰」3 條	
卷一二	「臣留正等曰」8 條 「龜鑑曰」1 條 「朱勝非閒居錄曰」1 條	卷一八上	「臣留正等曰」1 條 「龜鑑曰」1 條	「臣留正等曰」7 條 「朱勝非閒居錄曰」1 條
卷一三	「臣留正等曰」2 條 「龜鑑曰」2 條 不詳 1 條	卷一八下		「臣留正等曰」2 條 「龜鑑曰」2 條 不詳 1 條
卷一四	「臣留正等曰」10 條 「龜鑑曰」1 條	卷一八下	「臣留正等曰」2 條	「臣留正等曰」8 條 「龜鑑曰」1 條

卷一五	「臣留正等曰」3條 「龜鑑曰」1條 「大事記曰」1條	卷一九上	「臣留正等曰」1條 「龜鑑曰」1條	「臣留正等曰」2條 「大事記曰」1條
卷一六	「臣留正等曰」7條 「龜鑑曰」1條 「大事記曰」1條	卷一九上	「龜鑑曰」1條	「臣留正等曰」7條 「大事記曰」1條
卷一七	「臣留正等曰」3條 「龜鑑曰」4條 「喻樗曰」1條	卷一九中	「臣留正等曰」1條 「龜鑑曰」3條 「喻樗曰」1條	「臣留正等曰」2條 「龜鑑曰」1條
卷一八	「龜鑑曰」1條 「大事記曰」1條 「史臣曰」4條	卷一九中	「龜鑑曰」1條 「大事記曰」1條 「史臣曰」1條	「史臣曰」3條
卷一九	「臣留正等曰」3條	卷一九下	「臣留正等曰」1條	「臣留正等曰」2條
卷二〇	「臣留正等曰」1條 「龜鑑曰」1條 「大事記曰」2條	卷一九下	「臣留正等曰」1條 「龜鑑曰」1條 「大事記曰」1條	「大事記曰」1條
卷二一	「臣留正等曰」2條 「史臣曰」5條	卷二〇上	「史臣曰」2條	「臣留正等曰」2條 「史臣曰」3條
卷二二	「臣留正等曰」1條 「龜鑑曰」1條	卷二〇上	「龜鑑曰」1條	「臣留正等曰」1條；
卷二三	「臣留正等曰」3條 「大事記曰」1條 「史臣曰」1條	卷二〇中	「大事記曰」1條	「臣留正等曰」3條 「史臣曰」1條
卷二四	「龜鑑曰」1條 「大事記曰」1條 「朱勝非閒居錄曰」1條	卷二〇中	「大事記曰」1條 「朱勝非閒居錄曰」1條	「龜鑑曰」1條
卷二五	「臣留正等曰」2條 「龜鑑曰」1條	卷二〇下	「龜鑑曰」1條	「臣留正等曰」2條
卷二六	「龜鑑曰」3條 「史臣曰」2條	卷二〇下	「龜鑑曰」2條 「史臣曰」2條	「龜鑑曰」1條
卷二七	「臣留正等曰」1條 「龜鑑曰」4條 「史臣曰」1條	卷二一上	「臣留正等曰」1條 「龜鑑曰」2條	「龜鑑曰」2條 「史臣曰」1條

卷二八	「臣留正等曰」1條 「史臣曰」2條 「龜鑑曰」2條 「大事記曰」1條 「朱勝非閒居錄曰」1條 「史臣秦熺曰」1條	卷二一上	「史臣曰」1條 「龜鑑曰」1條 「大事記曰」1條 「朱勝非閒居錄曰」1條	「臣留正等曰」1條 「龜鑑曰」1條 「史臣曰」1條 「史臣秦熺曰」1條
卷二九	「臣留正等曰」7條 「大事記曰」1條 不詳1條	卷二四下		「臣留正等曰」7條 「大事記曰」1條 不詳1條
卷四六	「臣留正等曰」4條 「大事記曰」1條	卷二四下	「臣留正等曰」1條 「大事記曰」1條	「臣留正等曰」3條 「大事記曰」1條
卷四七	「臣留正等曰」7條 「大事記曰」1條	卷二五上		「臣留正等曰」7條 「大事記曰」1條
卷四八	「臣留正等曰」8條	卷二五上	「臣留正等曰」1條	「臣留正等曰」7條
卷四九	「臣留正等曰」19條	卷二五上	「臣留正等曰」1條	「臣留正等曰」18條
卷五〇	「臣留正等曰」22條	卷二五下	「臣留正等曰」1條	「臣留正等曰」21條
卷五一	「臣留正等曰」14條	卷二五下		「臣留正等曰」14條
卷五二	「臣留正等曰」16條	卷二五下	「臣留正等曰」2條	「臣留正等曰」14條
卷五三	「臣留正等曰」13條	卷二六上	「臣留正等曰」2條	「臣留正等曰」11條
卷五四	「臣留正等曰」15條 「大事記曰」1條 「龜鑑曰」1條	卷二六上	「臣留正等曰」2條 「大事記曰」1條	「臣留正等曰」13條 「龜鑑曰」1條
卷五五	「臣留正等曰」8條 「大事記曰」1條	卷二六上	「臣留正等曰」2條	「臣留正等曰」6條 「大事記曰」1條

卷五六	「臣留正等曰」7條 「大事記曰」1條	卷二六上	「大事記曰」1條	「臣留正等曰」8條
卷五七	「臣留正等曰」7條 「龜鑑曰」2條	卷二六下	「臣留正等曰」2條	「臣留正等曰」5條 「龜鑑曰」2條
卷五八	「臣留正等曰」8條 「龜鑑曰」1條	卷二六下	「臣留正等曰」2條 「龜鑑曰」1條	「臣留正等曰」6條
卷五九	「臣留正等曰」11條	卷二七上	「臣留正等曰」2條	「臣留正等曰」9條
卷六○	「臣留正等曰」6條 「大事記曰」1條	卷二七上	「臣留正等曰」1條	「臣留正等曰」5條 「大事記曰」1條
卷六一	「臣留正等曰」5條 「大事記曰」1條	卷二七上	「臣留正等曰」2條 「大事記曰」1條	「臣留正等曰」3條
卷六二	「臣留正等曰」5條	卷二七下		「臣留正等曰」5條
卷六三	「臣留正等曰」8條	卷二七下	「臣留正等曰」1條	「臣留正等曰」7條
卷六四	「臣留正等曰」6條 「龜鑑曰」1條	卷二七下	「臣留正等曰」2條	「臣留正等曰」4條 「龜鑑曰」1條

　　第二，從二書的事條來看，《宋史全文》也並非全部照搬，而是以整條刪減的形式選擇性地進行刪減，這樣的例子很多，這裡僅舉兩條，以作說明。

《增入名儒講義皇宋中興兩朝聖政》卷四八載：

　　（乾道六年閏五月）壬辰，鎮江府金壇縣布衣陳士英上書……詔令呂正己體究申尚書省。（論略）

　　癸巳，中書門下省檢正左右司狀奉旨條具三省煩碎不急之務合歸有司者，申尚書省。……詔並行之。（論略）

> 己亥，臣僚言「方今重徵之弊莫甚於沿江……取旨廢罷。」從
>
> 之。〔註60〕

《宋史全文》卷二五上亦載：

> （乾道六年閏五月）壬辰，鎮江府金壇縣布衣陳士英上書……
>
> 詔令呂正己體究申尚書省。
>
> 己亥，臣僚言「方今重徵之弊，莫甚於沿江……取旨廢罷。」
>
> 從之。〔註61〕

《宋史全文》在乾道六年閏五月壬辰與己亥條之間刪去了《增入名儒講義皇宋中興兩朝聖政》中的癸巳一條。

《增入名儒講義皇宋中興兩朝聖政》卷五二云：

> （乾道九年）八月癸酉，內批龍雲、陳師亮添差。……（論略）
>
> 戊子，臣僚上言：「建康府駐箚御前後軍軍人李進等各持刀劫盜
>
> 馮念二家……可從杖一百科斷。」（論略）
>
> 是月，詔興水利。〔註62〕

《宋史全文》卷二五亦云：

> （乾道九年）八月癸酉，內批龍雲、陳師亮添差……是月，詔
>
> 興水利。〔註63〕

《宋史全文》在乾道九年八月癸酉與是月條之間刪去了《增入名儒講義皇宋中興兩朝聖政》中的戊子一條。

此外，《增入名儒講義皇宋中興兩朝聖政》並非是修撰於乾道二年（1166）的《光堯壽聖太上皇帝聖政》（即《高宗聖政》）六十卷和紹熙三年（1192）的《至尊壽王聖帝聖政》（即《孝宗聖政》）五十卷的合訂本。那麼原本《高宗聖政》和《孝宗聖政》與《宋史全文》有何關係，需要進一步討論。

前文所引《四庫總目》載：「高、孝二代則取諸留正之《中興聖政草》。今以《永樂大典》所載《聖政草》相與參校，其文大同小異。」《永樂大典》

〔註60〕宋・佚名：《增入名儒講義皇宋中興兩朝聖政》卷四八，江蘇古籍出版社1988年影印宛委別藏本。

〔註61〕宋・佚名撰，汪聖鐸點校：《宋史全文》卷二五《宋孝宗三》，中華書局2016年版，第2087頁。

〔註62〕宋・佚名：《增入名儒講義皇宋中興兩朝聖政》卷五二，江蘇古籍出版社1988年影印宛委別藏本。

〔註63〕宋・佚名撰，汪聖鐸點校：《宋史全文》卷二五《宋孝宗三》，中華書局2016年版，第2140頁。

所載《聖政草》實為陸游所撰《高宗聖政草》，是《高宗聖政》的一部分，以此書校勘《宋史全文》，得出「其文大同小異」，今《國朝冊府畫一元龜》引用《高宗聖政》條文與《宋史全文》進行對勘，發現《國朝冊府畫一元龜》引用《高宗聖政》條文在《宋史全文》中有載，其文大同小異，這是由於《宋史全文》高宗、孝宗部分所引《增入名儒講義皇宋中興兩朝聖政》，此書雖然不是《高宗聖政》原本，但其有本於《高宗聖政》。換言之，《增入名儒講義皇宋中興兩朝聖政》在編纂過程中，其中部分內容應該源於原本《高宗聖政》。因此，《宋史全文》中的部分內容也來源於原本《高宗聖政》《孝宗聖政》。

綜上所述，《宋史全文》在編纂的過程中，太祖、太宗、真宗部分以「富弼曰」「富弼等釋」的形式引用富弼《三朝政要》，引用次數達 19 次。高宗、孝宗部分出自《增入名儒講義皇宋中興兩朝聖政》，其中也包括留正等人的按語，以「留正等曰」的形式徵引達 63 次。由此可以得出：《宋史全文》在編纂時，聖政錄是其主要參考和徵引文獻中的一種。

4. 徵引石介《三朝聖政錄》史籍考

《三朝聖政錄》由石介於寶元元年撰成進呈。朝廷將其作為一種史料，儲藏在史館中。因此該書也成為修撰他書時所引史料之一。

此書現已散佚，原本不存。今將引散佚在諸史籍中的《三朝聖政錄》的情況進行了統計，如表 6 所示。

表 6　散佚在史籍中的石介《三朝聖政錄》情況一覽表〔註64〕

所引聖政錄書	條數	標　題
高似孫《緯略》	1	《泰節二卦》
江少虞《皇朝類苑》	4	
歐陽修《五代史記注》	1	
司馬光《涑水記聞》	30	
李燾《續資治通鑑長編》	6	

〔註64〕 需要特別說明的是，劉達可《璧水羣英待問會元》載佚文一條，並注明源於《聖政錄》，佚名《錦繡萬花谷·續集》載佚文一條，注明源於《聖政》，但二書皆未明注源於石介《三朝聖政錄》，觀此二條，頗似筆記，當出自私人所修之《聖政錄》，亦即石介《三朝聖政錄》。清人秦嘉謨《月令粹編》、張玉書《佩文韻府》各載佚文一條，注明源於石介《三朝聖政錄》，但僅見於此二書，不見於其他宋元時代的史籍中，當另有所本，故亦列入此表。

釋文瑩《湘山野錄》	1	
謝維新《事類備要》	3	《正士檢束》《近代難得》《彈絲弄竹》
曾慥《類說》	34	《乘快指揮誤失》《寶裝溺器》《大內關諸門》《內患外憂》《貶趙逢事》《避遠不之任》《郭贄知天雄》《吝惜名器》《急事請見》《田錫直諫》《伶人不可為刺史》《昭宣景德殿使名》《問民間疾苦》《不見假山惟見血山》《芻說》《皇嗣未立》《資蔭子弟》《記殿庭卒姓名》《黃金難得之貨》《宰相署敕》《帝王家兒不要文章》《說泰卦》《以慈儉為寶》《麻履布裳》《賜杜鎬酒》《祀汾陰》《代法密》《萊公手引赭袍》《乞斬朱能》《乞斬丁謂》《長主子求刺史》《天子兒犯中丞》《魏廷式乞對》《實封箚子》
朱熹《五朝名臣言行錄》	1	《田錫好直諫》
祝穆《事文類聚》	3	《以假山為血山》《正人檢束》《彈絲弄竹》
劉達可《璧水羣英待問會元》	1	
程大昌《續演繁露》	1	《京朝官實封箚子》
佚名《錦繡萬花谷·續集》	1	
秦嘉謨《月令粹編》	1	
張玉書《佩文韻府》	1	

　　從上表我們可以看出，收錄《三朝聖政錄》最多者是《類說》，達 34 條，《涑水記聞》居其次，30 條。有的有標題，有的沒有標題。

　　明陶宗儀《說郛》卷三輯有一卷，共八條〔註65〕，但有張冠李戴之誤者 3 條。

　　　　太宗躬履節儉，常服澣濯之衣，寢殿設青布緣葦簾，常出麻屨
　　布裳賜左右，曰：「我舊所服者也。」
按：《涑水記聞》《類說》等諸書皆言太祖，太宗為太祖之誤。

　　　　太祖問杜鎬：「西漢賜予，悉用黃金為之貨也。」對曰：「多由
　　是時佛事未興，金價甚賤也。」

　　　　太祖曰：「大凡居職不可不勤，朕每見殿庭兵卒剩掃一片地，剩
　　汲一瓶水，必記姓名。」
按：《涑水記聞》《類說》等書皆言太宗，太祖為太宗之誤。

〔註65〕明·陶宗儀：《說郛》卷三《三朝聖政錄》，中國書店 1986 年影印涵芬樓本。

清人王介藩所輯《泰山叢書》中輯有《三朝聖政錄》，題石徂徠先生著，後有韓琦所作之序，總共 30 條，岱麓蒼石齋藏稿〔註66〕。通過比勘，此書中所輯與司馬光《涑水記聞》所載同，乃是直接從《涑水記聞》中抽取出來輯成。

綜上所述，通過《國朝冊府畫一元龜》所引《高宗聖政》和陸游《高宗聖政草》與《增入名儒講義皇宋中興兩朝聖政》、聖政錄與《宋史全文》、徵引石介《三朝聖政錄》史籍考四個方面的考察，可知：聖政錄修纂完畢後，儲藏於館閣中作爲一種史料，成爲修纂他書的資料來源，《宋史全文》引錄富弼《三朝聖政錄》，司馬光引錄石介《三朝聖政錄》達 30 條都是最明顯有力的證據。

前文已揭，聖政錄記錄的是皇帝的嘉言美事，用以歌頌皇帝，其中不乏史實性的錯誤，它的史料價值遠不如時政記、實錄、日曆，那麼爲什麼在編纂其他史籍時會徵引聖政錄呢？本書上編附錄一爲聖政錄所存宋代史籍一覽表，亦即引錄聖政錄的史籍情況。

從表中可以看出：第一，引錄聖政錄最多的一類史籍是類書，如《羣書會元截江網》《類說》《羣書考索・後集》《國朝冊府畫一元龜》等。類書相當於一種資料彙編，正如胡道靜所說，類書包含著自然界和人類社會的一切知識的，保羅萬象，靡所不載，相當於現在的「百科全書」〔註67〕。類書的編纂注重內容的全面，而非史料的價值，因此類書中引錄《聖政錄》就不難理解。第二，作爲史料儲備的一類史籍，如《涑水記聞》《續資治通鑑長編》等。司馬光的《涑水記聞》被視爲司馬光補續《資治通鑑》的史料儲備，司馬光個人所創的編纂時搜集史料的原則就是寧繁勿簡，因此《涑水記聞》引石介《三朝聖政錄》達 30 條就不足奇怪了。李燾撰《續資治通鑑長編》時，深受司馬光的影響，在書中以小注的形式臚列與主題相關的史料，以備相互參證。第三，聖政錄中保留著大量的時人的議論，富弼所修《三朝聖政錄》每一事條都撰載以「富弼曰」「富弼等釋曰」的形式的議論，《增入名儒講義皇宋中興兩朝聖政》中保存著大量的史論性質的材料。這些史論具有十分重要的價值。《宋史全文》所引 19 條內容，全部是《三朝聖政錄》中的史論。《宋史全文》高、孝宗部分直接依據《增入名儒講義皇宋中興兩朝聖政》，可能是當時

〔註66〕清・王介藩輯：《三朝聖政錄》不分卷，山東大學圖書館藏《泰山叢書》本。
〔註67〕胡道靜：《中國古代的類書》，中華書局 1982 年版，第 1 頁。

編纂者無法看到官方編纂的史料彙編如時政記、日曆等而被迫採取的一種辦法。

需要注意的是雖然聖政錄的史料價值比之時政記、日曆大大降低，但它本身也具有一定的史料價值，因此在他書中也得以引錄，但是他書的編修者在徵引時十分小心謹慎的，全書所引多則三、五條，少則一條。

（三）聖政錄與已佚史籍的關係

其他史籍指的是時政記、起居注、日曆、會要、玉牒、寶訓。關於聖政錄的史料來源問題，學界前賢則在論述其他主題是稍有論及，且論述較爲簡單，並沒有深入地進行探討，故本部分著重考察聖政錄與時政記、日曆、起居注、會要、玉牒的關係，旨在明確聖政錄的史料來源；討論聖政錄與寶訓的關係，目的在於探討二者的異同。

1. 聖政錄與時政記

時政記始撰於唐代，主要記錄朝廷每日的政務活動，附於起居注中。長壽二年（693），宰相姚璹「以爲帝王謨訓，不可缺紀，建議仗下後宰相一人錄軍國政要，爲時政記，月送史館」〔註 68〕。自此之後，時政記從起居注中分離，單獨進行編纂。但是，唐代時政記的修纂並沒有一直延續下去，而是時而中斷，時而恢復，並沒有形成嚴格完備的修纂機制，因此也無文本留存〔註69〕。

宋承唐制，歷朝修纂時政記，並形成了較爲完備的編修制度。宋朝時政記分爲中書時政記（元豐改制後，稱三省時政記）和樞密院時政記，分別由中書和樞密院編修。宋朝時政記編纂是在時政記房中完成的。第一部時政記始撰於開寶七年（974）。時政記的史料來源有三：一爲宰執大臣所記的軍國政要；二爲中書與樞密院日常事務的檔案；三爲朝廷各機構、內外臣子的章疏表奏〔註 70〕。宋朝通過時政記這種史學文本將這些資料初次進行彙編，因此時政記自然也就成爲後續編纂史籍如聖政錄、實錄、國史、會要的基本史料而被取錄。

宋制，時政記爲編纂聖政錄的基本史料之一，聖政錄的編纂取材於時政記。宋眞宗天禧四年（1018）編纂《天禧聖政紀》，十一月「輔臣請中書、密

〔註68〕 宋・王應麟：《玉海》卷四八《唐時政紀》，廣陵書社 2003 年版，第 919 頁。
〔註69〕 [英]杜希德撰，黃寶華譯：《唐代官修史籍考》，上海古籍出版社 2015 年版，第 45～49 頁。
〔註70〕 蔡崇榜：《宋代修史制度研究》，臺灣文津出版社 1991 年版，第 32 頁。

院取時政記美事別爲編錄」〔註71〕，天禧五年（1019）三月，「取至道元年四月迄大中祥符歲中書、樞密院時政記、史館日曆、起居注善美之事，錄爲《聖政紀》，凡一百五十卷」〔註72〕。由此可知，《天禧聖政紀》的編纂材料取錄自至道元年（995）四月至大中祥符年間的《中書時政記》《樞密院時政記》。值得注意的是眞宗即位於至道三年（998）三月，而聖政錄取錄的材料始自至道元年，這是眞宗於至道元年被立爲皇太子的緣故。

富弼主持修纂《三朝聖政錄》時，富弼給朝廷上的奏疏云：「臣今欲選官置局，將三朝典故及討尋久來諸司所行可用文字，分門類聚，編成一書，置在西庫，俾爲模範。」〔註73〕可知《三朝聖政錄》取材於三朝「典故」以及諸司所行可用文字，並沒有明言取材時政記。但是作爲初次的史料彙編，富弼不可能棄之不用，只是這一事實史籍闕載，無法詳知。

紹興三十二年（1162）九月，孝宗下令修纂《高宗聖政》。十二月六日，編類聖政所詳定官凌景夏、周必大上奏：「奉旨編類光堯壽聖太上皇帝一朝聖政，合要建炎元年五月十[一]日以後至紹興三十二年六月十一日以前三省、樞密院時政記、起居注參照編類欲乞下日曆所併移文諫院、後省，依年分逐旋關借或鈔錄，用畢封還。並合要詔旨草稿參照，已得指揮許差人於學士院就行鈔錄。」〔註74〕可見，《高宗聖政》修纂亦取材於《三省時政記》《樞密院時政記》。《永樂大典》中載陸游在鎭江任上「暇日偶追記得此，命兒輩錄之」〔註75〕的《高宗聖政草》爲《高宗聖政》原文，其中每一事條的注文中標明修纂該條時參考的原始資料，20條中以《時政記》修入的就有14條，分別是李綱《時政記》、呂頤浩、張浚《時政記》、王絢《時政記》、路允迪《時政記》、汪伯彥《時政記》、李綱、汪伯彥《時政記》。由此可以說明聖政錄的修纂，主要取材於當時修纂的《時政記》。

《孝宗聖政》主要是取於《孝宗日曆》，而日曆的編纂取材仍然源於時政記。章如愚云：「國朝舊以宰相兼監修國史。修撰、直館、檢討無常員，

〔註71〕宋·王應麟：《玉海》卷四八《天禧聖政紀》，廣陵書社2003年版，第922頁。
〔註72〕清·徐松：《宋會要輯稿·職官》七之一一，中華書局1957年版，第3540頁。
〔註73〕宋·李燾：《續資治通鑑長編》卷一四三，慶曆三年九月丙戌條，中華書局2004年版，第3456頁。
〔註74〕清·徐松：《宋會要輯稿·職官》四一之七二，中華書局1957年版，第3202頁。
〔註75〕宋·陸游：《陸遊集·渭南文集》卷二六《高宗聖政草》，中華書局1976年版，第2222頁。

掌修《日曆》。以時政記、起居注會集修撰爲一代之舊典。」〔註 76〕潘自牧《記纂淵海》亦載:「本朝舊修《日曆》,以時政記、起居注會集修撰爲一代之典。」〔註 77〕宋人朱弁亦云:「《日曆》,則因時政記、起居注潤色而爲之者也。」〔註 78〕因此《孝宗聖政》間接地也取錄時政記。《光宗聖政》的情形亦如《孝宗聖政》。

　　總之,時政記作爲宋朝初次編纂的史料彙編,成爲聖政錄編纂的重要取材對象。無論直接取材,還是間接引錄,時政記是聖政錄編纂的主要史料來源之一。

2. 聖政錄與日曆

　　日曆始撰於唐代。永貞元年(805)九月,監修國史韋執誼上表言:「修撰私家記錄非是,望各令撰日曆,月終館中撰定。」〔註 79〕日曆修撰自此始。但是唐代日曆的修撰並未形成嚴格的制度。至宋代,日曆的修撰備受國家重視,成爲有宋一代修史中的重要環節。宋代日曆的修撰機構爲日曆所。兩宋時期,歷朝皆修撰日曆,起太祖,終度宗,共修成日曆十五部。日曆的修撰以「時政記、起居注與諸司之關報爲依據」〔註 80〕。除時政記、起居注、諸司關報外,尚有臣子的表章奏疏、墓誌、行狀,也是修撰日曆的資料。明人徐一夔總結說:

> 日曆之修,**諸司必關白**。如詔誥則三省必書,兵機邊務則樞司必報,百官之進退,刑賞之予奪,臺諫之論列,給舍之繳駁,經筵之論答,臣僚之轉對,侍從之直前啓事,中外之囊封匭奏,下至錢穀、甲兵、獄訟、造作,凡有關政體者,無不隨日以錄。〔註 81〕

可見宋代的日曆囊括了一代史事資料,爲後續修撰國史、實錄、會要等書儲備了豐富的史料,「日曆者,史之根柢也。」〔註 82〕

〔註 76〕 宋・章如愚《羣書考索・前集》卷一七《正史門・國史類》,影印文淵閣四庫全書本。

〔註 77〕 宋・潘自牧:《記纂淵海》卷二九《職官部・修日曆官》,影印文淵閣四庫全書本。

〔註 78〕 宋・朱弁撰,孔凡禮點校:《曲洧舊聞》卷九,中華書局 2002 年版,第 216 頁。

〔註 79〕 宋・司馬光:《資治通鑑》卷二三六,永貞元年九月壬申條,中華書局 1956 年版,第 7621 頁。

〔註 80〕 清・徐松:《宋會要輯稿・職官》一八之一〇七至一〇八,中華書局 1957 年版,第 2808 頁。

〔註 81〕 清・張廷玉等:《明史》卷二八五《徐一夔傳》,中華書局 1974 年版,第 7322 頁。

〔註 82〕 清・張廷玉等:《明史》卷二八五《徐一夔傳》,中華書局 1974 年版,第 7322 頁。

聖政錄的編修，其史料來源之一就是日曆。天禧四年（1018）十一月，編纂《天禧聖政紀》，先是「輔臣請中書、密院取時政記美事別爲編錄，從之」〔註83〕，雖然在編修之始，宰執建議從時政記中選錄，但是天禧五年三月修成時，眞宗日曆部分已修成，因此除時政記外，所參考者尚有日曆，「取至道元年四月訖大中祥符歲中書、樞密院時政記、史館日曆、起居注善美之事，錄爲《聖政紀》，凡一百五十卷」〔註84〕。

富弼主持編纂《三朝聖政錄》時，富弼給朝廷上的奏疏云：「臣今欲選官置局，將三朝典故及討尋久來諸司所行可用文字，分門類聚，編成一書，置在西庫，俾爲模範。」〔註85〕可知《三朝聖政錄》取材於三朝「典故」以及諸司所行可用文字，並沒有明言取材日曆。王應麟指出《三朝聖政錄》「凡三朝賞罰之權、成德之本、責任將帥之術、升黜官吏之法、息費強兵之制、禦戎平寇之略、寬民恤災之惠、睦親立教之本、御臣防患之機、察納諫諍之道，率編錄焉」〔註86〕。又據明人徐一夔之說，以上內容俱錄入日曆中。史載，眞宗景德三年二月，命知制誥朱巽、直史館張復「取太祖、太宗兩朝史館《日曆》《時政記》《起居注》《行狀》，編次以聞……將修國史故也」〔註87〕。可知太祖、太宗《日曆》，確有其書。而《眞宗日曆》於乾興元年修成〔註88〕。因此富弼修撰《三朝聖政錄》時，能夠看到三朝的日曆，必然取材於日曆。

修撰《高宗聖政》，取材於日曆。紹興三十二年（1162）初，《高宗日曆》中自建炎元年（1127）至紹興十二年（1142）的部分計五百九十卷已經修成，並且紹興十二年以後所修未成書者尚有八百三十餘草卷〔註89〕。因此在修纂《高宗聖政》時，建炎元年至紹興十二年的部分必然取材於《高宗日曆》。《永樂大典》中載陸游《高宗聖政草》爲《高宗聖政》原文，其中每一事條的注

〔註83〕 宋・王應麟：《玉海》卷四八《天禧聖政紀》，廣陵書社 2003 年版，第 922 頁。

〔註84〕 清・徐松：《宋會要輯稿・職官》七之一一，中華書局 1957 年版，第 3540 頁。

〔註85〕 宋・李燾：《續資治通鑑長編》卷一四三，慶曆三年九月丙戌條，中華書局 2004 年版，第 3456 頁。

〔註86〕 宋・王應麟：《玉海》卷四九《慶曆太平三朝寶訓》，廣陵書社 2003 年版，第 927～928 頁。

〔註87〕 宋・李燾：《續資治通鑑長編》卷六二，景德三年二月辛巳條，中華書局 2004 年版，第 1387 頁。

〔註88〕 清・徐松：《宋會要輯稿・職官》一八之七九，中華書局 1957 年版，第 2794 頁。

〔註89〕 宋・李心傳：《建炎以來繫年要錄》卷一九八，紹興三十二年閏二月丙戌條，中華書局 1988 年版，第 3336 頁。

文中標明修纂該條時參考的原始資料，首條建炎元年五月庚寅，高宗即位於南京就是依據汪伯彥《中興日曆》修纂的，證明《高宗聖政》修纂時除取材《時政記》外，《日曆》也是其參考的重要原始資料之一。

《孝宗聖政》於紹熙三年（1192）十二月修成之前，《孝宗日曆》早於紹熙元年（1190）八月就已成書，「十六日，國史日曆所上《孝宗皇帝日曆》二千卷」〔註90〕，且國史日曆所在編纂《孝宗聖政》時明言「所修聖政係就用本所應干國史文字照使」〔註91〕，可見《孝宗聖政》的事條是從《孝宗日曆》中錄出的。

《光宗聖政》的修纂，主要取材於時政記。因《光宗聖政》修撰時，三百卷《光宗日曆》於慶元六年（1200）二月二十二日修成，而《光宗聖政》於慶元六年二月即與《光宗日曆》幾乎同時修成，在《光宗聖政》在編纂時，《光宗日曆》尚未修成，因此《光宗聖政》只能取錄時政記。

綜上所述，宋代聖政錄在修纂過程中，日曆以豐富的史料而成爲聖政錄修撰史料的重要來源之一，上述的幾部官修聖政錄俱取材於日曆即爲明證。

3. 聖政錄與起居注

起居注的編修，始於東漢〔註92〕，是記錄皇帝的言行和日常生活的一種史學典籍。自此之後，一直延續到唐宋時期。在唐朝，起居注是朝廷連續不間斷地纂修的史籍。宋代繼承了漢唐修撰起居注的制度，設置起居院作爲修撰起居注的機構。由門下省的起居郎與中書省的起居舍人負責編撰。但元豐改制前，起居郎、起居舍人並不實預其事，而是「以起居郎、舍人寄祿，而更命他官領其事，謂之同修起居注」〔註93〕。元豐改制後，起居郎、舍人實際編撰起居注。起居注除記錄皇帝言行外，還需將「朝廷命令赦宥、禮樂法度損益因革、賞罰勸懲、羣臣進對、文武臣除授及祭祀宴享、臨幸引見之事，四時氣候、四方符瑞、戶口增減、州縣廢置，皆書以授著作官」〔註94〕。故知起居注的史料來源有三，即修注官記錄皇帝言動、百司供報修注事件、臣

〔註90〕宋・佚名撰，張富祥點校：《南宋館閣續錄》卷四《修纂》，中華書局1998年版，第200頁。

〔註91〕清・徐松：《宋會要輯稿・職官》四一之七三，中華書局1957年版，第3203頁。

〔註92〕西漢時的《漢注記》、漢武帝《禁中起居注》，經朱希祖考證，前者雖名注記，然非起居注，後者係僞書。參見朱希祖《中國史學通論・漢唐宋起居注考》，商務印書館2015年版，第92頁。

〔註93〕元・脫脫：《宋史》卷一六一《職官志一》，中華書局1977年版，第3786頁。

〔註94〕元・脫脫：《宋史》卷一六一《職官志一》，中華書局1977年版，第3780頁。

僚錄報帝語〔註95〕。可見起居注的所記十分廣泛。起居注與時政記一樣，是一朝史事資料的彙編。正因如此，起居注也被視為實錄、國史等諸書的根柢。

從現有史料來看，起居注也是編纂聖政錄的史料來源。宋真宗天禧四年（1018）編纂《天禧聖政紀》，此書「取至道元年四月訖大中祥符歲中書、樞密院時政記、史館日曆、起居注善美之事，錄為《聖政紀》，凡一百五十卷」〔註96〕。可知起居注中的善美之事是《天禧聖政紀》內容的來源之一。

紹興三十二年（1162）初，《高宗日曆》中自建炎元年（1127）至紹興十二年（1142）的部分計五百九十卷已經修成，並且紹興十二年以後所修未成書者尚有八百三十餘草卷〔註97〕。因此在修纂《高宗聖政》時，建炎元年至紹興十二年的部分必然取材於《高宗日曆》。《孝宗聖政》是以《孝宗日曆》為據，其事條取錄於《孝宗日曆》。而日曆的修撰是以「時政記、起居注與諸司之關報為依據」〔註98〕。因此，《高宗聖政》《孝宗聖政》也間接引錄起居注。

總之，起居注如同時政記，記錄宋廷每一朝的史事，是對初次史料彙編的進一步加工和修撰。作為史料的彙編，起居注也是聖政錄的修纂的史料來源之一。

4. 聖政錄與會要

會要是彙集一朝典章制度、文物、故事的史料彙編，是在正史志書的基礎上發展而來。其淵源有自，宋人畢仲衍云：「周家冢宰，歲終令百官府正其治，受其會；小宰以敘受羣吏之要。所謂會要者，正今中書之所宜有也。」〔註99〕會要的編纂，始於唐代蘇冕撰就的《唐會要》，「冕續國朝政事，撰《會要》四十卷，行於時」〔註100〕。宋承唐制，修纂會要成為定制，歷朝不斷修纂。〔註101〕

〔註95〕蔡崇榜：《宋代修史制度研究》，臺灣文津出版社1980年版，第13～18頁。
〔註96〕宋・王應麟：《玉海》卷四八《天禧聖政紀》，廣陵書社2003年版，第922頁。
〔註97〕宋・李心傳：《建炎以來繫年要錄》卷一九八，紹興三十二年閏二月丙戌條，中華書局1988年版，第3336頁。
〔註98〕清・徐松：《宋會要輯稿・職官》七之一一，中華書局1957年版，第3540頁。
〔註99〕宋・李燾：《續資治通鑑長編》卷三〇七，元豐三年八月庚子條，中華書局年2004版，第7456頁。
〔註100〕後晉・劉昫：《舊唐書》卷一八九《蘇弁傳附兄冕傳》，中華書局1975版，第4977頁。
〔註101〕宋代歷朝會要的修纂情況，詳見蔡崇榜《宋代修史制度研究》，臺灣文津出版社1991年版。

　　聖政錄作爲一種史料，宋廷在編纂會要時，也參照徵引聖政錄的內容。需要明確指出的是，本節所要討論的會要僅與聖政錄相關之《乾道中興會要》《淳熙會要》《嘉泰孝宗會要》。

　　《乾道中興會要》記載宋高宗一朝之事。乾道六年（1170）閏五月一日，在記載北宋神、哲、徽、欽四朝之事的《乾道續修四朝會要》編纂完畢的情況下，宋孝宗下詔，「自建炎元年接續修至乾道五年」〔註102〕，修纂高宗一朝的《會要》。其主要史料有二：一爲《高宗日曆》，即「所有照修文字，合用太上皇帝、今上皇帝《日曆》參照編修」〔註103〕；二爲高宗一朝所行的詔旨指揮，十一月六日，秘書省奏請「將建炎元年至乾道五年終應被受詔書及聖旨、指揮……照用編修」〔註104〕。至乾道九年（1173）七月，高宗一朝《會要》修纂完畢，並於九月六日奏進，凡二百卷〔註105〕。

　　《高宗聖政》的修纂開始於紹興三十二年（1162）九月，完成於乾道二年九月。故在修纂《乾道中興會要》時，必定參照了《高宗聖政》。清人徐松輯《宋會要》帝系一一之一、二、四，崇儒七之六三皆載《高宗聖政》的內容即爲明證。

　　孝宗朝《會要》修纂始自乾道九年九月二十八日，孝宗下詔：「自紹興三十二年六月以後編修。」〔註106〕至淳熙六年（1179）二月三日，編修《今上皇帝會要》成書，於七月十八日抄寫完畢，凡一百五十八卷。〔註107〕但此次修纂只修至乾道九年，共計十一年零七個月的事蹟。淳熙六年八月，孝宗再次降詔編修，到淳熙十三年（1186）十月九日，「接續編修《今上皇帝會要》，今自淳熙元年正月至淳熙十年十二月修纂完成」，並於十一月二十一日由提舉右丞相王淮奏進，凡一百三十卷〔註108〕。

〔註102〕宋·陳騤撰，張富祥點校：《南宋館閣錄》卷四《修纂上》，中華書局 1998年版，第 38 頁。

〔註103〕清·徐松：《宋會要輯稿·職官》一八之三四，中華書局 1957 年版，第 2771 頁。

〔註104〕清·徐松：《宋會要輯稿·職官》一八之三五，中華書局 1957 年版，第 2772 頁。

〔註105〕宋·陳騤撰，張富祥點校：《南宋館閣錄》卷四《修纂上》，中華書局 1998年版，第 38 頁。

〔註106〕宋·佚名撰，張富祥點校：《南宋館閣續錄》卷四《修纂》，中華書局 1998年版，第 197 頁。

〔註107〕宋·佚名撰，張富祥點校：《南宋館閣續錄》卷四《修纂》，中華書局 1998年版，第 197 頁。

〔註108〕宋·佚名撰，張富祥點校：《南宋館閣續錄》卷四《修纂》，中華書局 1998年版，第 199 頁。

淳熙十三年十二月十六日，秘書監沈揆等言：「續修《今上會要》，淳熙元年正月修至淳熙十年十二月，已進呈了畢，所有以後年分，當接續起修。」〔註109〕孝宗依其請，命參知政事施師點提舉其事。至紹熙三年（1192）四月，秘書省申「《今上皇帝會要》再自淳熙十一年正月修至十六年二月禪位成書，乞行進呈」〔註110〕，凡八十卷。至此，孝宗一朝《會要》得以全部編纂完畢，共計三百六十八卷，是為《淳熙會要》。

慶元六年（1200）閏二月，寧宗應秘書丞邵文炳之請，下詔將孝宗一朝三部《會要》整理為一書。到嘉泰元年（1201）七月十一日完成奏進，凡二百卷。編修者在這次整合過程，重新進行了刪潤修訂，是為《嘉泰孝宗會要》。〔註111〕

《孝宗聖政》修纂始於淳熙十六年（1189）二月二十九日，至紹熙三年（1192）十二月，書成，而《孝宗會要》完成於紹熙三年四月，因此清人徐松輯《宋會要》帝系一一之一至一〇，崇儒七之五一至五二載《孝宗聖政》的內容當為慶元、嘉泰間重新刪潤修訂時補充的。

綜上，宋人在修纂會要時，雖沒有明確提出參照聖政，但由於聖政修纂完成先於會要，因而在修纂時，聖政成為修纂會要的材料來源之一。今存清人徐松輯《宋會要輯稿》中載有《高宗聖政》《孝宗聖政》的內容，且明確注明源於聖政，即為不容置疑的證據。

5. 聖政錄與玉牒

玉牒之名，始見於唐，而其修撰則可以追溯到很早的時期。玉牒最初的功能在於「奠世系、分宗譜」。王應麟云：「周用中士奠世系，漢、晉命九卿典屬籍，唐開成以玉名牒」〔註112〕，「所以奠世系、分宗譜也。」〔註113〕宋代的玉牒除記錄皇帝世系外，「以編年之體敍帝系而記其歷數，凡政令賞罰、封域戶口、豐凶祥瑞之事載焉。」〔註114〕宋代修纂玉牒的專門機構為玉牒所。

〔註109〕清‧徐松：《宋會要輯稿‧職官》一八之四四，中華書局1957年版，第2776頁。
〔註110〕宋‧佚名撰，張富祥點校：《南宋館閣續錄》卷四《修纂》，中華書局1998年版，第200頁。
〔註111〕蔡崇榜：《宋代修史制度研究》，臺灣文津出版社1991年版，第161頁。
〔註112〕宋‧王應麟：《玉海》卷五一《玉牒圖譜》，廣陵書社2003年版，第957頁。
〔註113〕宋‧高似孫撰，周天遊校箋：《史略校箋》卷三，書目文獻出版社1987年版，第110頁。
〔註114〕元‧脫脫：《宋史》卷一六四《職官志四》，中華書局1977年版，第3887頁。

元豐改制前，以他官兼領玉牒的修纂，改制後，歸宗正寺掌管。南宋時，宰執提舉，侍從官兼修，宗正卿、宗正少卿以下同修〔註115〕。

　　宋廷在修纂玉牒時，參照聖政錄的記載進行修纂，聖政錄為宋廷修纂玉牒提供資料。《宋會要輯稿》載：

> 　　（淳熙）二年（1175）十一月六日，宗正少卿程叔達言：「玉牒修書，止以實錄、帝紀為則，其旁見他書者未敢廣取，恐未詳盡。乞下修書官屬，許參考諸書修入。」事下國史實錄院議，本院請除《會要》《聖政》《政要》《寶訓》《訓典》係史館藏書，合許參照修入外，其他傳記碑刻竊恐登載未實，難以照用。從之。〔註116〕

據此，玉牒的修纂是廣採各種官修史書的，而聖政錄則是其中參照的一種。宋代玉牒現已不存。惟南宋劉克莊《後村先生大全集》卷八二、八三中存宋寧宗嘉定十一、十二年（1218、1219）的玉牒初稿，此部分是劉克莊於端平元年（1234）九月至端平二年（1235）六月擔任玉牒所主簿時修纂的〔註117〕。王瑞來先生對此做了集證〔註118〕。但是《寧宗聖政》現已不存，無法與其進行對勘，則玉牒參照聖政錄的具體情形亦不得而知。

6. 聖政錄與寶訓

　　寶訓是宋代記錄皇帝「善政善教」〔註119〕的一種典籍，以供嗣位君王學習祖宗治國經驗。兩宋寶訓的修撰始於眞宗時期。第一部寶訓為李昉之子李宗諤所撰《永熙寶訓》，此書係李宗諤從其父所編《時政記》中纂出。自此之後，歷朝均修有寶訓，修撰寶訓成為宋代修史的常制。聖政錄亦為宋代官方記錄皇帝「嘉言美事」的史學體裁，也是供嗣位君王學習祖宗治國經驗。因此聖政錄與寶訓這兩種同種性質的史籍之間有何關係，在此需從以下方面作一比較。

　　從編撰目的看，聖政錄與寶訓的編纂目的相同。聖政錄記錄皇帝盛美之事，供後世帝王學習遵循。石介《三朝聖政錄序》載此書的目的是勸導仁宗「法建隆、開寶、興國、雍熙、至道、咸平之政，以阜萬民，以繼太平，以

〔註115〕蔡崇榜：《宋代修史制度研究》，臺灣文津出版社1991年版，第181頁。
〔註116〕清·徐松：《宋會要輯稿·職官》二〇之四二，中華書局1957年版，第2841頁。
〔註117〕王瑞來：《宋代玉牒考》，《文獻》1991年第4期。
〔註118〕宋·劉克莊撰，王瑞來集證：《玉牒初草集證》，中華書局2018年版。
〔註119〕宋·林之奇：《拙齋文集》卷四《實錄院進〈神宗皇帝寶訓〉表》，影印文淵閣四庫全書本。

丕於三聖之光，以樹乎萬世之基。……苟更斟酌祖宗垂憲，效而行之，可謂《韶》盡美矣，又盡善也」〔註120〕。韓琦《序》亦云此書目的在於「上以述列聖之美次，以達一人之聽」，並希望仁宗能夠「日置左右，留神觀采，守此昭範，勤於奉行，以舉乎政綱，以昌乎積累之丕緒」〔註121〕。陳傅良《奉詔擬進御製至尊壽皇聖帝聖政序》亦云「亦越成書，是訓是式，率舊因餘，庶幾底乂，是用申命大臣，總領眾作，起初潛至於內禪，掇其最凡得六百四十一條，為五十卷。一言一動，皆足以經天緯地，垂裕無極」〔註122〕。可見，聖政錄的編纂目的在於嗣位君主學習祖宗治國理政的經驗，作為遵循的祖宗家法。而寶訓的編纂也是出於同種目的。周麟之云寶訓為「前聖典謨，布在方冊，後來纂之，寶為大訓」〔註123〕。洪适所撰《兩朝寶訓序》直接表明寶訓的修撰目的，序云：

> 迨神宗皇帝踐祚之十五年，詔儒臣林希採《實錄》《日曆》《時政紀》《起居注》諸書，自乾興盡治平，法天聖故事，裒粹事跡，以類撰次。越明年四月，書成來上，凡七十有六門，成二十卷，名之曰《兩朝寶訓》。所載嚴廊之上，切摩治道，商榷墳素之精語，則謹威福之善制，畏天事神之道，勤政愛民之方，恭儉仁孝之德，規摹制度之略，辨察貞邪，篤敘姻族，與夫勸農興財，治兵禦戎之術，炳若日星，事簡而明，有條不紊。施之朝廷，則可以正紀綱、厚風俗；施之閨門，則可以飭人倫、興孝悌。施之夷狄，則可使懷仁慕義，稽首稱藩。信不易之宏規，萬世之通典也！臣竊惟五閏之際，干戈日尋，鑪視四海，煽以虐焰，兆民灼爛，呼號籲辜。我皇宋拱揖指麾，為壺漿百姓請命於天，丕降霖雨，澡蕩滌清，人用休息。皇乾眷命，聖子神孫，規重矩疊，開闢以來，書傳所紀未之有也。其制度紀綱之法，後世有以憑藉扶持。《寶訓》之作，足以垂之不朽，與天地並。〔註124〕

〔註120〕宋·石介撰，陳植鍔點校：《徂徠石先生文集》卷一八《三朝聖政錄序》，中華書局1984年版，第209～210頁。

〔註121〕宋·韓琦：《安陽集》卷二二《三朝聖政錄序》，影印文淵閣四庫全書本。

〔註122〕宋·陳傅良：《止齋先生文集》卷四〇《奉詔擬進御製至尊壽皇聖帝聖政序》，四部叢刊本。

〔註123〕宋·周麟之：《海陵文集》卷三《論乞修神宗以後寶訓》，影印文淵閣四庫全書本。

〔註124〕宋·洪适：《盤洲文集》卷二八《兩朝寶訓序》，影印文淵閣四庫全書本。

可見，聖政錄與寶訓的編纂目的是相同的，即嗣位君主閱讀此二書，深刻體會先祖創業之艱難，先君守成之不易，從而使在位君王勤政愛民，時刻憂心國事，並且學習先祖治國理政的優秀經驗和方法，以達到天下大治，國泰民安。

從內容看，寶訓是祖宗遺留的寶貴訓示。曹彥約指出「寶訓為書，皆太祖、太宗、真宗三聖之格言」〔註125〕。林之奇亦云寶訓「善政善教之所繫，皆聚此書，使文子文孫之方來，用宏茲賁，豈曰小補，展也大成」〔註126〕。可知寶訓主要內容是記言，即為君臣對話及部分場景〔註127〕。而聖政錄所記乃是皇帝治國的聖明舉措，既記言，又記事，並不是單一地記言或記事。如錢惟演《咸平聖政錄》記的是咸平時期真宗皇帝的「嘉言、美事」。《高宗聖政》將「凡大號令、大政事，合遵行者」〔註128〕都記錄在內。《國朝冊府畫一元龜》所引錄的《高宗聖政》既有純記言的，也有言行事件兼記者。在內容上，聖政錄的內容顯然比寶訓豐富，有的聖政錄直接在寶訓的基礎再增加內容而成書。《建炎以來朝野雜記·甲集》卷四「兩朝聖政錄」條云《光堯聖政錄》「大凡分門立論，視《寶訓》而加詳焉」〔註129〕。可見，聖政錄兼顧言行事件，偏重於記事，而寶訓偏重於記言。

從體例看，聖政錄的體例與寶訓是相同的，並沒有明顯的區別。聖政錄仿傚《貞觀政要》一書的體例，分門繫事，即將所搜集的史料按照不同的主題分門別類予以編排。石介《三朝聖政錄》「以類相從，起君道至戒貪吏，凡二十門，為六卷，每門系之贊云」〔註130〕。富弼《三朝聖政錄》也是「分別事類，凡九十六門，二十卷」〔註131〕。南宋孝宗時修《高宗聖政》亦為「分門立論，視《寶訓》而加詳焉」〔註132〕。寶訓也是仿傚《貞觀政要》一書。

〔註125〕宋·曹彥約：《昌谷集》卷一〇《內引朝辭劄子二》，影印文淵閣四庫全書本。

〔註126〕宋·林之奇：《拙齋文集》卷四《實錄院進〈神宗皇帝寶訓〉表》，影印文淵閣四庫全書本。

〔註127〕鄧小南：《祖宗之法——北宋前期政治述略》，生活·讀書·新知三聯書店2014年版，第387頁。

〔註128〕宋·王應麟：《玉海》卷四九《乾道光堯聖政》，廣陵書社2003年版，第930頁。

〔註129〕宋·李心傳撰，徐規點校：《建炎以來朝野雜記·甲集》卷四《兩朝聖政錄》，中華書局2000年版，第112頁。

〔註130〕宋·章如愚：《羣書考索·前集》卷一七《正史門·國史類》，影印文淵閣四庫全書本。

〔註131〕宋·李燾：《續資治通鑑長編》卷一四三，慶曆三年九月丙戌條，中華書局2004年版，第3456頁。

〔註132〕宋·李心傳撰，徐規點校：《建炎以來朝野雜記·甲集》卷四《兩朝聖政錄》，中華書局2000年版，第112頁。

天聖五年（1027）十月乙酉，監修國史王曾上奏言「唐史官吳兢於實錄、正史外，錄太宗與羣臣對問之語，爲《貞觀政要》，今欲采太祖、太宗、眞宗《實錄》《日曆》《時政（記）》《起居注》其間事蹟不入正史者，別爲一書，與正史並行」〔註133〕。《貞觀政要》一書分類繫事，寶訓亦爲分類繫事。林希所纂《兩朝寶訓》「採《實錄》《日曆》《時政紀》《起居注》諸書，自乾興盡治平，法天聖故事，裒粹事蹟，以類撰次。越明年四月，書成來上，凡七十有六門，成二十卷，名之曰《兩朝寶訓》」〔註134〕。許振興考證出《三朝寶訓》的事目：

> 《三朝寶訓》三十卷八十八目，能考的篇目共四十三目，幾達全書總數一半。當中除關涉攘外和防禦事務：議將帥（將帥）、議武備、制軍旅、論邊防（邊防）、撫夷狄（夷狄事）。關係個人修身進德：孝德、仁慈、謙儉、鑒戒、諫淨、睦族六目外；論政體（政體）、聽斷事（聽斷）、謹外戚、受符瑞、崇祀禮（崇祀典）、崇文儒、獎詞學、謹詔辭、論國體、抑奔競、論文史、議修書、任宰執、禮大臣、優近臣、議典故、議禮制、謹刑罰、論貢舉、論科試、論選集、擇官、論薦舉、論甄敘、獎幹臣、戒官吏、論道教、論釋教、重牧宰、謹災祥、省費用、體羣臣等三十二目皆爲君主施政的總則與處理內政的要項。〔註135〕

可見寶訓也遵循分類繫事的體例，與聖政錄並無明顯區別。

從取材來源看，聖政錄的取材與寶訓的取材來源有同有異。前文已揭，聖政錄主要取材於時政記、起居注、日曆等史書。與聖政錄相同的是寶訓亦取材於時政記、起居注、日曆，除此之外，寶訓還取材於實錄。始修於天聖五年的《三朝寶訓》是「采太祖、太宗、眞宗《實錄》《日曆》《時政（記）》《起居注》其間事蹟不入正史者，別爲一書，與正史並行」〔註136〕。元豐六年（1083）修成的《兩朝寶訓》「採《實錄》《日曆》《時政紀》《起居注》諸書，自乾興盡治平，法天聖故事，裒粹事蹟，以類撰次」〔註137〕。可見寶訓

〔註133〕宋・李燾：《續資治通鑑長編》卷一○五，天聖五年十月乙酉條，中華書局
 2004 年版，第 2453 頁。
〔註134〕宋・洪适：《盤洲文集》卷二八《兩朝寶訓序》，影印文淵閣四庫全書本。
〔註135〕許振興：《宋代〈三朝寶訓〉篇目考》，《古籍研究整理學刊》1998 年第 4、5
 期合刊。
〔註136〕宋・李燾：《續資治通鑑長編》卷一○五，天聖五年十月乙酉條，中華書局
 2004 年版，第 2453 頁。
〔註137〕宋・洪适：《盤洲文集》卷二八《兩朝寶訓序》，影印文淵閣四庫全書本。

的取材來源除時政記、起居注、日曆外，尚有實錄可供取錄，這是聖政錄所沒有的。

總之，通過上文的論述，可知寶訓與聖政錄二者之間存在異同。二書的編纂立意、體例、取材來源皆相同。正因爲如此，李心傳說《光堯聖政錄》（《高宗聖政》）是「視《寶訓》而加詳焉」〔註138〕。光宗時大臣袁說友也說《高宗聖政》是「俾之紬繹寶訓」〔註139〕。宋人甚至將富弼所纂的《三朝聖政錄》視爲寶訓，命名爲《慶曆三朝太平寶訓》。所不同的是，在內容上，寶訓重在記言，聖政錄偏重於事，兼顧言論；寶訓除了取錄於時政記、日曆、起居注等書外，還取材於實錄。

綜上所述，宋代聖政錄的編修取材於時政記、日曆、起居注。無論是直接取錄，還是間接引徵，具體到每一部聖政錄時，取材的數量和程度三類書各有側重。聖政錄作爲一種史料，在修纂會要、玉牒時，爲其提供資料。寶訓與聖政錄在體例、編纂立意、取材大致相同。寶訓的內容側重於記言，聖政錄側重記事，兼顧言論。寶訓除了取錄於時政記、日曆、起居注等書外，還取材於實錄。

〔註138〕宋・李心傳撰，徐規點校：《建炎以來朝野雜記・甲集》卷四《兩朝聖政錄》，中華書局 2000 年版，第 112 頁。
〔註139〕宋・袁說友：《東塘集》卷一一《進讀〈高宗聖政〉》，影印文淵閣四庫全書本。

三、宋代聖政錄的功能

　　宋代聖政錄的修纂最早由私人編修開始的。宋眞宗咸平三年（1000），錢惟演撰進第一部聖政錄——《咸平聖政錄》〔註1〕。這種做法很快被朝廷接納。天禧四年（1018），第一部官修聖政錄——《天禧聖政紀》問世〔註2〕。此後，歷代皇帝都纂修聖政錄，修纂聖政錄成爲宋王朝的一種傳統。聖政錄的編修對於宋代政治、文化和社會產生了重要的影響。鄧小南曾指出宋代聖政錄是供後世帝王汲取借鑒本朝經驗的一種帝王學教材〔註3〕，揭櫫了聖政錄政治功能的一個方面。本部分在前人的研究的基礎上，討論聖政錄的政治、文化和社會功能，以期揭示出聖政錄的編修對宋代政治、文化和社會的重要意義。

（一）政治功能

1. 記錄皇帝的聖德和功業

　　天水一朝，無論官修、私修，聖政錄主要記錄宋朝自太祖以來歷代皇帝的「聖政嘉言皇猷美事」〔註4〕，「大號令、大政事合遵行者」〔註5〕，包括皇帝治理國家的方式方法和經驗、皇帝的嘉言和盛美之事。

〔註1〕元·脫脫：《宋史》卷三一七《錢惟演傳》，中華書局1977年版，第10341頁。
〔註2〕宋·李燾：《續資治通鑑長編》卷九九，乾興元年九月戊子條，中華書局2004年版，第2298頁。
〔註3〕鄧小南：《宋代歷史探求——鄧小南自選集》，首都師範大學出版社2015年版，第162頁。
〔註4〕宋·李燾：《續資治通鑑長編》卷三五，淳化五年四月丙戌條，中華書局2004年版，第778頁。
〔註5〕宋·王應麟：《玉海》卷四九《乾道光堯聖政》，廣陵書社2003年版，第930頁。

　　錢惟演《咸平聖政錄》主要記錄咸平時期真宗皇帝的「嘉言、美事」。富弼修纂《三朝聖政錄》時，「將三朝典故及討尋久來諸司所行可用文字，分門類聚，編成一書，置在兩府，俾為模範」〔註6〕。其中的「三朝典故」指的是太祖、太宗、真宗三位皇帝治理國家的優秀經驗和方式，正如王應麟所言，「凡三朝賞罰之權、成德之本、責任將帥之術、升黜官吏之法、息費強兵之制、禦戎平寇之略、寬民恤災之惠、睦親立教之本、御臣防患之機、察納諫諍之道，率編錄焉」〔註7〕。

　　石介《三朝聖政錄》是私人編修聖政錄的代表作，在《三朝聖政錄序》中首先追述了太祖、太宗一統天下，真宗繼承二聖的遺業，勵精圖治，最終使宋王朝國運昌盛，典章文化繁榮，社會和諧穩定的豐功偉績，認為「若太祖之英武，太宗之聖神，真宗之文明，授受承以興太平，可謂跨唐而逾漢，駕商、周而登虞、夏者也」，同時他也認識到「三聖致太平之要道，或慮國史紀之至繁，書之不精，聖人一日萬幾，不能徧覽，唐史臣吳兢嘗為《貞觀政要》，臣竊效之，作《三朝聖政錄》」〔註8〕。

　　石介在序言中所說的「三聖致太平之要道」，即指太祖、太宗、真宗使國家大治的方略政策，通過記錄這些，旨在讓仁宗學習先王治國的經驗，從而也使天下大治。

　　南宋紹興三十二年（1162）六月丙子，宋高宗禪位於孝宗。孝宗即位，立即下令編纂《高宗聖政》，詔曰：「朕惟太上皇帝臨御三紀，法令、典章粲然備具。嗣位之初，深懼墜失，其議設官，裒集建炎、紹興以來詔旨、條例以聞，朕當與卿等恪意奉行，以對揚慈訓。」〔註9〕《孝宗聖政》《光宗聖政》的編纂也依《高宗聖政》之例。可見，南宋時期聖政錄的編修，主要記錄的皇帝的治國政策和方略以及嘉言美事。

　　聖政錄這種史籍的編修，把反映皇帝治國理政、皇帝的嘉言美行的材料編纂起來，在為後世帝王提供汲取借鑒經驗的範本的同時，記錄了皇帝的功

〔註6〕宋·李燾：《續資治通鑑長編》卷一四三，慶曆三年九月丙戌條，中華書局 2004 年版，第 3455～3456 頁。

〔註7〕宋·王應麟：《玉海》卷四九《慶曆太平三朝寶訓》，廣陵書社 2003 年版，第 927～928 頁。

〔註8〕宋·石介撰，陳植鍔點校：《徂徠石先生文集》卷一八《三朝聖政錄序》，中華書局 1984 年版，第 209～210 頁。

〔註9〕宋·王應麟：《玉海》卷四九《乾道光堯聖政》，廣陵書社 2003 年版，第 930 頁。

業和聖德，使得皇帝的美德和優秀的行為以及他的功業以文本的形式流傳下來，永垂後世。

2. 帝王學習的教材

趙宋一朝，統治者十分重視聖政錄的編纂。歷朝歷代都加以編修，從不荒廢。尤其是到了南宋，修纂聖政錄被視為新君即位後的頭等大事來進行辦理。編纂聖政錄的目的之一在於備勸誡，為後世帝王樹立榜樣，學習先朝的治國經驗，從而使天下太平，國家繁榮昌盛。

石介在其所撰《三朝聖政錄》的序言中明確點明他修纂此書的動機，在於希望仁宗學習太祖、太宗、真宗三聖的治國經驗，「法建隆、開寶、興國、雍熙、至道、咸平之政，以阜萬民，以繼太平，以丕於三聖之光，以樹乎萬世之基。……苟更斟酌祖宗垂憲，效而行之，可謂《韶》盡美矣，又盡善也」〔註10〕。韓琦在為此書所寫的序言中也稱：

> 宋之受命也，易五代之弊，規萬世之策，海內休息、不睹兵革
> 之患者，幾八十年矣。是蓋太祖、太宗、真宗神武之所戡定、文德
> 之所安輯，以繼以承，時用光大。……履祖宗之聖迹，以興太平。……
> 上以述列聖之美，次以達一人之聽，其於奉上愛君之心，誠亦厚且
> 大矣。唯聖主日置左右，留神觀采，守此昭範，勤於奉行，以舉乎
> 政綱，以昌乎積累之丕緒。〔註11〕

可見，編修《三朝聖政錄》的目的在於永存太祖、太宗、真宗等先王的成憲，期望仁宗能夠勤於奉行，使國家大治，即「履祖宗之聖迹，以興太平」。

慶曆三年（1043），修纂《三朝聖政錄》時，樞密副使富弼向宋仁宗建言：

> 宋有天下九十餘年，太祖始革五代之弊，創立法度，太宗克紹
> 前烈，紀綱益明，真宗承兩朝太平之基，謹守成憲。近年紀綱甚紊，
> 隨事變更，兩府執守，便為成例。施於天下，咸以為非。……蓋法
> 制不立，而淪胥至此也。臣今欲選官置局，將三朝典故及討尋久來
> 諸司所行可用文字，分門類聚，編成一書，置在兩府，俾為模範。
> 庶幾頹綱稍振，敝法漸除，此守基圖救禍亂之本也。〔註12〕

〔註10〕 宋·石介撰，陳植鍔點校：《徂徠石先生文集》卷一八《三朝聖政錄序》，中華書局 1984 年版，第 209～210 頁。

〔註11〕 宋·韓琦：《安陽集》卷二二《三朝聖政錄序》，影印文淵閣四庫全書本。

〔註12〕 宋·李燾：《續資治通鑑長編》卷一四三，慶曆三年九月丙戌條，中華書局 2004 年版，第 3455～3456 頁。

可見，富弼編纂此書立意在於重新整理太祖、太宗、真宗三朝紀綱成憲，藉以參照，糾治本朝紀綱紊亂的狀況。

　　南宋時，整理編纂先朝皇帝的聖政的目的首先是對先皇一朝的治理國家的優秀經驗、制度以文字的形式保存下來，發揚先皇的聖德；其次本朝皇帝在治國時，時時參照，使國家長治。紹興三十二年（1162），孝宗即位不久，時任起居郎的周必大就在經筵之上對孝宗說：「祖宗置經筵非為分析章句，正欲從容訪問，以裨聖德、究治體，惟陛下留意；兼編類聖政，以正得失。」〔註13〕在周必大看來，編類聖政是糾正皇帝的過失。於是孝宗下詔：「朕惟太上皇帝臨御三紀，法令、典章粲然備具。嗣位之初，深懼墜失，其議設官，裒集建炎、紹興以來詔旨、條例以聞，朕當與卿等恪意奉行，以對揚慈訓。」〔註14〕淳熙十六年（1189）二月己丑，光宗下詔：「壽皇聖帝臨御歲久，典章法度粲若日星，可令日曆所編類成書，朕當遵而行之，仰稱付託之意。」〔註15〕

　　由以上的論述可知，編纂聖政錄是為後世帝王提供汲取借鑒經驗的範本，其實質是帝王的學習教材，通過學習先皇的嘉言美事、治國經驗，從而運用於本朝的治理，從而使國家太平，繁榮富強。據史書記載，宋光宗曾以趙鼎比擬大臣萬樞，曰：「自卿入臺，臺綱振起，皆卿之力。朕讀《高宗聖政》，見趙鼎在臺中率僚屬，振風采，一時甚賴其力，朕之賴卿亦然」〔註16〕，光宗通過閱讀《高宗聖政》才知高宗時趙鼎任臺諫時的事蹟，藉以褒獎萬樞。

　　慶元元年（1195）正月二十一日，有大臣上奏宋寧宗，認為「《高宗皇帝聖政》《孝宗皇帝聖政》二書，皆是兩朝七十年間大政事，藏諸金匱。不惟盛德大業，醞化懿綱，一一所（當）訓式，而紀載明白，事理較然，觀閱之間，易於著心而入耳，固不待講理而後明也」，請求寧宗效法高宗、孝宗宮中讀書定課之法，以「《聖政》之書專為宮中課程之學，下秘書省繕寫《兩朝聖政》二書，留置日所御殿，日閱數條，以為定式。詳其施置之美意，法其政事之修明，熟味細觀，再三紬繹，積日累月，不逾定課，則兩朝《聖政》之書，盡畢觀覽，良法美意，皆在陛下胸中，出而見諸政治者，將自吻合而無間矣。

〔註13〕　宋・周必大：《文忠集》附錄卷二《周綸〈行狀〉》，影印文淵閣四庫全書本。
〔註14〕　宋・王應麟：《玉海》卷四九《乾道光堯聖政》，廣陵書社2003年版，第930頁。
〔註15〕　清・徐松：《宋會要輯稿・職官》四一之七三，中華書局1957年版，第3203頁。
〔註16〕　宋・佚名：《京口耆舊傳》卷七，叢書集成初編本。

此其事不勞，其道易行，而其效必至者也。」〔註17〕宋寧宗採納其建議，下詔：「祕省寫高、孝《聖政》二書，御殿日閱數條，以為定式。」〔註18〕至嘉定十四年（1221），二書全部閱畢。十一月十八日，宋寧宗自豪地對大臣說：「自履大寶，逮今二十八年，日月就將，一誠不斁。至於仰繩祖武，率由舊章，凡巨典之昭垂，益加意於省覽。初讀《五朝寶訓》，繼以《高宗皇帝聖政》，又繼以《孝宗皇帝聖政》，皆已終篇。」〔註19〕

不僅如此，寧宗君臣還援引《聖政》中所載先朝皇帝處理政務的辦法處理相同的政務。嘉定二年（1209）二月二十一日，禮部侍郎吳奕奏：「四川特奏名試不入等人邵拱辰等六人，今來逆曦誅殛之後，垂白之士，喜見天日，萬里遠來，狼狽可念。依紹興二年指揮，特與推恩一次」，寧宗命禮部就此事如何處理進行審查議定。因而，國子監依據《高宗聖政》中紹興二年高宗處理這一問題的辦法：「四川特奏名進士於道路艱阻之際，遠來赴試，理宜優恤。其試在第五甲人，特依揚州例，並與依下州文學恩例施行」，提議推恩一次，禮部轉奏這一提議，獲得朝廷認可〔註20〕。

宋代聖政錄記載的是皇帝昔日的言行事蹟，在後世君王看來，無疑是一筆寶貴的財富，從中可以尋找到「致太平之要道」，因此被奉為一種權威。在經筵上由大臣進讀聖政錄的現象十分突出。從現有的史料來看，經筵進讀聖政錄始自慶曆四年（1044）。是年二月丙辰，仁宗「御迎陽門，召輔臣觀畫，其畫皆前代帝王美惡之跡，可為規戒者。因命天章閣侍講曾公亮講《毛詩》，王洙讀《祖宗聖政錄》，翰林侍讀學士丁度讀《前漢書》，數刻乃罷」〔註21〕。其中《祖宗聖政錄》當指在此之前官、私所修的《咸平聖政錄》《天禧聖政紀》《三朝聖政錄》。

南宋時，進讀聖政錄是經筵必備的一個環節，是皇帝學習和效法先朝帝王的重要途徑。光宗時期，大臣王回建議光宗時閱高宗、孝宗《兩朝聖

〔註17〕 清·徐松：《宋會要輯稿·崇儒》七之二〇至二一，中華書局 1957 年版，第2298～2299 頁。

〔註18〕 宋·王應麟：《玉海》卷二六《慶元讀兩朝聖政》，廣陵書社 2003 年版，第529 頁。

〔註19〕 清·徐松：《宋會要輯稿·崇儒》七之三八，中華書局 1957 年版，第 2307 頁。

〔註20〕 清·徐松：《宋會要輯稿·選舉》一三之七至八，中華書局 1957 年版，第4471 頁。

〔註21〕 宋·李燾：《續資治通鑑長編》卷一四六，慶曆四年二月丙辰條，中華書局 2004年版，第 3544 頁。

政》，學習效法前朝執政的優秀經驗和措施，將其運用到本朝的治理當中。
史載：

> （公）見今天子，首陳圖中興，嚴虜備，請核名實、通言路，
> 而法聖政之說爲尤切。其說曰：「高宗之紹興，壽皇之淳熙，致治之
> 道曰修身以學，約己以儉，莅政以勤，用人以公，誠心以格天，虛
> 中以聽言，寬以接下，仁以愛民，此其要也。願陛下取《兩朝聖政》
> 而觀之，使大臣時陳於前，經筵日誦於側，即其切於時者力行之。」
> 〔註22〕

王回指出學習《聖政》的方式有二：一是大臣陳奏；二是經筵講讀。另一大
臣袁說友二次上箚子，也要求光宗皇帝安排在經筵上進讀《高宗聖政》《孝宗
聖政》二書。

箚子之一曰：

> 陛下方循堯道，本於授受，施之政事，動協訓謨。倘於《聖政》
> 之書，日以繼日，研覃不懈，則於治體尤非小補。臣愚欲望陛下恭
> 發詔旨，自今歲爲始，以《太上皇帝聖政》同《三朝寶訓》，命經筵
> 官日以講讀，永爲定制，俾之紬繹大典，咨沃聖衷。陛下進而定省，
> 得之面命，退而講論，得之方冊，益以彰率由舊章之意，行堯之道，
> 與天無極。〔註23〕

箚子之二曰：

> 恭惟乾道之二禩，主上首命儒臣纂輯建炎紹興之大典，作宋一
> 經，揭名《聖訓[政]》，貽謀燕翼，悉聚此書，御製序文，藏諸金匱。
> 某頃蒙聖恩，擢丞中秘，得以仰窺大政，拱誦奎文，不勝至榮極幸。
> 主上方極孝慕，思報大恩，惟有循舊章，憲成式，以寓罔極之念，
> 以慰在天之靈，庶幾孝治有隆亡替。某欲望敷奏，恭發睿旨於講筵
> 所，候將來開講日，以《聖政》一書命經筵官日以進讀，俾之紬繹
> 寶訓，啓沃聖衷，以永孝思，以宏治道，以仰副主上倫制兩盡之意，
> 實天下厚幸。〔註24〕

〔註22〕 宋·楊萬里：《誠齋集》卷一二五《提刑徽猷檢正王公墓誌銘》，四部叢刊本。
〔註23〕 宋·袁說友：《東塘集》卷一一《講〈高宗聖政寶訓〉箚子》，影印文淵閣四
　　　　庫全書本。
〔註24〕 宋·袁說友：《東塘集》卷一一《進讀〈高宗聖政〉》，影印文淵閣四庫全書本。

從袁說友所奏的箚子中可以看出袁說友對於經筵進讀聖政的看法：其一，經筵進讀聖政是十分重要的大事。光宗研覃聖政，可以「補治體」，是光宗「行堯之道」的策略源泉。其二，經筵進讀聖政是孝的一種體現，光宗可以通過這種方式向天下宣示皇帝的孝心和思治的決心。其三，他要求光宗將經筵進讀聖政作為永久性的制度加以規定，從側面反映了光宗時期這項制度的缺失。

理宗亦通過經筵進讀的方式閱覽聖政錄。淳祐二年（1242）三月癸卯，理宗以進讀《孝宗聖政》完畢，賜「講讀、修注、說書官各進一秩，餘補轉賞犒有差。」〔註25〕

總之，聖政錄這種史籍的功能就是向後世帝王傳授列祖列宗的治國章法，使得國家永遠繁榮昌盛，長治久安。聖政錄最主要閱讀者是皇帝，通過經筵進讀的方式學習祖宗治國的優秀經驗，謹守先聖成憲，致天下以太平。因此聖政錄這種史籍其實質上是帝王學習的教材。

3. 祖宗形象的塑造

聖政錄作為帝王學習的教材，具有很濃厚的政治導向，意在傳佈祖宗的「嘉言美事」，傳授君主先朝的治國方法，使皇帝在本朝謹守「祖宗之法」，以達到本朝的大治。因此聖政錄中浸透著宋代士大夫塑造理想帝王的強烈願望。

聖政錄這種史籍是記錄皇帝「盛美之事」的，因此在編纂過程中，必然會有所選擇。宋代士大夫將祖宗朝推行的各種制度、政策和措施賦予了更廣泛的內涵，根據自己的理念，在與皇帝有關的記錄文本如時政記、起居注、日曆中揀選資料，塑造出一個可供萬世瞻仰和效法的祖宗形象。司馬光所撰《涑水記聞》中徵引石介《三朝聖政錄》達30條，在此僅選宋太祖的事例三則為例以作說明。

> 太祖平蜀，孟昶宮中物有寶裝溺器，遽命碎之，曰：「自奉如此，欲求無亡得乎？」見諸侯大臣侈靡之物，皆遣焚之。

> 太祖初即位，頗好畋獵，嘗因獵墜馬，怒，自拔佩刀刺馬殺之。既而歎曰：「我耽於逸樂，乘危走險，自取顛越，馬何罪焉？」自是遂不復獵。〔註26〕

〔註25〕宋·佚名撰，汪聖鐸點校：《宋史全文》卷三三《宋理宗三》，中華書局 2016 年版，第 2748 頁。

〔註26〕宋·司馬光撰，鄧廣銘等點校：《涑水記聞》卷一，中華書局 1989 年版，第 6 頁。

太祖性節儉，寢殿設青布緣葦簾，常出麻屨布衫以示左右，曰：
「此吾故時舊所服也。」〔註27〕

以上三個事例出於石介《三朝聖政錄》，短短的三句話，一個勤儉節約、愛惜生命、不戀財物的明君仁主趙匡胤躍然紙上。這是石介也是宋代士大夫心目中的明君賢主。

還有一個事例，記載於朱熹的《三朝名臣言行錄》中：

石守道編《三朝聖政錄》，將上，一日，求質於公（韓琦），公指數事為非。其一，太祖惑一宮嬖，視朝宴，羣臣有言，太祖悟，伺其酣寢刺殺之。公曰：「此豈可為萬世法？已溺之，乃惡其溺而殺之，彼何罪？使其復有嬖，將不勝其殺矣。」遂去此等數事，守道服其清識。〔註28〕

由此可以看出，宋代士大夫以「為萬世法」的目標為前提，摒棄那些對於祖宗形象不利的材料，塑造出一個個英明偉大、品德高尚、可供後世學習效法的祖宗形象。宋代士大夫的這種做法無疑在當時是合乎情理的，是獲得社會認可的。

需要注意的是，聖政錄是帝王教材，主要閱讀者是皇帝，其編纂目的在於傳佈祖宗的聖德盛舉，傳授治國之道的，因此這類史籍只注重對帝王的潛移默化的影響，並不追求歷史事實的準確與否。這與這類史籍重書法輕事實的修撰取向有關，其中存在許多錯誤，但是對於宋代士大夫而言，只要塑造出完美的祖宗形象，即使是錯誤的事實，也無關緊要。不僅如此，宋代士大夫在修纂聖政錄時，利用特權將對自身形象不利的部分進行刪改。史載：「思陵紹興乙亥歲，秦檜之徂，更化之初，竄告訐之徒張常先而下前後凡十四人。此盛德大業，恥言人過，仁厚之風，合符昭陵。後來編纂《聖政錄》，適秉筆之臣，有託其間，羣從者略而不書，是致讀者為之憤然。」〔註29〕不僅聖政錄，還有實錄、起居注等官修史籍都有曲筆不實之處，當時參加科舉考試的士子史孟傳在「左右史沿革」的試策中就指出：「國朝之史自時政記、起居注、

〔註27〕宋・司馬光撰，鄧廣銘等點校：《涑水記聞》卷一，中華書局1989年版，第20頁。

〔註28〕宋・朱熹撰，李偉國點校：《三朝名臣言行錄》卷一《丞相魏國韓忠獻王琦》，上海古籍出版社、安徽教育出版社2010年版，第380頁。

〔註29〕宋・王明清撰，汪新森、朱菊如點校：《玉照新志》卷五，上海古籍出版社1991年版，第65頁。

國史、日曆、實錄、玉牒、聖政、寶訓等書，凡皆經歷宰輔，始得上聞，故載筆者不得直書，反覆辯析。」〔註30〕

總之，宋代士大夫以立萬世之法爲目標和前提，揀選與皇帝有關的敘事，以「加法」和「減法」對所揀選的敘事進行加工再造，將這些敘事纂集起來，名爲聖政錄，通過聖政錄這種史籍塑造出一位位集才乾和美德於一身，供後世效法和模仿的祖宗形象，垂範後世。而聖政錄這種史籍正是展現祖宗形象的文本基礎，也是宋代士大夫理念的一種載體。

（二）社會功能

雖然聖政錄記錄的是祖宗的言行錄，其最主要、最直接的閱讀者是皇帝，是帝王學習的教材，而且朝廷修纂聖政錄完畢之後，將其束之高閣，但是並不能否認的是這種重在政治導向、史實方面存在缺憾的史籍對宋代社會穩定的積極作用。

在宋代，聖政錄分爲官修、私修兩種。北宋時，官修聖政錄修纂完畢後，一般藏於三館中，三館圖書的儲存和管理有一定的制度規定，這爲聖政錄在社會上的流傳頗受限制，但實際上聖政錄仍在社會上流傳。建炎四年（1130），宋高宗命范沖、陳康伯等二十三人兼史館校勘書籍官，修編石室《聖政》《實錄》《經世大要》，至紹興二年（1132）七月，「繕寫《聖政紀》五百八十卷，《經世大要紀》八百八十卷，裝演成帙，隨表陳獻。」〔註31〕此五百八十卷的《聖政紀》既包括北宋三館散亡的聖政錄，也包括民間藏書家、故相宰輔、官宦之家、百姓所藏的聖政錄。在此次修編之前，宋廷多次下詔向訪求謄錄御府散亡圖書及民間藏書家、故相宰輔、官宦之家、百姓所藏圖書，以充實秘書省藏書。〔註32〕可見，聖政錄在民間確有流傳。需要注意的是，民間傳播的聖政錄並非足本，而是節鈔本。如富弼編撰的《三朝聖政錄》有節鈔本《三朝聖政略》十四卷傳世。私人所撰聖政錄在民間傳播較爲廣泛，甚至有的私修聖政錄如石介的《三朝聖政錄》以「草茅之下、閭里之中，聽田父農叟歌

〔註30〕 宋·魏了翁：《鶴山先生大全文集》卷八二《故迪功郎致仕史君孟傳墓誌銘》，四部叢刊本。

〔註31〕 宋·陳康伯：《陳文正公文集》卷四《敕轉奉議郎箚》，《續修四庫全書》第1317冊，上海古籍出版社2013年版。

〔註32〕 參見清·徐松《宋會要輯稿·崇儒》四之二〇至二二，中華書局1957年版，第2240～2241頁。

詠三聖之德」〔註33〕作爲撰寫的依據。

　　南宋時期，聖政錄的修纂之權歸官方所有，官修聖政錄編纂完成之後，雖然被束之高閣，但聖政錄以節鈔本的形式在民間社會廣泛流傳。《高宗聖政》六十卷，民間就有五十卷本、三十卷本傳世。另有十卷《高宗聖政典章》，此書蓋亦自六十卷本《高宗聖政》鈔節而成的〔註34〕。陸游所撰《高宗聖政草》一書在嚴州（今浙江省西部，新安江流域）就有流傳〔註35〕。《孝宗聖政》五十卷，在民間則有十二卷的書坊鈔節本〔註36〕和三十卷本流傳〔註37〕。另外，還有《高宗聖政》和《孝宗聖政》的一百卷的合訂本在社會中傳播，此書是「書坊鈔節以便舉子應用之儲者也」〔註38〕。南宋建康府（今江蘇省南京市）府學所藏的書籍之中就有《皇朝聖政》一書，作爲府學學生習讀之用。〔註39〕二十卷的《高宗孝宗聖政編要》也是二書節鈔合訂本的一種。〔註40〕此外，在書坊編輯的類書如《國朝冊府畫一元龜》中，也引錄了許多《高宗聖政》的事條。現存至今的《增入名儒講義皇宋中興兩朝聖政》最早的版本南宋建刊巾箱本即爲建陽書坊刊刻的。

　　《高宗聖政》六十卷，《孝宗聖政》五十卷，加起來一百一十卷。無論是以單行本傳播，還是以合訂本流傳，篇幅十分的龐大，短時間內難以通讀。因此在民間書坊刊刻時，將其中不重要的內容進行刪減，保留其精華，重新加以編輯，這是其一；其二，刊刻的書坊主爲追求更高經濟利益，在刻印時爲減少成本支出，必然裁減內容篇幅，以降低成本。於是出現了多種節鈔本和節鈔合訂本。這種節鈔本和合訂本聖政錄的產生，表明了人們希望閱讀簡易且權威史書的心理。

〔註33〕　宋・石介撰，陳植鍔點校：《徂徠石先生文集》卷一八《三朝聖政錄序》，中華書局 1984 年版，第 209 頁。

〔註34〕　元・脫脫：《宋史》卷二〇三《藝文志二》，中華書局 1977 年版，第 5103 頁。

〔註35〕　宋・鄭瑤、方仁榮：《景定嚴州續志》卷四《書籍》，中華書局編：《宋元方志叢刊》第 5 冊，中華書局 1990 年版，第 4383 頁。

〔註36〕　宋・陳振孫撰，徐小蠻、顧美華點校：《直齋書錄解題》卷五《典故類》，中華書局 2015 年版，第 169 頁。

〔註37〕　宋・李心傳撰，徐規點校：《建炎以來朝野雜記・甲集》卷四《兩朝聖政錄》，中華書局 2000 年版，第 112 頁。

〔註38〕　宋・陳振孫撰，徐小蠻、顧美華點校：《直齋書錄解題》卷五《典故類》，中華書局 2015 年版，第 168 頁。

〔註39〕　宋・馬光祖修，周應和纂：《景定建康志》卷三三《文籍志一》，中華書局編：《宋元方志叢刊》第 2 冊，中華書局 1990 年版，第 1885 頁。

〔註40〕　元・脫脫：《宋史》卷二〇三《藝文志二》，中華書局 1977 年版，第 5103 頁。

　　南宋時期，聖政錄傳播的範圍、閱讀的羣體和用途明顯擴大和增加。其一，聖政錄不僅在朝廷中傳閱，而且在書坊的作用下，以節鈔本的形式在民間社會中廣爲流傳；其二，閱讀者由原來的皇帝、官員士大夫擴展到應試舉子。沒有明確的史料表明普通民眾直接閱讀聖政，但聖政在民間社會流傳，普通民眾主要通過口耳相傳的方式認識和閱讀的，其閱讀方式較爲特殊；其三，原來帝王學習的專用教材成爲了應試舉子參加科舉考試前的知識儲備用書。

　　聖政錄在作爲「萬世法」的前提和目標下，宋代士大夫根據自己的理念，揀選官方資料中皇帝的「盛美之事」，以「加法」和「減法」對所揀選的敘事進行加工再造，纂集起來的一類史籍。通過聖政錄這種史籍塑造出一位位集才乾和美德於一身，供後世效法和模仿的祖宗形象，垂範後世。而聖政錄這種史籍正是展現祖宗形象的文本基礎，是宋代士大夫表達自身理念的一種載體。聖政錄在民間的廣爲流傳，對社會的穩定有著重要的作用。

　　首先是教化作用。對於應試舉子一類的讀書人而言，通過閱讀聖政錄，可以明確往昔列祖列宗的聖德、美行以及治國章法，進行知識的儲備。與此同時，閱讀當朝皇帝的聖政錄，舉子看到他們的皇帝如此賢明有爲，更加的擁護他，愛戴他，打消他們的躲避甚至反叛的心思。當他們應試成功，成爲一個官員時，無論在地方，還是在中央，遇到同樣的事情，他們就會依據聖政錄中記載的方法策略去解決日常政事，也會據此努力地從各方面勸諫皇帝，使皇帝也成爲像列祖宗列宗的明君賢主。而他們自己也會認識到自己的使命，體察編纂者的意圖和良苦用心，繼承那些編纂者衣缽，更加堅強不移繼續在致君堯舜，成爲一代名臣的道路上行走。

　　對於普通的民眾而言，通過口耳相傳等簡潔明瞭的方式播布祖宗及當朝皇帝的美事，使得民眾相信，他們的皇帝是一個勤政愛民的好皇帝，他能夠使天下太平，能夠讓他們過上幸福的生活，安居樂業。即便是現在他們的生活較爲困苦，他們也會認爲這種狀況，皇帝會看到，會來解決的。如此，則無形中消弭了民間叛亂，有利於社會的安定太平，有利於國家長治久安。

　　其次是傳承作用。起初，聖政錄修纂完畢後，儲存於秘閣、史館中，密不宣示。一旦遇到火災、戰爭，或是改朝換代，對於聖政錄的保存和續存是極爲不利的，甚至永久失傳。聖政錄在民間廣爲傳播，即使宮廷所藏遭罹火災、戰爭的傷殘，民間所藏的聖政錄便有可能留存下來，繼續傳播後世。

綜上所述，在宋代，尤其是南宋，聖政錄在民間社會廣為流傳，其傳播的範圍、閱讀的羣體和用途明顯擴大和增加。聖政錄的傳佈，對於宋代社會起著教化和傳承的作用。通過閱讀聖政錄，教化讀書士子要忠君愛國，要牢記士大夫的使命，維護國家的長治久安，成為和先賢一般的優秀的士大夫。教化普通民眾愛戴自己的皇帝，相信自己的皇帝，對基層社會的安定有著至關重要的作用。與此同時，聖政錄在民間的播布，有利於聖政錄的保存和流傳後世。

（三）文化功能

作為「修纂之史」的聖政錄是在官方原始記載的基礎上加工編輯而成的。儘管其編纂是供帝王學習借鑒本朝經驗的一種帝王學教材，但作為一類書籍，具有重要的文化意義。

首先，提供知識，滿足不同的羣體的閱讀。對於皇帝而言，可以學習借鑒祖宗治國的章法，效法先朝君主的美德善行，從而完善自己，依據先朝的經驗治理國家，處理日常事務，使天下大治，百姓安居樂業。對於讀書應試的士人舉子而言，聖政錄是應對科舉考試的一種知識儲備。對於普通百姓而言，通過聖政錄，可以瞭解自己的皇帝，並且學習皇帝的美德美行，並以此作為自己的處世之道。聖政錄這一類史籍提供了閱讀者的知識的需要。

其次，增加宋代史學典籍的數量和撰述形式。兩宋是史學繁榮昌盛的時代。史學成就不僅超越唐代，且為元、明、清三代所不及。其中一個重要表現史籍數量十分龐大。據統計，《四庫全書總目》史部收錄的宋代史學家的著作有 189 部，5644 卷〔註41〕。《宋史‧藝文志》著錄宋代史家的著作約有 1218 部，13818 卷〔註42〕。聖政錄就是其中的一部分。這種史籍，雖然不是始創於宋代，但是唐代僅有一部《貞觀政要》，而在宋朝，聖政錄歷朝皆修纂，除官方所修，私人也積極修纂，據現有的可知的聖政錄共 13 部，412 卷，其數尚還不止。聖政錄這種撰述形式雖然創自於唐，但大行於宋。與此同時，出現了同種性質內容各有側重的寶訓、政要、聖訓、故事一類的史籍，大大增加了宋代史籍的數量和撰述形式。

第三，推進了宋代史學知識普及化、民間化。兩宋時期，史學知識逐漸從學術研究走向民間。其中主要的一個表現是史學讀物在民間的廣泛流傳。

〔註41〕高國抗：《宋代史學及其在中國史學史上的地位》，中國歷史文獻研究會編《中國歷史文獻研究集刊》第四集，嶽麓書社 1984 年版，第 127 頁。

〔註42〕宋衍申：《宋代史學在中國古代史學中的地位》，《松遼學刊》1984 年第 2 期。

宋代的當代史籍如《續資治通鑑長編》《東都事略》等史籍，「鏤板盛行於世」
〔註43〕，甚至連「朝廷大臣之奏議，臺諫之章疏，內外之封事，士子之程文」，
也「傳播街市，書坊刊行，流佈四遠」〔註44〕。注重政治導向和帝王聖學的
聖政錄或以私人撰述流傳民間，或以書坊所刻節鈔本的形式，為應試舉子和
普通民眾所用，必然進一步推動宋代史學知識的普及化和民間化。

綜上，聖政錄記錄的是宋朝歷代皇帝的「嘉言美事」，即祖宗往昔的言行
錄。無論官修還是私修，或為記錄皇帝功業的文本，或為一類史料，作為修
纂史書的依據，或為帝王之學的教材，向皇帝傳授列祖列宗治國章法，或為
宋代士大夫塑造祖宗形象的產物，表達宋代士大夫理念的一種載體，或為一
種教化的工具，誘導帝王成為英明賢能之主，教化讀書人忠君愛國，民眾愛
戴皇帝，維護社會的穩定，國家長治久安，或為一種提供知識的文本，滿足
著不同羣體的閱讀，增加了宋代典籍的數量和撰述形式，體現了宋代史學向
民間普及的潮流。

〔註43〕 清·徐松：《宋會要輯稿·刑法》二之一三二，中華書局1957年版，第6561頁。
〔註44〕 清·徐松：《宋會要輯稿·刑法》二之一二五，中華書局1957年版，第6558
頁。

四、宋代聖政錄編修對後世修史的影響

　　王德毅曾指出：「近七百年的史學發展，全爲南宋史學的延續。」〔註1〕而南宋史學繼承了北宋史學的優良傳統，並進一步發揚光大。兩宋史學的發展，對元、明、清三朝的史學產生了重要的影響。宋代編修聖政錄的傳統被後世王朝尤其是元、明所繼承，聖政錄這種史學體裁在元、明時代獲得了長足的發展。至清代，統治者對聖政錄的重視程度遠遠低於元、明，致使聖政錄逐漸消亡，退出史書編撰的舞臺。學界對於宋代聖政錄的編修對後世產生的影響尚無討論，故本部分首先探討宋代聖政錄散佚的原因；其次考察宋代聖政錄的編纂對後世修史產生的影響。

（一）宋代聖政錄的散佚

　　據前文的統計，宋代官、私修聖政錄共計十六部，還有許多節鈔本和節鈔合訂本流傳於世。但不幸的是，除佚名編撰的《增入名儒講義皇宋中興兩朝聖政》殘本和陸游《高宗聖政草》一卷外，其餘聖政錄全部散佚不存，佚文存於宋代其他史籍中。宋代聖政錄散佚不存，其原因有二：

　　宋代第一官修聖政錄——《天禧聖政紀》編撰完成以後，聖政錄的編纂權收歸朝廷，所有歷朝聖政錄都是官方主持修纂，私人修纂的方式被摒棄，導致聖政錄的數量急劇減少。南宋時期，聖政錄流傳並不廣泛，致使民間保存數量比較少。前文已揭，南宋時，聖政錄修纂完畢後，藏於秘閣之上。宋廷有一套嚴格的管理制度，其中最重要的一條是不得關借。宋廷不斷下詔重

〔註1〕王德毅：《南宋史家的承舊與創新——兼論對元明史學的影響》，載張其凡、李裕民主編：《徐規教授九十華誕紀念文集》，浙江大學出版社2009年版，第632頁。

申這項規定，即使留心史事的士大夫，也難以從秘閣中將聖政錄進行手抄。且聖政錄主要服務於皇帝，其直接閱讀者是皇帝和部分官員，雖然在南宋時期，聖政錄以節鈔本的形式在民間社會流傳，但關注聖政錄的僅僅是應舉的士子，普通民眾由於知識水平的限制，只能通過口耳相傳的方式進行間接的閱讀，說明宋代聖政錄的閱讀者或者是受眾範圍十分的狹小，這就使得聖政錄的流傳範圍較小。同時，聖政錄的卷帙十分龐大，難以大範圍流傳，從而導致民間存儲數量少。這是宋代聖政錄散佚不存的原因之一。

第二，宋亡以後，元朝並未對聖政錄這一類史籍進行妥善的保護。宋恭帝德祐二年（至元十三年，1276）二月，元軍攻佔臨安，元世祖就命統帥伯顏將南宋「秘書省圖書，太常寺祭器、樂器、法服、樂工、鹵簿、儀衛，宗正譜牒，天文地理圖冊，凡典故文字，並戶口版籍，盡仰收拾」〔註2〕。伯顏立即「命焦友直括宋秘書省禁書圖籍」〔註3〕。又《元史·董文炳傳》載：

> 伯顏命文炳入城，罷宋官府，散其諸軍，封庫藏，收禮樂器及諸圖籍。……時翰林學士李槃奉詔招宋士至臨安，文炳謂之曰：「國可滅，史不可沒。宋十六主，有天下三百餘年，其太史所記具在史館，宜悉收以備典禮。」乃得宋史及諸注記五千餘冊，歸之國史院。〔註4〕

又《新元史·王構傳》中載：

> 宋亡，詔構與翰林學士李槃訪賢才。構至臨安，言於董文炳：「宋三館圖書及太常禮器鹵簿，宜輦於京師。」從之。宋實錄、國史得不亡。〔註5〕

可知，北運的圖書包括宋朝修纂的起居注、時政記、日曆、國史等，也包括藏於秘閣中的宋代皇帝御製、聖政錄、寶訓等書籍以及太常禮器鹵簿。在收取北運宋代圖書的過程中，由伯顏、焦友直主持其事，具體有由董文炳負責，王構、李槃等人也起到了重要的作用。在他們的努力下，宋秘書省的圖書以及太常禮器鹵簿於當年十月，由兩浙宣撫使焦友直運送到大都。史載：「（冬十月）丁亥，兩浙宣撫使焦友直以臨安經籍、圖畫、陰陽秘書來上。」〔註6〕

〔註2〕明·宋濂等：《元史》卷九《世祖紀六》，中華書局1976年版，第179頁。
〔註3〕明·宋濂等：《元史》卷九《世祖紀六》，中華書局1976年版，第179頁。
〔註4〕明·宋濂等：《元史》卷一五六《董文炳傳》，中華書局1976年版，第3672頁。
〔註5〕民國·柯劭忞撰，余大鈞點校：《新元史》卷一九一《王構傳》，吉林人民出版社1995年版，第2966頁。
〔註6〕明·宋濂等：《元史》卷九《世祖紀六》，中華書局1976年版，第185頁。

　　元廷將南宋秘書省圖籍運至大都後，官修宋史大致有宋自太祖至寧宗實錄凡三千卷，國史凡六百卷，編年又千餘卷，《理宗日曆》二三百冊，《理宗實錄》數十冊，《度宗日曆》若干冊歸之於國史院〔註7〕，其餘圖書包括「經史子集、典故文字、陰陽禁書、書畫宋神容，俱係秘書監合行收掌」〔註8〕，歸之於秘書監。其中當包括宋代所修的聖政錄。

　　雖然元廷將收取的宋代圖籍藏於秘書監，但是缺乏整理，使得圖書散佚損毀較爲嚴重。主要表現在：

　　一方面，元廷並沒有及時地將這些圖書進行整理和編校。至元十三年，秘書監接收宋代圖籍時，只設置監官，從事圖書的校勘整理的職官如秘書郎、校書郎等是後來陸續增設的。且除了編纂《大元一統志》以及後來的校勘外，元朝沒有組織過大規模的圖書校勘活動，這一點上遠遠不如前代。

　　另一方面，秘書監多次遷移，加上圖書數量龐大，圖書的編目工作十分的繁重。因此一直沒有完備的藏書目錄。到了至正二年（1342）五月，秘書監丞王道在請求朝廷對秘書監藏書重新進行整理編目的呈文中就指出此前元廷對秘書監藏書缺乏有效管理致使圖書散佚，目錄缺乏的情形。呈文云：

　　　　自至元迄今，庫無定所，題目簡秩，寧無紊亂，若不預爲，將
　　經史子集及歷代圖畫隨時分科，品類成號，倘時奉旨，庶乎供奉有
　　倫，因得盡其職也。〔註9〕

可知，在至正二年以前，元廷並沒有組織人員對這些圖書進行嚴格地整理和編校，從而使圖書散佚現象十分嚴重。這是宋代聖政錄散佚不存的原因之三。

　　至元成宗即位，宋代聖政錄已散佚不存，可能是大臣的奏請，元廷曾下詔訪求宋代聖政錄。史云：「成宗立，首命探訪先朝《聖政》，以備史官之紀述。陝西省使（李）孟討論編次，乘驛以進。」〔註10〕此時的聖政錄已不是全本，李孟只好重新進行討論編輯，然後奏進朝廷。

　　綜上所述，由於宋末元初戰亂的破壞，元廷缺乏妥善的保護以及民間儲存數量較少，隨著改朝還代，時間的流逝，宋代聖政錄逐漸散佚不存。現存

〔註7〕元·蘇天爵：《滋溪文稿》卷二五《三史質疑》，影印文淵閣四庫全書本。

〔註8〕元·王士點、商企翁編次，高榮盛點校：《秘書監志》，浙江古籍出版社 1992
　　　年版，第 109 頁。

〔註9〕元·王士點、商企翁編次，高榮盛點校：《秘書監志》，浙江古籍出版社 1992
　　　年版，第 109 頁。

〔註10〕明·宋濂等：《元史》卷一七五《李孟傳》，中華書局 1976 年版，第 4084 頁。

的殘本《增入名儒講義皇宋中興兩朝聖政》和陸游《高宗聖政草》二書，前者雖然不是聖政錄的原本，後者儘管只有一卷 20 條內容，但這二種是唯一留存到現在的聖政錄，其中頗能管窺聖政錄的部分情況。

（二）宋代聖政錄的修纂對後世修史的影響

聖政錄是發軔於宋眞宗時期的記載皇帝嘉言美事的一種史學體裁，宋朝自眞宗以後歷朝都進行續修。宋亡以後，宋代修纂聖政錄的制度對元、明兩朝產生深刻的影響，元、明繼承了宋代的制度，繼續修纂聖政錄。

元朝繼承宋制，曾組織編纂過聖政錄。王瑞來曾指出：「據中國廣播電視出版社影印本《大元聖政國朝典章》的出版說明介紹，建陽的書坊就曾將元朝的聖政刊行過。」〔註 11〕元代編修的聖政錄大部分現已散佚不存，惟佚名《大元聖政國朝典章》中存有一部分，另外尚存一部元察罕撰《聖政紀》。

《大元聖政國朝典章》，佚名撰，六十卷，附有至治新集條例不分卷，是彙集元世祖至英宗至治二年（1322）詔令、條格、案例的一部典章制度專著。〔註 12〕是書專門以「聖政」為一類，計二卷，分為振朝綱、肅臺綱、飭官吏、守法令、舉賢才、求直言、興學校、勸農桑、撫軍士、安黎庶、重民籍、恤站赤、厚風俗、旌孝節、抑奔競、止貢獻、均賦役、復租賦、減私租、薄稅斂、息徭役、簡詞訟、救災荒、貸逋欠、惠鰥寡、賜老者、賑飢貧、恤流民、崇祭祀、明政刑、理冤滯、霈恩宥三十二目，凡二百四十五條。〔註 13〕

《聖政紀》，一卷，察罕〔註 14〕撰。明、清官私目錄俱無著錄，惟范邦甸《天一閣書目》云：

> 《帝王紀年》一卷，附《聖政紀》一卷，《禮賢錄》一卷，刊本。
> 元平章白雲翁察罕編，黃用和梓。明景泰六年，翰林編修金城黃諫序曰：「予閱舊書，得先子壽柏翁所藏《歷代纂要》，乃元平章白雲翁察罕所編，蓋取皇極經世書為準，一開卷而古今成敗、國家興衰、運祚長短皆瞭然可見，遂為訂正，自延祐戊午至戊申，凡若干年，

〔註 11〕 王瑞來：《文獻可徵——宋代史籍叢考》，山西教育出版社 2015 年版，第 159～160 頁。

〔註 12〕 參見昌彼得：《跋元坊刊本〈大元聖政國朝典章〉》，載氏著《版本目錄學論叢（一）》，臺灣學海出版社 1977 年版，第 273～285 頁。

〔註 13〕 元·佚名：《大元聖政國朝典章》，中國廣播電視出版社 1998 年影印元刊本。

〔註 14〕 察罕事蹟，詳見於明·宋濂等《元史》卷一三七《察罕傳》，中華書局 1976 年版。

以便考閱。鋟梓以傳，序諸篇首云。」廣平程巨夫序後。〔註15〕

由此可知：第一，《聖政紀》爲察罕所編，由黃用和刊行；第二，明代此書尙存，翰林編修金城黃諫作序，重新編訂刊行，廣平程鉅夫作後序；第三，此書爲察罕編《歷代纂要》中的一種。以上是元代編修聖政錄及存佚情況。

明朝立國之後，繼承了宋元以來的制度，修纂聖政錄。洪武八年（1375），宋濂、劉基等人秉承朱元璋的意旨完成了第一部聖政錄——《洪武聖政紀》的修纂。宋濂《洪武聖政紀序》云：

> 臣備位詞林，以文字爲職業，親見盛德大業，日新月著。於是與僚屬謀取其有關政要者編集成書，列爲上、下卷，凡七類，合若干條，名曰《洪武聖政記》。〔註16〕

可知《洪武聖政紀》共上下兩卷，分爲七類，是宋濂與眾人一同編纂的，紀事止於洪武八年，後來不斷地對洪武一朝的聖政進行續修和補充。

明太祖及以後諸朝，皆陸續編纂聖政錄。其具體編纂情況，如表7所示：

表 7　明代聖政錄修纂一覽表

書　名	作　者	卷　數	出　處
《洪武聖政紀》	宋濂	二卷	張廷玉《明史》卷九七《藝文志二》
《洪武聖政記補亡》	宋濂	二卷	錢曾《錢遵王述古堂藏書目錄》卷四
《洪武聖政纂》	董穀	二卷	黃虞稷《千頃堂書目》卷五《別史類》
《洪武聖政記》	不詳	一二卷	嵇璜《續通志》卷一五八《藝文略》
《洪武聖政記》	趙琦美	三二卷	黃虞稷《千頃堂書目》卷五《別史類》
《高廟聖政記》	唐志大	二四卷	萬斯同《明史》卷一三四《藝文志二》
《文廟聖政紀》	不詳	不詳	錢謙益《絳雲樓書目》卷三《明朝實錄》
《永樂聖政記》	不詳	三卷	高儒《百川書志》卷四《故事》
《洪熙聖政記》	不詳	二卷	黃虞稷《千頃堂書目》卷四《國史類》
《宣宗聖政紀》	不詳	不詳	范邦甸《天一閣書目》卷二《史部·雜史類》
《皇明聖政記》	不詳	十卷	萬斯同《明史》卷一三四《藝文志二》
《明聖政記》	不詳	一卷	黃虞稷《千頃堂書目》卷五《別史類》
《聖政紀要》	陳懿典	不詳	陳仁錫《無夢園初集》

〔註15〕 清·范邦甸撰，江曦、李婧點校：《天一閣書目》卷二《史部·編年類》，上海古籍出版社 2010 年版，第 102 頁。
〔註16〕 明·宋濂：《宋學士集》卷三〇《洪武聖政紀序》，四部叢刊本。

由上表可知，第一，無論是當朝修纂，還是後世續修，洪武一朝的聖政錄共計六部七十四卷，可見明人對洪武一朝聖政錄編纂的重視。第二，洪武以後諸朝每代帝王都有一部聖政錄，同時存在涵蓋多朝的聖政錄。第三，與宋代相比，明朝諸帝聖政錄的卷帙都比較小，顯然是吸取了宋代聖政錄卷帙浩繁的教訓，這樣有利於聖政錄大範圍的流傳。第四，明宣宗以後諸朝聖政錄應該進行了編纂，只是原書不存，史籍闕載。

至清代，統治者並未按照宋、元、明以來的傳統進行修纂聖政錄，但是聖政錄這種史籍被當作編纂其他時政書籍時的參考和模仿對象。雍正七年（1729），雍正帝下詔編輯反映雍正朝政的書籍時，命令仿傚的書籍中便有《洪武聖政》。〔註17〕

值得注意的是，從順治朝開始，清廷不遺餘力地組織編修「聖訓」這種史書，清朝共修纂了十朝「聖訓」，包括太祖、太宗、世祖、聖祖、世宗、高宗、仁宗、宣宗、文宗、穆宗，光緒間由內務府刊印。聖訓是新皇帝爲先皇帝編輯，分類輯錄皇帝品行與事功，以教化臣民。〔註18〕而「聖訓」史書的編纂是模仿明朝修纂的《洪武寶訓》。《洪武寶訓》的修纂源於宋代冠名「寶訓」的史籍。據前文的考察，宋時，寶訓和聖政錄兩類史籍之間並無很大差異，有的聖政錄也被命名爲寶訓。可能是由於這一點，清代統治者認爲二書在內容、功能方面大體相同，二書同時編纂，似有重複，而寶訓更能反映出一代帝王的治政，故專一修纂「聖訓」，而對溢美君主的聖政錄重視程度不夠。故而有清一代，聖政錄這種史學體裁漸漸被廢棄，最終壽終正寢。

綜上所述，元、明時，聖政錄這種史學體裁獲得了繼續的發展。兩朝政府繼承宋代之制，修纂聖政錄。到了清代，聖政錄這種史籍的地位迅速下降，朝廷不再組織編纂，它成爲修纂其他時政書籍模仿的對象。由於清廷重視寶訓的修纂，而忽視了聖政錄的編修，致使聖政錄這種史籍漸漸退出清代編修史籍的行列，最終消亡。聖政錄的消亡表明，成爲一朝統治者御用的史書隨著改朝換代，不再得到後續王朝統治者青睞的時候，它的命運只有消亡，退出史籍編撰的舞臺。

〔註17〕常建華編著：《清史十二講》，中國國際廣播出版社 2009 年版，第 14 頁。
〔註18〕馮爾康：《清史史料學》，瀋陽出版社 2004 年版，第 359 頁。

結　語

　　上文對宋代聖政錄的編修制度包括編修緣起、編修機構、參修人員、編纂過程、內容和體例、史料來源、功能以及對後世修史的影響進行了較爲詳細的論述和考證，使得宋代聖政錄的基本情況較爲明晰。

　　聖政錄是記錄宋太祖以降歷朝皇帝嘉言美事的一類史籍。其編纂始於私人，咸平年間，錢惟演撰成《咸平聖政錄》，標誌著宋代聖政錄的誕生。並且這種纂修行爲很快被官方承認和接納，宋眞宗天禧四年（1018），第一部官修聖政錄——《天禧聖政紀》撰成。自此以後，聖政錄的編修成爲有宋一朝不容偏廢的傳統，後世不斷續修。宋代官、私所修聖政錄有明文記載的共計 16 部，其中的若干部或以節鈔本而冠以其他書名，或以合刊本的形式在社會上傳播。聖政錄的編纂體例是仿傚《貞觀政要》的體例，即分門繫事，將所搜集的史料按照不同的主題分門別類予以編排，每門系之贊，以表達編撰者的認識。其編修目的首先在於弘揚皇帝的豐功偉業，垂範後世；其次通過整理總結先朝以及本朝前一時期的治國措施，從中汲取優秀的經驗和方法，矯正當前治政的失誤，但其中也摻雜著濃厚的個人動機。聖政錄的編修取材於時政記、日曆、起居注。聖政錄作爲一種史料，爲宋廷修纂會要、玉牒提供資料。聖政錄與寶訓在編纂體例、編纂目的、取材來源方面都相同。所不同的是內容方面，寶訓偏重於記言，聖政錄側重記事，兼顧言行。寶訓除了取錄於時政記、日曆、起居注等書外，還取材於實錄。

　　北宋徽宗朝之前，聖政錄的修纂由朝廷臨時置書局，派遣宰執大臣總領其事，分選其他官員充任修纂之事，員額沒有定制，事畢即廢。徽宗時，宋廷設置了編修聖政錄官、聖政錄同編修官等專門的職官以安排人員負責聖政

錄的修纂事宜。官修聖政錄由主持修纂的宰臣領銜進呈，由朝廷安排專門的地方保存。私人所修聖政錄，由修撰者進呈，儲於史館。南宋時期，聖政錄的修纂先在敕令所，後在編類聖政所，以宰臣提舉，置編類聖政所詳定官、檢討官具體負責具體修撰之事，其員額不定；併入國史日曆所後，宰臣以「提舉編類聖政」繫銜提舉，檢討官以「國史日曆所編類聖政檢討官」繫銜進行編修，員額爲兩員，以館職兼。同時秘書監、秘書少監、著作郎、著作佐郎也參與聖政的修纂。聖政錄修纂完成後由提舉聖政修纂的宰臣率羣臣將聖政錄進呈至皇帝處，皇帝撰聖政序；南宋時高、孝、光宗尚在人世，嗣君須率羣臣將聖政錄進呈至太上皇居所，最後儲於秘閣。南宋朝廷制定了一套較爲完備的管理制度：聖政錄保存於秘閣中，由秘書省經籍案掌理，僅供禁中使用，不得外借，朝廷每月派遣官員上秘閣檢視。

　　無論官修還是私修，聖政錄或爲記錄皇帝功業的文本；或爲一類史料，作爲修纂史書的依據；或爲帝王之學的教材，向皇帝傳授列祖列宗治國章法；或爲宋代士大夫塑造祖宗形象的產物，表達宋代士大夫理念的一種載體；或爲一種教化的工具，教導帝王成爲英明賢能之主，教化讀書人忠君愛國，民衆愛戴皇帝，維護社會的穩定，國家長治久安；或爲一種提供知識的文本，滿足著不同羣體的閱讀，增加宋代典籍的數量和撰述形式，體現著宋代史學向民間普及的潮流。

　　宋代編纂聖政錄的撰述形式對後世尤其是元、明兩朝產生了重要的影響。元、明立國之後，繼承了宋代的制度，編纂記錄本朝皇帝嘉言美事的聖政錄。至清代，統治者只把聖政錄只是當作編纂其他時政典籍的模仿和參考對象，並沒有組織進行編纂，由於清朝統治者的不重視，致使這種典籍再也沒有出現，最終消亡。

附錄一：聖政錄佚文所存宋代史籍一覽表〔註1〕

聖政錄名稱	佚文所存史籍名稱	條 數
石介《三朝聖政錄》	高似孫《緯略》	1
	江少虞《皇朝類苑》	4
	歐陽修《五代史記注》	1
	司馬光《涑水記聞》	30
	李燾《續資治通鑑長編》	6
	釋文瑩《湘山野錄》	1
	謝維新《事類備要》	3
	曾慥《類說》	34
	朱熹《五朝名臣言行錄》	1
	祝穆《事文類聚》	3
	程大昌《續演繁露》	1
	劉達可《璧水羣英待問會元》	1
	佚名《錦繡萬花谷》	1
	張玉書《佩文韻府》	1
	秦嘉謨《月令粹編》	1
富弼《三朝聖政錄》	王應麟《玉海》	1
	樓鑰《攻媿集》	1

〔註1〕因現存的六十四卷《增入名儒講義皇宋中興兩朝聖政》並非《高宗聖政》《孝宗聖政》之原本，故不列入此統計中。

	佚名《宋史全文》	18
	林駉《新箋決科古今源流至論》	8
	黃履翁《新箋決科古今源流至論‧別集》	6
	佚名《羣書會元截江網》	4
	劉達可《璧水羣英待問會元》	7
	章如愚《羣書考索》	5
《仁宗聖政》	章如愚《羣書考索》	2
	劉達可《璧水羣英待問會元》	6
	佚名《羣書會元截江網》	1
	佚名《翰苑新書集》	1
《英宗聖政》	劉達可《璧水羣英待問會元》	3
《神宗聖政》	謝維新《事類備要》	1
	劉達可《璧水羣英待問會元》	6
《哲宗聖政》	劉達可《璧水羣英待問會元》	2
《崇寧大觀聖政錄》	陳元靚《纂圖增新羣書類要事林廣記‧戊集》	2
《高宗聖政》	劉克莊《後村集》	1
	王象之《輿地紀勝》	7
	林駉《新箋決科古今源流至論》	6
	釋志磐《佛祖統紀》	1
	章如愚《羣書考索》	34
	王應麟《玉海》	2
	謝維新《事類備要》	9
	徐元傑《楳野集》	1
	劉達可《璧水羣英待問會元》	129
	陳元靚《重編羣書類要事林廣記‧丙集》	1
	徐松《宋會要輯稿》	4
	佚名《羣書會元截江網》	58
	佚名《錦繡萬花谷》	7
	佚名《翰苑新書集》	3
	佚名《國朝冊府畫一元龜》	41
《高宗聖政草》	解縉《永樂大典》	20

	林駉《新箋決科古今源流至論》	6
	王象之《輿地紀勝》	5
	王應麟《玉海》	1
	謝維新《事類備要》	8
	章如愚《羣書考索》	19
	祝穆《事文類聚》	2
《孝宗聖政》	孫夢觀《雪窗集》	1
	程珌《洺水集》	1
	劉達可《璧水羣英待問會元》	104
	釋志磐《佛祖統紀》	1
	徐松《宋會要輯稿》	7
	佚名《羣書會元截江網》	44
	佚名《錦繡萬花谷》	2
	佚名《翰苑新書集》	8
《寧宗聖政》	佚名《羣書會元截江網》	4
	佚名《翰苑新書集》	1
	黃履翁《新箋決科古今源流至論·別集》	2
	謝維新《事類備要》	1
《宋聖政編年》	章如愚《羣書考索》	1
	陳元靚《纂圖增新羣書類要事林廣記·戊集》	2
	佚名《錦繡萬花谷》	1

附錄二：學術界已有聖政錄[註1] 研究論著目錄

1. 王德毅：《宋代的聖政和寶訓之研究》，《書目季刊》第 20 卷第 3 期，1986 年。

2. 孔原：《陸游及〈高宗聖政草〉》，《史學月刊》1996 年第 4 期。

3. 孔學：《〈建炎以來繫年要錄〉注文辨析》，《史學史研究》1998 年第 1 期。

4. 梁太濟：《聖政今本非原本之舊詳辨》，載氏著《唐宋歷史文獻研究叢稿》，上海古籍出版社 2004 年版。

5. 鄧小南：《〈寶訓〉〈聖政〉與宋人的「本朝史觀」——以宋代士大夫的「祖宗觀」爲例》，載氏著《宋代歷史探求——鄧小南自選集》，首都師範大學出版社 2015 年版。

〔註 1〕此處聖政錄包括佚名《增入名儒講義皇宋中興兩朝聖政》和陸游《高宗聖政草》。廖逢珍《〈齊東野語‧孝宗聖政〉選注》（上、下）一文（《語文學刊》2009 年第 8、9 期）認爲周密《齊東野語》開篇記載的有關於宋孝宗的十三件事（共十四段）是《孝宗聖政》的内容。按：《齊東野語》並未明確注明此十三件事來源於《孝宗聖政》，且亦未將此内容定名爲《孝宗聖政》。在沒有明確的證據下，很難判定這些内容屬《孝宗聖政》，廖氏所作結論十分武斷，蓋受周密識語的影響所致。識語云：「阜陵天縱睿聖，英武果斷，古今之所鮮儷。聖政彰彰者，備載金匱玉牒之書，嘗得以竊窺之矣。其或一時史臣有所避忌，採訪遺落，失於紀載者，不一而足。兹以先世見聞，及當時諸公之所記錄數事，謹書於此。庶乎美盛德之形容，備良史之采錄云。」周密撰，張茂鵬點校：《齊東野語》卷一，中華書局 1983 年版，第 1 頁。作者看到其中有「聖政」二字且著述之緣爲「美盛德之形容，備良史之採錄」，故而想當然地將這些内容歸爲《孝宗聖政》中的内容，故在下編《孝宗聖政》輯錄中不取。

6. 鄧小南：《〈聖政〉〈寶訓〉與宋人的宋史觀》，2005 年北京「文明的和諧與共同繁榮——全球化視野中亞洲的機遇與發展」論壇：「歷史變化：實際的、被表現的和想像的」歷史分論壇論文。

7. 汪聖鐸、陳朝陽《〈宋史全文〉插引史論文獻研究》，載氏著《宋代歷史文獻研究》，河北大學出版社 2016 年版。

8. 郝伶伶：《已佚兩種宋代歷史文獻輯佚與研究》，河北大學碩士論文，2012年。

9. 溫志拔：《〈中興兩朝編年綱目〉考略》，《文獻》2013 年第 2 期。

10. [美]蔡涵墨撰，方笑一譯：《陸游〈中興聖政草〉考》，中國歷史文獻研究會編：《歷史文獻研究》第 36 輯，華東師範大學出版社 2016 年版。

11. 他維宏：《宋代聖政錄研究》，山東大學碩士論文，2018 年。

12. 陳植鍔《石介事蹟著作編年》，中華書局 2003 年版。

13. 燕永成：《南宋史學研究》，甘肅人民出版社 2007 年版。

14. 鄧小南：《祖宗之法——北宋前期政治述略》（修訂本），生活・讀書・新知三聯書店 2014 年版。

15. [美]蔡涵墨：《歷史的嚴妝——解讀道學陰影下的南宋史學》，中華書局 2016年版。

附錄三：現存聖政錄版本一覽表

書　名	版本	卷數	藏　地
三朝聖政錄	陶宗儀《說郛》輯本	一卷	
	清順治四年（1647）兩浙督學李際期刊本	一卷	中國臺灣
	清人王介藩《泰山叢書》輯本	不分卷	岱麓蒼石齋藏稿
	1989 年曲阜師範大學圖書館影印本		山東大學圖書館
	藍格舊鈔本	不詳	中國臺灣
增入名儒講義皇宋中興兩朝聖政	南宋建刊巾箱本	題六十四卷，存卷一至卷二〇，卷四五至卷六四，四十卷	中國臺灣
	藍格舊鈔本（即傅增湘所云之明影寫宋刊本）	題六十四卷，存卷一至卷三〇，三十卷	中國臺灣
	宛委別藏本	題六十四卷，存卷一至卷二九，卷四六至卷六四，四十八卷	
高宗聖政草	永樂大典本	一卷	《永樂大典》卷一萬二千九百二十九「一送，宋高宗一百七十一」
	孔原輯本	20 條	《史學月刊》1996 年第 4 期

附錄四：《增入名儒講義皇宋中興兩朝聖政》版本考述

前　言

　　聖政，亦名聖政錄、聖政紀，是一種記錄皇朝嘉言美事的史籍，目的在於彰顯皇帝的功業，供後世之君學習借鑒。自宋眞宗天禧年間以後，歷朝皇帝都纂修聖政錄。宋代編成的聖政錄有史記載的計有十六部，其中的若干部或以節鈔本而冠以其他書名，或以合刊本的形式在社會上傳播，現已全部散佚。現存的聖政錄只有陸游編撰的《高宗聖政草》和佚名編撰的《增入名儒講義皇宋中興兩朝聖政》〔註1〕。學術界對《增入名儒講義皇宋中興兩朝聖政》一書的研究，主要集中探討此書與修成於乾道二年（1166）的《光堯壽聖太上皇帝聖政》（即《高宗聖政》）和紹熙三年（1192）的《至尊壽王聖帝聖政》（即《孝宗聖政》）的關係問題，一致認爲此書非《高宗聖政》《孝宗聖政》的原本〔註2〕。而對此書的版本問題，學術界鮮有討論〔註3〕，故本

〔註1〕孔學先生已對此書做了輯校，列入《中國史學基本典籍叢書》中，已由中華書局於 2019 年 5 月出版。

〔註2〕清·阮元：《四庫未收書目提要》卷二《中興兩朝聖政》，叢書集成初編本；梁太濟：《唐宋歷史文獻研究叢稿》，上海古籍出版社 2004 年版，第 311～332 頁。

〔註3〕梁太濟先生依據傅增湘《藏園羣書經眼錄》中的記載，云：「傅增湘於 1913年和 1915 年猶見之此書明影寫宋刊本和宋刊巾箱本，《中國古籍善本書目》已不再著錄，疑已不存或已流至海外。」參見梁太濟《聖政今本非原本之舊詳辨》，載氏著《唐宋歷史文獻研究叢稿》，上海古籍出版社 2004 年版，第 311 頁。另外，王德毅先生在國家圖書館 2007 年影印本《皇宋中興兩朝聖政》的前言中

文在前人研究的基礎上，首先系統考察此書的各種版本以及遞藏源流，其次討論各版本之間的關係，梳理出版本系統，最後揭示各版本的文獻價值所在。不當之處，請方家指正。

一

《增入名儒講義皇宋中興兩朝聖政》，或題留正撰，或不著撰人名氏，六十四卷，是書主要記載了南宋高宗、孝宗兩朝皇帝的盛美之事。此書現存三種版本：一是南宋建刊巾箱本；二是藍格舊鈔本；三是宛委別藏本。

（一）南宋建刊巾箱本

南宋建刊巾箱本（以下簡稱巾箱本）《增入名儒講義皇宋中興兩朝聖政》，不題撰人，爲一殘本，存卷一至卷二十，卷四十五至卷六十四，共四十卷，卷首爲分類事目，每頁十一行，每行二十字，左上欄外有書耳記帝名、年號、紀年，書眉上標記條目。每一事條之間用「○」間隔，凡與皇帝、后妃相關的年號、廟號、稱號以及「本朝」、「祖宗」等詞出現時，都空格以示其尊。每一年份如建炎元年、建炎二年以及史論的開頭如「臣留正等曰」出現時，用黑框特別標識。增入的講義低一格附在事條之後。此本各卷內都有殘缺，其中第四十五卷爲殘卷，僅有十四頁。

巾箱本存在錯簡現象，主要分佈於卷三、卷一一、卷一二、卷一三和卷一四。具體情況如下：

原屬於卷三的建炎二年九月甲申條後「臣留正等曰：……於庭一委主司，不以一人之好惡爲之升黜，天下之至公也。及紹興中，權臣罔上，假國家之科目以私其子弟、親戚，則聖斷赫赫，然拔寒畯、抑權貴，亦天下之至公也。惟一出於至公，故靜則爲天地之度，動則爲之斷。《傳》曰：『公生明。』太上皇帝實有焉。」、壬辰條（審察舉人）、癸巳條、丁酉條、戊戌條（賜書通鑒、書孟子要語）、壬寅條、癸卯（卻獻芝草）「輔臣進呈，上曰：朕以豐年瑞瑞，今密爲盜區且彥」等內容不在卷三，而是在卷三完後，另書於紙上，夾於卷四之首。

簡明扼要地對臺灣所藏較爲稀見的建刊巾箱本、藍格舊鈔本的基本情況做了介紹，爲深入研究該書的版本提供了線索。參見佚名《皇宋中興兩朝聖政·前言》，國家圖書館出版社 2007 年版。

卷一一，紹興二年夏四月己卯條（呂頤浩議出師）後續閏四月辛丑條（斬韓世清）、己巳條（章誼奏讞平恕）、丙午條（曹成就招）、壬子條（奉身至約）、乙卯條（減堂除還吏部）、戊午條（賀廩獻得書）、己未條（李橫李道逐霍明）、五月庚申條（祀皇地祇）、夏四月乙酉條（陳沖用不賀李綱）、戊子條（呂頤浩建督）、己丑條（減建州鑄額）、閏四月癸巳條（高麗入貢）、甲午條（孔玠襲封）、乙未條（賜進士出身）、丙申條（岳飛破曹成）、丁酉條（罷後苑作）、己亥條（王大智造軍器）、夏四月甲申條（胡安國上制國論）、乙酉條（宮中育蠶）、庚辰條（太學生上書得官）、壬午條（訪中原士夫）、癸未條（詔戒朋比、秦檜欲專權）、五月辛酉條（權邦彥中興十議）、壬戌條（朱勝非宮觀）。

卷一二紹興二年冬十月丙午條：「監察御史李藹……當嘉興、崇德」後接十一月辛未條的「臣留正等曰」論中的「師之氣，敵肯為前日之和哉！暨金主渝盟，擁百萬之師壓我淮上，非諸將角數戰之勝，太上決親征之策，致彼將師自相殘戮，聖上纘承，繼興師討敵，肯為今日之和哉！太上皇帝謂中興之治，無有不用兵者，斯誠不易之論。」後接紹興二年十一月辛未條（詔吉州帖納鹽錢）、甲戌條（均定鹽鈔、李綱平湖南軍）、十二月庚寅條（柳聰受招、不許經筵講史）、癸巳條（經義不通史、論趙普之功）、甲午條（申嚴銷金禁）、十一月辛酉條「二百九萬餘斤，收鈔錢十萬餘緡。事既行，乃言於上，守臣陸長民以是為言，都省勘會，令憲司具的確利害申尚書省，卒推行之。」丁卯條（大禮許蔭期親、呂頤浩請舉兵）、庚午條（御筆作聖旨行下、洪擬言吏強官弱）、辛未條（命輔臣議出兵）、壬午條（汪藻修日曆、給度牒造甲）、十二月丁亥朔條（閩盜范忠平、布衣吳申上書）、十一月甲戌條（李綱乞合兵捕楊麼）、乙亥條（臺官賜出身）、戊寅條、己卯條（宣諭五使入見）、辛巳條（戒理官明恕）、冬十月丙午條「兩縣係施，峒所具當職並放罷。臣留正等曰：銜命而使，膺皇華之選，分外臺之寄，吏之否事之罷行，皆得以專達乎上，實天子耳目之司也。是宜激濁揚清，彰善癉惡，如鑒之明，如衡之平，而無私焉。而乃奏報不實，公肆誕慢失職之誅，庸可逭乎？太上皇帝獨運剛斷，鐫貶職秩，則居是職者，誰不知所戒焉。」丁未條、己酉條（禁賣公使酒、論榷酒利、詔捕楊麼）、辛亥條（錄宣聖後、朱勝非論經營淮北）、十一月戊午朔條（大臣諸將會食）、庚申條（宰相勿親細事）、辛酉條（經筵進口義、權明州縣鹽）。

巾箱本原屬於卷一三的「血無壅也。況乎天下之大，一人臨之……以濟中興，其積諸此」至「故有是旨」卻在卷一四紹興三年六月庚寅條「上謂呂

頤浩等曰爲法不可過，有輕重，然後可以必行，而人不能犯太重，則法不行，太輕，則不禁奸。朕嘗語徐俯異時宮中有所禁」之後。

此本現存臺灣。晚清民國時期著名藏書家、版本目錄學家傅增湘於一九一五年曾閱覽此本，云：

> 《增入名儒講義皇宋中興兩朝政》，六十四卷，缺卷二十一至四十四，共缺二十四卷。
>
> 宋刊巾箱本，版框高約三寸半，闊約二寸四五，半葉十一行，行二十字，黑口，左右雙欄。欄外標帝名及年號，眉間有提要語，諸儒議論低一格，人名書名名皆陰文。卷前分類事目十行，門類三字大字占雙行。（南潯劉氏嘉業堂藏書，乙卯歲觀。）〔註4〕

乙卯歲，即爲民國四年，一九一五年。此年九月，傅增湘南遊滬、杭、蘇之地並訪書，十月十一日，見劉承幹所藏宋刊元明遞修本《史記集解一百三十卷》宋刊本《漢書集注一百卷》《後漢書注九十卷》《志注補三十卷》《隋書八十五卷》殘卷。〔註5〕傅氏當在此時閱覽了此本，所記版本信息與上文所述相同。

王德毅先生曾簡明扼要地對此本加以介紹。〔註6〕汪聖鐸先生在其點校的《宋史全文》一書的前言提及臺灣藏有宋刻本《增入名儒講義皇宋中興兩朝聖政》。〔註7〕除此之外，學界無任何研究。

由於巾箱本沒有任何序跋，抄者及藏書家的題記甚少，今人瞭解該本流傳與收藏情況時，最直接的證據就是鈐蓋於該本之上的藏書印。該本除鈐「國立中央圖書館收藏」以表明現在的收藏單位之外，尚鈐有「古松瘦石山房」、「翰周」、「都勻府印」、「崧高」、「汪印士鍾」、「閬源眞賞」、「郁印松年」、「泰峰」「嘉業堂」九方印。〔註8〕

「古松瘦石山房」印，印文下墨書「古松瘦石山房」六字。此印當爲明代王陽明的弟子鄒守益之印。《鄒守益全集》卷二五有詩一首，題名爲「古松

〔註4〕傅增湘：《藏園羣書經眼錄》卷三《史部一》，中華書局2009年版，第224頁。

〔註5〕徐友春：《民國人物大辭典》，河北人民出版社1991年版，第1163頁。傅增湘的詳細活動，請參見孫英愛《傅增湘年譜》，河北大學碩士論文，2012年，第32～33頁。

〔註6〕宋・佚名：《皇宋中興兩朝聖政・前言》，國家圖書館出版社2007年版。

〔註7〕宋・佚名撰，汪聖鐸點校：《宋史全文・前言》，中華書局2016年版，第9～10頁。

〔註8〕「崧高」印史料缺乏，難以遽察，存疑待考。

瘦石山房爲黃地曹汝英賦」，古松瘦石山房之名，僅此一見，不見於其餘諸史籍中，可知古松瘦石山房爲鄒守益之書室。

鄒守益，生於明弘治四年（1491），卒於嘉靖四十一年（1562），字謙之，江西安福人。正德六年（1511）進士，授翰林院編修。歷任南京吏部郎中、太常寺少卿兼侍讀學士、國子監祭酒等職。鄒守益一生致力於教育事業，主持參與修建天眞書院、復古書院、連山書院等。他著重闡發王陽明之「致良知」的學說，影響極大，是江右王門的主要代表人物。〔註9〕

「翰周」當爲柯維楨之印。柯維楨，字翰周，一字緘三，自號小丹邱，浙江嘉善人。康熙十七年（1678），與其兄柯崇樸同被薦爲博學鴻詞科，不赴。著有《紀遊草》、《澄煙閣詩》。刻印過閔赤如《文選淪注》三十卷。〔註10〕

「都勻府」，印文下墨書「都勻府印」「永清甲申」八字。此印當爲清乾隆時人陳永清之印。都勻府代指陳永清的籍貫重慶府忠州（今重慶市忠縣）。甲申爲乾隆二十九年（1764），表明陳永清於此年看過此書。據《（乾隆）瑞安縣志》記載，陳永清，字寧人，重慶府忠州人，乾隆十四年（1749）任瑞安縣令，在任期間，主持編纂了乾隆《瑞安縣志》。陳永清著述不詳，在《志》中存有詩文數篇。其中有一首專門稱頌南宋名臣陳傅良的詩。〔註11〕

「汪印士鍾」與「閬源眞賞」印俱是清代平陽汪士鍾的藏書印。汪士鍾，大約生於乾隆五十一年（1786），卒年不詳，字春霆，號閬源，蘇州府長洲人（今江蘇省蘇州市人）。汪士鍾一生醉心於藏書，藝芸書舍藏書十分豐富。汪士鍾曾自編《藝芸書舍宋元本書目》。此本既有汪士鍾之印，則其所編《藝芸書舍宋元本書目》所載：「《中興聖政錄》，二十一冊，存一之二十四，十五之六十四卷。」〔註12〕中的《中興聖政錄》當指此書。

「郁印松年」、「泰峰」印爲郁松年之印。郁松年，生於嘉慶二十五年（1820），卒於光緒十二年（1886），字萬枝，號泰峰，嘉定南翔人（今上海市）。松年好學問，購藏數十萬卷，多宋元佳槧，手自校讎，選孤本刊爲《宜稼堂叢書》，編有《宜稼堂書目》。

〔註9〕參見董平《鄒守益全集·編校說明》，鳳凰出版社2007年版，第1頁。

〔註10〕瞿冕良編著：《中國古籍版刻辭典》，蘇州大學出版社2009版，第599頁。

〔註11〕清·陳永清修，章昱、吳慶雲纂：《（乾隆）瑞安縣志》，清乾隆十四年（1749）刻本。

〔註12〕清·汪士鍾：《藝芸書舍宋元本書目》，叢書集成初編本。

「嘉業堂」印爲劉承幹的藏書印。劉承幹,生於光緒八年(1882),卒於一九六三年,字貞一,號翰怡,晚號嘉業老人,浙江吳興南潯鎮人。他於光緒三十一年(1905)中貢生,曾任候補內務府卿。清朝覆亡之後,遷居上海,著有《南唐書補注》。劉承幹十分重視古籍的搜羅和收藏,其藏書達六十萬卷,所費逾三十萬〔註13〕。

綜上所述,巾箱本《中興兩朝聖政》實存四十卷,不題撰人。從鈐在此本上的印章,可知明清時期,此本在鄒守益、柯維楨、陳永清、汪士鍾、郁松年、劉承幹等著名學者和藏書家之間流傳。

(二)藍格舊鈔本

藍格舊鈔本(以下簡稱鈔本)《增入名儒講義皇宋中興兩朝聖政》,不題撰人,亦爲一殘本,中間有鈔配。存卷一至卷三十,三十卷。每頁九行,每行二十字,左上欄外無書耳,每一事條之間或用「○」間隔,或用空格間隔,凡與皇帝、后妃相關的年號、廟號、稱號以及「本朝」、「祖宗」等詞出現時,都空格以示其尊。每一年份如建炎元年、建炎二年以及史論的開頭如「臣留正等曰」出現時,特別標識,但這種標識或有或無,且「敦」字缺筆,避宋光宗諱,但並不十分嚴格。增入的講義低一格附在事條之後。

該本卷一、卷二書眉不注條目,從卷三建炎二年春正月壬辰條開始,各卷書眉標注條目,但所注條目缺佚、訛誤十分嚴重。具體情況見後文。

鈔本部分卷帙中內容存在殘缺。如卷一建炎元年五月庚寅條(汪黃執政)缺「黃潛善爲中書侍郎,汪伯彥同知樞密院事,元」數字,甲午條缺「恐其不厭人望,乃外用,綱二人不平,繇此與綱忤」數字。

鈔本存在錯簡現象,主要分佈於卷二、卷七、卷一三、卷一六、卷二六,具體情況如下:

卷二,建炎二年十二月丙子條「……士大夫莫不驚駭,原」後接十一月戊子條「首誅於正邦」、十一月辛卯條(王倫使金)、乙未條、乙巳條(詔執奏傳宣)、丙午條、戊申條、辛亥條(汪藻乞修軍政)、十二月丙辰朔條「詔朕朝夕……充開講」(初復經筵)。

卷七,鈔本將原屬於建炎四年三月丁酉條後「龜鑑曰:……蜀錦繡則又罷且作損齋以自誓,而上謂宰相曰:『捐數十萬緡易,無用珠玉,若惜財以養

〔註13〕 清‧劉承幹:《嘉業堂藏書樓記》,繆荃孫等撰,吳格點校:《嘉業堂藏書志附錄》,復旦大學出版社 1997 年版,第 1406 頁。

戰士，吾君之儉何如也。』」壬子條、甲寅條（奉養皇太后）、丁巳條（金山之捷）置於夏四月辛卯條（罷福建鹽鈔、建鈔鹽）「……鈔鹽錢二十萬」之後，「繼赴行在榷貨務……」之前。

卷一三，紹興三年春正月己亥條（吳玠守仙人關、劉子羽守譚毒山）後接庚子條（孝宗賜名）、辛丑條（用他物代羊肚）、辛卯條（吳玠、黃柑款虜）、癸巳條（頒陳規營田法）、丁酉條（虜陷饒風關）、己亥條（蠲放先及下戶、虜入興元府）、壬寅條、甲辰條（通判拘經總錢）、丁未條（二相惡張浚），正確的順序應為春正月辛卯條、癸巳條、丁酉條、己亥條、庚子條、辛丑條、壬寅條、甲辰條、丁未條。

卷一六，紹興四年九月壬子條（趙鼎申理張浚）後接九月乙丑條（決議親征）、庚午條（朱勝非罷、朱震乞營屯荊襄、問朱震易春秋）、壬申條（論臺諫言宰相、虜偽齊兵渡淮）、癸酉條（趙鼎作相）、甲戌條、癸丑條、甲寅條（韓世忠乞恢復）、乙卯條（張致遠營田）、辛酉條（祀明堂）、乙丑條（偽齊以虜兵入寇）、冬十月丙子朔條（親征出聖斷），正確的順序應為：九月壬子條、癸丑條、甲寅條、乙卯條、辛酉條、乙丑條、庚午條、壬申條、癸酉條、甲戌條、冬十月丙子朔條

卷二六，紹興十年丙寅條「太常寺奏大禮祭服事，上曰：『朕嘗考三』」後接八月庚辰條（韓世忠敗虜、李興敗李成）、壬午條、癸未條（上論戰守）、丙戌條（何鑄攻張九成）、丁亥條（楊沂中軍潰）、壬辰條（王俊敗虜）、甲午條（王貴敗虜）、九月壬寅說朔條（秦檜主罷兵）、丁未條（楊從遺敗虜）、秋七月乙丑條（議作禮器、訪求古書、隸習大樂）、八月壬申條（貶不附和議）、乙亥條（韓世忠圍淮陽）、丙子條（秦檜喜劉昉）、戊寅條（吳琦敗虜）、己卯條（優徽廟舊人）。

此本現存於臺灣，流傳極少，晚清民國時期著名的藏書家、版本目錄學家傅增湘亦曾閱覽過此本，云：

> 《增入名儒講義皇宋中興兩朝政》，六十四卷，明影寫宋刊本，棉紙藍格，九行二十字。（四明盧址抱經樓藏書，癸丑歲見。）[註14]

癸丑歲即民國二年，一九一三年。傅增湘於此年 12 月 27 日至 1914 年 1 月 25 日間，於抱經樓見明刊藍印本《張文獻集十二卷》、明刊本《唐詩始音一卷正音六卷遺響五卷》，並盡一日之力記盧氏藏

〔註14〕傅增湘：《藏園羣書經眼錄》卷三《史部一》，中華書局 2009 年版，第 224 頁。

書之大要。〔註15〕傅氏當在此段時間內閱覽此本。

學術界無任何研究。惟王德毅先生曾對此本做過簡明扼要地介紹〔註 16〕除鈐蓋「國立中央圖書館考藏」以表明現在的收藏單位之外，尚鈐有「四明盧氏抱經樓藏書印」、「吳興劉氏嘉業堂藏書印」。劉承幹及嘉業堂，前文已有論述，在此不贅。

清代藏書家盧址編撰的《抱經樓藏書目錄》卷四《史部一》云：「《宋中興聖政》，三十卷，五本，抄本，不著撰人名氏。」〔註17〕《宋中興聖政》即為此書。這與該本所鈐「四明盧氏抱經樓藏書印」相互印證，說明此本曾藏於抱經樓。

盧址，生於雍正三年（1725），卒於乾隆五十九年（1794）字丹陛，一字青屋，鄞縣（今寧波）人。生平喜聚書，遇有善本，不惜重價以購，朋友中有異書，必「宛轉借鈔，晨夕讎校；搜羅三十餘年，得書數萬卷」〔註 18〕，修建抱經樓，並編著《抱經樓藏書目錄》。

綜上所述，鈔本《增入名儒講義皇宋中興兩朝聖政》存三十卷，書眉標注的事目缺佚、訛誤十分突出，事條內字誤現象亦較為嚴重，且「敦」字缺筆，避宋光宗諱，可知其底本為宋刊本。該本曾藏於抱經樓、嘉業堂。

（三）宛委別藏本

宛委別藏本是清代學者阮元在浙江學政任上（1795 年 8 月～1798 年 9 月）訪得，並影抄進呈內府。此本亦為殘本，存卷一至卷二十九，卷四十六至卷六十四，其中第三十卷至第四十五卷闕，實存四十八卷。卷首為目錄和分類事目，左上欄外無書耳，每一事條之間用空格間隔，凡與皇帝、后妃相關的年號、廟號、稱號以及「祖宗」、「本朝」等詞出現時，都空格以示其尊。「敦」字缺筆，避宋光宗諱，但並不十分嚴格。部分卷帙中內容有殘缺。阮元有跋云：

> 此書不知編集人姓名。起建炎元年，訖淳熙十五年，書內標題謂之增入名儒講義皇宋中興兩朝聖政。其所採《中興龜鑑》《大事記》

〔註15〕孫英愛：《傅增湘年譜》，河北大學碩士論文，2012 年，第 28 頁。
〔註16〕宋·佚名：《皇宋中興兩朝聖政·前言》，國家圖書館出版社 2007 年版。
〔註17〕清·盧址：《抱經樓藏書目錄》卷四《史部一》，南京圖書館編：《南京圖書館藏稀見書目書志叢刊》第 10 冊，國家圖書館出版社 2017 年版，第 266 頁。
〔註18〕清·錢大昕撰，陳文和主編：《嘉定錢大昕全集·潛研堂文集》卷二一《抱經樓記》，江蘇古籍出版社 1997 年版，第 335 頁。

等書各低一格附後，所謂增入講義是也。其書編年紀事體例，一仿
《資治通鑑》爲之。卷端有分類事目，列十五門，興復一、任相二、
君道三、治道四、皇親五、官職六、人才七、禮樂八、儒學九、民
政十、兵事十一、財用十二、技術道釋十三、邊事十四、災祥十五，
每門各有子目共三百條。案《書錄解題》典故類，有《高宗孝宗聖
政編要》二十卷，陳振孫云：「《高宗聖政》五十卷，《孝宗聖政》五
十卷，乾道、淳熙中修，皆有御製序。此二帙書坊鈔節，以便舉子
應用之儲者也。」據振孫所述，知此即彙合兩書而冠以中興兩朝之
名者，所有御製序亦不復存，蓋亦書坊所刻，故有增入講義，非進
御之原本也。此書流傳絕少，今借宋刻本影鈔，自三十卷至四十五
卷，惜已闕佚，無從訪補矣。〔註19〕

從阮元的題跋中可知：一是《增入名儒講義皇宋中興兩朝聖政》爲何人編纂，
不詳。紀事起於高宗建炎元年（1127），訖於孝宗淳熙十五年（1188）；第二，
此書編年紀事的體例是仿照《資治通鑑》，但是其書整體的體例並不是編年
體，而是分成若干門類，分門別類地的將同一類事件編加以編纂，共十五門，
即興復、任相、君道、治道、皇親、官職、人才、禮樂、儒學、民政、兵事、
財用、技術道釋、邊事、災祥。每門各有子目三百條；第三，阮元認爲此書
是書坊所刻流傳，並不是南宋所修纂進呈朝廷的《高宗聖政》和《孝宗聖政》；
第四，此書是阮元據宋刻本影抄，自三十卷至四十五卷闕；第五，此書引有
《中興龜鑑》、《大事記》等書，作爲增入的講義。

綜上，宛委別藏本是阮元影抄進呈的，實存四十八卷，卷首爲目錄和
分類事目。此本流傳極廣，學界通常使用的版本即爲此本，如《續修四庫
全書》收錄時的底本，趙鐵寒主編的《宋史資料萃編》第一輯影印的底本
俱爲此本。

二

上文主要考察《增入名儒講義皇宋中興兩朝聖政》一書的三種版本：巾
箱本、鈔本、宛委別藏本的基本概況。從基本概況的描述中可以看出，三種
版本之間有著緊密的關係。

〔註19〕清・阮元：《四庫未收書目提要》卷二《中興兩朝聖政》，叢書集成初編本。

（一）宛委別藏本與巾箱本的關係

宛委別藏本是阮元影抄進呈內府的，他爲此書撰寫的跋文中稱「此書流傳絕少，今借宋刻本影鈔，自三十卷至四十五卷，惜已闕佚，無從訪補矣」，可知抄自宋刻本。阮元所說的宋刻本是否爲巾箱本？宛委別藏本與巾箱本之間有何關係？我們以巾箱本和宛委別藏本進行對勘，發現：

從卷數上來看，宛委別藏本所缺的卷三十至四十五卷，巾箱本也缺卷三十至卷四十四卷，雖然巾箱本存第四十五卷，但爲殘卷，僅有十四頁，卷四十五可能是後世藏書家搜集補充的。

從目錄和卷首分類事目來看，宛委別藏本或闕失內容，或改巾箱本之誤。

從目錄上來看，巾箱本的目錄中第六十三卷下缺「淳熙十三年，淳熙十四年」，缺「第六十四卷，淳熙十四年，淳熙十五年」。另外，宛委別藏本自第三十卷至第四十五卷在「卷」字下注有「原闕」二字。

巾箱本的卷首分類事目條下有小字，如興復門符命目「普安並日之符」條下有「十二」二字，巡幸目「南渡議幸錢塘」條下有「三」字，而其中有些小字部分，宛委別藏本缺載，詳見表1。

表1 巾箱本與宛委別藏本卷首分類事目對勘表

門 類	事 目	巾箱本	宛委別藏本	宛委別藏本缺注
興復門	符命	普安並日之符十二	普安並日之符	十二
	潛龍登極附	不錄胡唐老功紹興元	不錄胡唐老功	紹興元
	巡幸	南渡議幸錢塘三	南渡議幸錢塘	三
	張浚	寧覆國不用張浚十	寧覆國不用張浚	十
	秦檜	秦檜喜林大鼐十八	秦檜喜林大鼐	十八
君德門	本君道	讀寶訓知爲君難卅一	讀寶訓知爲君難	卅一
	求言	命守臣奏利害邊防三	命守臣奏利害邊防	三
治道門	治道	政事復歸中書四	政事復歸中書	四
	家法	安石變祖宗役法五	安石變祖宗役法	五
	刑獄	催結絕獄滯獄十四	催結絕獄滯獄	十四
皇親門	訓儲	賜東宮通鑑紀事淳熙三	賜東宮通鑑紀事	淳熙三
官職門	宦寺	貶馮益交關外事六	貶馮益交關外事	六
儒學門	道學	朱熹除秘書不就三	朱熹除秘書不就	三

兵事門	民兵	罷增置射士武尉二	罷增置射士武尉	二
	恤軍	支諸軍雪寒錢高宗建炎三	支諸軍雪寒錢高宗	建炎三
	屯營田	減淮南營田歲收二	減淮南營田歲收	二
	岳飛	賜岳飛廟額乾道七	賜岳飛廟額乾道	七
財用門	鬻牒師號附	不賣度牒充回易七	不賣度牒充回易	七
	獻助	獻助互見鬻爵類	獻助	互見鬻爵類
邊事門	和議	王倫除簽書使虜九	王倫除簽書使虜	九
	不附和議	治異論寄居人十三	治異論寄居人	十三
	遠夷	卻安南貢象十	卻安南貢象	十

另外，宛委別藏本卷首分類事目存在缺字、訛誤的情況。詳見表 2。

表 2　宛委別藏本卷首分類事目缺字訛誤情況一覽表

門　類	事　目	巾箱本	宛委別藏本	宛委別藏本缺字訛誤情形
興復門	恢復	龔茂良恢復六事	龔茂良論恢復	缺「六事」二字
	經理川陝	張浚復洋州興元府	張浚復洋州興元山	「山」為「府」之訛
	經理川陝	許李迫拘收財用	許李迫拘取財用	「取」為「收」之訛
	秦檜	除万俟卨參政使虜	除万俟卨參政使	缺「虜」字
	孝廟輔相	俊卿攻王琪詐聖旨	俊卿攻王琪詐旨	缺「聖」字
	孝廟輔相	竄葉衡二	竄葉衡三	「三」為「二」之訛
君德門	聖製	刻太宗戒石銘紹興二	刻太宗戒石銘紹興三	「三」為「二」之訛
治道門	法令	立監司守令失按法	立監司守令失按	缺「法」字
官職門	惜名器	削遺表恩澤之濫二	削遺表恩澤之濫三	「三」為「二」之訛
	帥臣	趙鼎經理紹興府	趙鼎經理紹興	缺「府」字
人才門	死節	渠成死於劉超	渠成死於劉越	「越」為「超」之訛
	獻議	金安節獻三事	金安等獻三事	「節」為「等」之訛

　　巾箱本卷首分類事目存在的錯誤，宛委別藏本都進行改正。如巾箱本皇親門宗室目「胡寅乞封建宗室高宗炎三」條，宛委別藏本作「胡寅乞封建宗室高宗建炎三」，補充缺字「建」。皇太后目「論昭慈后誣謗三即隆禮后」條，宛委別藏本作「論昭慈后誣謗三即隆祐后」，將錯字「禮」改正爲「祐」字。

　　巾箱本與宛委別藏本的卷首分類事目存在差異：巾箱本禮樂門郊祀目下「禮官條具祀禮七、舉行大火之祀、孟夏始用兩日九、升釋奠爲大祀十、築高禖壇十六、升降武成從祀、親祠高禖十七、建大德殿修其祀十八、築九貴神壇、復蠟祭十九、升祚德廟爲中祀二十二、林栗等言祀禮孝宗乾道元、升南仲配享武成六、命武臣陪位觀禮、議祫享東向位淳熙元、傅伯壽論武成從祀四、定兩學從祀、旱傷地不賜廟額十四」諸條，宛委別藏本將其列入祀典目下。

　　巾箱本儒學門崇儒目下「冬至祀上帝、夏至祀皇地祇二、事天以誠質爲主十三、南郊備禮十六、始以祠官充五使十九、命官郊祀二十九、詔郊祀從省約孝宗隆興二、郊用正月上幸乾道元、郊遇雷雨望祭三、郊祀抛降之擾六、郊祀抛降詔、郊祀晴雨不常、郊祀免買象九、論郊祀催班太早淳熙十二、郊祀雨霽成禮」諸條，宛委別藏本將其列入郊祀目下。

　　巾箱本將明堂、宗廟、祀典目列入儒學門，而宛委別藏本列入禮樂門。

　　巾箱本祀典目下「毀藝圃折衷板、奉安文宣王、出鎮圭奉先聖十四、贊先聖七十二子、命列官謁先聖、綵繪先聖從祀二十三、孔搢襲爵二十四、特遷孔搢官三十、賜孔琯官三十二、賜孔璨官孝宗乾道五」諸條，宛委別藏本將其列入崇儒目下。

　　巾箱本兵事門民兵目下「陳俊卿乞籍民兵六、太守臣教閱民兵淳熙四、給義士衣甲、比試民兵事藝十一、措置荊湖民兵十四」，宛委別藏本將其列在兵費目下。軍政目下「不進兵當行軍法六、論逃軍首身法三十、何溥言軍政三十一、戒將帥掊尅孝宗三十二、詔戒占破禁軍、戒將臣掊尅充饋隆興二、治行賂求職名罪、治守將棄城罪乾道元、核實兵籍二、修軍政十一事五、嚴整乃治平之要六、論軍中階級法七、嚴軍人劫盜罪、嚴犯階級罪、治詐稱八廂罪、索秦琪空印紙乾道元、軍功劫盜罪主將、升黜軍帥淳熙元、禁兵將奔競交結二、議賈和仲失律罪、賞李川舉職、錢卓犯階級降官三、違主帥約束降職四、約束減尅軍糧、批付身以革冒濫、革軍中冒濫弊、禁兵官褻慢六、戒郭剛賣布尅剝、李椿論軍政十、軍政修舉之賞十一、不許置田宅房廊、盡

罷軍中刻削事、治胡斌犯階級罪、治張革犯分罪、嚴將帥貪惰罰、捉獲逃軍當斬十四、罷軍中回易等事、朱熹言諸將培尪」諸條，宛委別藏本將其列在民兵目下。兵費目下「軍中冗費四事高宗紹興、周祕論邊費六、錢糧皆百姓膏血七、漕臣將帥當體國十、降銀錢市軍儲三十、吳芾言養兵費財三十二、江鄂荊三處軍費孝宗乾道四、論軍將冗食耗費淳熙十二、議省軍費十五」諸條，宛委別藏本將其列在軍政目下。

從版式上來看，巾箱本中凡是涉及皇帝（如「上」、「高宗」、「陛下」、「祖宗」）、皇后、太后、年號（如「建炎」、「隆興」，除每卷首第一次出現的年號外），都是空格後續記其事，這與宛委別藏本的書寫方法是一致的。巾箱本書眉上標記事目，宛委別藏本亦是如此。宛委別藏本與巾箱本有二處不同：一是巾箱本每頁左上欄外有書耳記皇帝（廟號如高宗、孝宗）、年號、紀年，而宛委別藏本無；二是巾箱本中每一事條之間用「○」符號間隔，表示上一事條記事完畢，下一條記事開始，而宛委別藏本以空格代替「○」符號。

從內容上來看，宛委別藏本中以「□」符號指代缺失部分，這些缺失部分在巾箱本中或是殘闕部分，或是模糊不清。巾箱本中凡涉及少數民族的忌諱的詞語，宛委別藏本全部用其他字替換，如以「敵」字代替「虜」字，以「金兵」代替「金人」等等。需要特別注意的是宛委別藏本在某些地方使用「□」符號表示文中違礙字句。

第五，從插引的史論的方式來看，宛委別藏本插引史論的方式，阮元在題跋中說的十分明確，云「其所採《中興龜鑑》、《大事記》等書各低一格附後」，巾箱本與宛委別藏本亦同。

總之，從上文的對勘結果來看，雖然巾箱本與宛委別藏本存在部分差異，但在大的方面，並無大的差別，因此可以斷定：宛委別藏本源出巾箱本。

（二）鈔本與巾箱本、宛委別藏本的關係

前文已揭，宛委別藏本抄自巾箱本，且有一個明顯的特徵為「敦」字缺筆，避宋光宗諱，雖然不十分嚴格。鈔本也存在這種情況，則說明鈔本亦源自宋本。那麼鈔本的底本是巾箱本嗎？鈔本與巾箱本、宛委別藏本之間有何種關係？我們將鈔本與巾箱本、宛委別藏本進行對勘，發現：

從板式來看，每一事條之間，鈔本或與巾箱本同，用「○」間隔，或與宛委別藏本同，以空格間隔。每一年份如建炎元年、二年出現以及史論的開頭如「臣留正等曰」時，或如巾箱本，特別加以標識，或如宛委別藏本，不

加標識。與二本皆同的是凡與皇帝相關的年號、廟號、稱號、后妃的稱號以及「祖宗」、「本朝」等詞出現，都空格以示其尊；書眉標注事目；增入的講義低一格附在事條之後。鈔本左上欄無書耳，與宛委別藏本同，與巾箱本異。

　　從內容來看，宛委別藏本在抄錄的過程，對巾箱本涉及違礙字句，一律進行修改，鈔本與巾箱本保持一致。

　　由此可以得出：鈔本抄自巾箱本，鈔本與宛委別藏本是平行的兩個版本。

　　總之，宛委別藏本抄自巾箱本，亦即阮元所說宋刻本即為巾箱本。阮元在抄錄巾箱本時，對巾箱本錯誤之處進行修改。或許由於時間緊迫，致使在抄錄過程中，出現一些文字上的訛誤，導致了宛委別藏本與巾箱本的差異。鈔本亦抄自巾箱本，而與宛委別藏本是平行的兩個版本。因此，《增入名儒講義皇宋中興兩朝聖政》的版本系統為：

南宋建刊巾箱本
　　　　　　　宛委別藏本
　　　　　　　藍格舊鈔本

三

　　《增入名儒講義皇宋中興兩朝聖政》現存的三個版本，每一個版本具有重要的文獻價值，三種版本互補各缺，互勘各誤。

　　較之其他兩種版本，巾箱本為南宋時期的刻本，時代最早，保留了此書的原始面貌，可以校正宛委別藏本存在的問題。第一，宛委別藏本的卷首分類事目殘缺、訛誤較為嚴重，通過巾箱本可以校正宛委別藏本卷首分類事目存在的殘缺訛誤；第二，宛委別藏本在抄寫時，凡涉及夷、戎、蠻、狄、胡等一類文字時，一律進行刪改。通過巾箱本可以清晰地看到宛委別藏本刪改的方式和具體內容。據二本的對勘發現，宛委別藏本刪改違礙字句的方式有二種：

　　一是易字。將稱呼金人的所有如虜、賊、胡等字俱以它字代替。這樣的例子非常多，這裡僅舉典型例子以作說明。如「虜」(敵)、「金人」(金兵)、「陷」(攻)、「逆亮」(金亮)、「夷狄」(邊方)、「逆亮」(敵國)、「逆亮」(敵主)、「讎虜」(金人)、「虜賊」(敵兵)、「夷狄」(敵人)、「夷虜」(西北)、「狄」(北兵)、「貪狄」(敵人)、「賊」(敵)、「虜」(敵兵)、「逆亮」(金兵)、「夷狄」(金人)、「戎」(敵)、「賊」(金兵)、「犯」(攻　)、「入寇」(用兵)、「虜

兵」（北兵）、「虜寇」（敵兵）、「陷」（取）、「犯」（侵）、「契丹」（北兵）、「虜人」（敵兵）、「金賊」（金國）。

二是以「□」代替所要避諱的語句。這種處理方式見者，共有 8 條，分佈於卷六、卷一二、卷一九、卷四六、卷四八、卷五三，具體情況如下（括號內的文字據巾箱本補。）：

卷六建炎三年閏八月庚寅條，宛委別藏本作「……爲今之策，願陛下一切反前失而已，則必下詔曰：□□□□□□□□□□□□□□□□□□□□□□□□（金賊以小狄猖獗，薰污中華，逆天亂倫，扶立僭僞，用夷變夏，俾）……。」

同卷建炎三年十一月甲戌條，通判建康府楊邦乂慷慨陳詞，大罵宗弼的話，宛委別藏本作「邦乂不勝憤，遙望大罵曰：『若北人而圖中土，天寧久假汝行，□□□□（磔汝萬段），安得污我』。」

卷一二紹興二年九月甲午條，宛委別藏本作「……上諭輔臣曰：『朕虛己求言，務濟時病，如□□□□（如夷狄、盜賊）及朝廷闕失可言者，非一洋姑應詔旨，豈朕所望？』」

卷一九紹興六年二月乙卯條，宛委別藏本作「……我祖在祖宗時，殺契丹立大功，誓不與契丹俱生，況爾□□□□（女眞小丑），侵犯王略，我肯與爾俱生乎？」

同卷二月癸亥條，宛委別藏本作「……三鎮之人，守死不從，此特中國之人，不願淪於□□（夷狄）耳。……金人負大失信者三，反以此名加於中國，正猶□□□（盜賊劫）略主人。」

卷四六乾道三年十一月丙寅條，宛委別藏本作「……任賢使能以修政事而已，其終至於外□□□（攘夷狄），以覆文武之境，則其積累之功……。」

卷四八乾道六年五月條，宛委別藏本作「……則有所未盡於人心，且雖□□（夷狄）之無君，或以是而窺我矣。』」

卷五三淳熙四年二月乙酉條，宛委別藏本作「陳湯之□□□（斬單于），傅介子之刺樓蘭，……名將繪於殿廡，使天下士皆曉然，知朝廷激義勇而尙忠烈，且知夫貶□□□□（夷狄之類）者，所以尊中國。」

宛委別藏本現存四十八卷，巾箱本現存四十卷，鈔本現存三十卷。宛委別藏本內容最多，具有重要的史料價值。宛委別藏本能夠補充鈔本書眉標注條目缺佚之處。具體情況如下：

　　卷三建炎二年夏四月庚申條「暑月不罷講」，乙丑條「上恭己勤政」，卷四建炎三年二月乙丑條「命郎官以上薦人」，五月甲申條「黜張忞諂諛」，卷七建炎四年春正月庚子條「兼用才德」，三月甲辰條「彭原店之戰」、「吳玠治兵秦鳳」，丁巳條「金山之捷奏」，壬戌條「褒元祐忠賢」，卷八建炎四年八月壬申條「堂缺還吏部」，甲戌條「命進故事」，丁丑條「書《郭子儀傳》賜諸將」，卷九紹興元年二月庚寅條「張浚竄曲端」，癸巳條「諸將詆文臣」，卷一〇紹興元年秋七月辛亥條「惡席益赦文誇大」，多十月壬午條「印見錢關子」、「范汝爲據建州」，十一月辛丑條「續太常因革禮」，卷一一紹興二年三月戊午條「廢減坑冶」，卷一二紹興二年秋七月甲戌條「胡安國兼講春秋」，十二月戊戌條「召試洪興祖」、「趙鼎治建康」，卷一三紹興三年五月丁丑條「王聲編管」，六月丙午條「謝伋上宗室五事」，十二月癸巳條「迎奉祖宗神御」，甲辰條「復睦親宅名」，是歲「虜拔和尚原」、「海寇敬蘇內翰」，卷一五紹興四年春正月乙卯條「章誼孫近使虜」、「增鹽鈔貼納錢」，戊午條「奏讞不當加罪」，辛酉條「言者稍論張浚」，戊辰條「人心國之本」、「戒川陝將帥」，二月辛巳條「南班宗室臺參」，癸未條「勿用小人」，五月癸丑條「議修兩朝史」，甲寅條「條畫屯田利便」，丁巳條「察贓吏及巡尉」，辛酉條「三將交惡不已」，癸亥條「禁中百事不改」，戊辰「罷武尉」，壬申條「三省細務歸六曹」，卷一六紹興四年十二月乙卯條「補王蘋官」，丙戌條「月犯昂」、「修人事應天」，丙寅條「大明賞罰」，卷一七紹興五年二月丁亥條「張浚辨君子小人」、「胡安國知永州制」、「吳璘復秦州」，三月癸卯條「張守言措置二事」，卷一八紹興五年五月辛巳條「書院爲資善堂」，丙戌條「胡寅論邪說」，六月癸卯朔條「常以營造爲戒」，九月辛未朔條「減罷總制錢」，壬申條「邵溥按吏」，乙亥條「擢汪洋等及第」、「黃中對策」、「汪洋對策」，十一月甲申條「官吏減俸」，十二月丙辰條「差官撫諭川陝」，卷二〇紹興六年九月己卯條「恨未除科斂」，壬辰條「通鑒有益治道」，卷二一紹興七年二月乙酉條「岳飛見識極進」，三月乙巳條「背嵬軍極驍健」，丙子條「召胡安國」，五月甲寅條「時暑慮囚」，卷二二紹興七年八月乙卯條「臺諫攻張浚」，戊戌條「竄張浚」，十一月丙辰條「不少假貸近習」，卷二四紹興八年十一月辛亥條「范如圭上秦檜書」、「竄胡銓」、十二月丁丑條「秦檜不能奪張燾」，卷二五紹興九年二月戊辰條「卻韓世忠獻馬」，卷二六紹興十年三月丁卯條「糴三京穀」、「廣南市舶之利」、「使監司郡守易縣令」。

　　此外，宛委別藏本可校正鈔本書眉標注條目的訛誤。詳見表3。

表3　鈔本與宛委別藏本、巾箱本書眉標注事目對勘表

卷帙	紀　年	巾箱本（宛委別藏本）	鈔　本	鈔本缺字或訛誤
卷三	建炎二年夏四月乙卯	宗澤戮趙世隆	世隆	缺「宗澤戮趙」
	建炎二年秋七月癸未	宗澤遺表請還京	遺表請還京	缺「宗澤」
卷六	建炎三年冬十月戊戌	宋汝爲不屈	宋汝爲	缺「不屈」
卷七	建炎四年六月乙酉	立益王主奉祀	益王主奉	缺「立」、「祀」
	建炎四年六月戊子	要高官受招安	高官受招安	缺「要」
卷八	建炎四年冬十月戊子	劉光世不援楊楚	劉光世援楊楚	缺「不」
	建炎四年十一月壬戌	盜賊惟治渠魁	賊治魁	缺「盜」「惟」「渠」
	建炎四年十一月辛巳	監司守倅任三年	司倅三	缺「監」、「守」「年」
卷〇	紹興元年冬十月壬申	置行在宗司	置在司	缺「行」、「宗」
	紹興元年冬十月乙酉	三衙不用戚里	三衙不用七里	「七」爲「戚」之誤
卷一三	五月戊寅	用人惟賢、不偏愛好	用之惟賢、不編愛好	「之」爲「人」之誤，「編」爲「偏」之誤
卷一四	紹興三年六月丙戌	復六部架閣	復六部架	缺「閣」
	紹興三年冬十月庚戌	復司監丞	復司監承	「承」爲「丞」之誤
	紹興三年冬十月辛亥	減添差額	減添主額	「主」爲「差」之誤
	紹興三年十二月乙酉	臨安又火	臨安人火	「人」爲「又」之誤
卷一五	紹興四年三月丁卯	張浚路乞備虜	張浚疏乞備虜	「路」爲「疏」之誤
	紹興四年七月己巳	增加和糴	增加禾糴	「禾」爲「和」之誤
	紹興四年八月壬寅	委岳飛討楊么	委岳飛討楊公	「公」爲「么」之誤
卷一六	紹興四年十一月癸丑	吳玠救劉子羽	吳訓救劉子羽	「訓」爲「玠」之誤
卷一七	紹興五年春正月辛酉	岳飛討楊么	岳飛討楊公	「公」爲「么」之誤

	紹興五年二月乙卯條	政府樞府合爲一	政府樞府合爲臣	「臣」爲「一」之誤
卷一八	紹興五年十一月辛未	兵機事貴密	仁機事貴密	「仁」爲「兵」之誤
卷一九	紹興六年春正月甲午	因饑預修荒政	因旱預修荒政	「旱」爲「饑」之誤
卷二〇	紹興六年秋七月壬申	建官理營田	選官理營田	「選」爲「建」之誤
	紹興六年八月己亥	上司馬光紀聞	司馬光紀聞	缺「上」
	紹興六年十一月己丑	仁宗奏文宣王諸賢	仁宗文宣王諸賢	缺「奏」
卷二一	紹興七年春正月乙酉	復置樞副	復置樞密	「密」爲「副」之誤
	紹興七年二月丙辰	斥宇文彬獻瑞禾圖	介宇文彬獻瑞禾圖	「介」爲「斥」之誤
	紹興七年二月丁巳	張浚岳飛隙深	張浚岳非隙深	「非」爲「飛」之誤
	紹興七年秋七月丁卯	敦請岳飛管軍、秦檜見岳飛忿忿	敦復岳飛管軍、秦檜岳飛忿忿	「復」爲「請」之誤，缺「見」
卷二二	紹興七年冬十月丁酉	留意字學	留意字畫	「畫」爲「學」之誤
	紹興七年冬十月壬寅	盜賊止誅首惡	盜賊上誅首惡	「上」爲「止」之誤
卷二三	紹興八年春正月丁未	激張俊力戰	激張浚力戰	「濬」爲「俊」之誤
	紹興八年二月丙寅	安國尹焞進退合義	安國尹焞進退合宜	「宜」爲「義」之誤
	紹興八年三月己亥	冊交趾李天祚	李阼交趾天祚	衍「阼」，缺「冊」
	紹興八年六月月己卯	擢宏詞詹叔義等	糶宏詞詹敘義	「糶」爲「擢」之誤
	紹興八年九月月戊申	經久之制不可變	經久之制不可易	「易」爲「變」之誤
卷二四	紹興八年十一月癸丑條	向子諲不肯拜虜使	向子諲不肯虜名	「名」爲「使」之誤，缺「拜」
	紹興八年十一月甲辰	擢臺官逐異議人	擢臺官選異議	「選」爲「逐」之誤，缺「人」

	紹興八年十一月辛亥	秦檜恨陳剛中	秦檜陳剛中	缺「恨」
	紹興八年十二月庚辰	秦檜受虜書	秦檜虜書	缺「受」
卷二五	紹興九年春正月辛丑	宦者始賜謚號	宦者使賜謚號	「使」爲「始」之誤
	紹興九年八月月己酉	復淮南學官	復河南學官	「河」爲「淮」之誤
卷二六	紹興十年三月庚午	置四川學官	置至川學官	「至」爲「四」之誤
	紹興十年五月庚子	許胡世將便判	許胡世將便制	「制」爲「判」之誤
	紹興十年六月己未	醴州之捷	醴泉之捷	「泉」爲「州」之誤
卷二七	紹興十一年四月壬辰	三將除樞使副	三將除樞副使	
	紹興十一年冬十月丙寅朔	論虜主無權	論虜無權	缺「主」
卷二八	紹興十二年春正月辛亥	增福建鹽鈔錢	監福建鹽鈔錢	「監」爲「增」之誤
	紹興十二年二月壬午	論監司不按吏	論監司不按司	「司」爲「吏」之誤
	紹興十二年二月丙戌	畫以人耕田圖	盡以人耕田圖	「盡」爲「畫」之誤
	紹興十二年三月乙卯	宰執私舉永嘉人	宰執私舉永加人	「加」爲「嘉」之誤
	紹興十二年八月庚子	徽宗梓宮歸	徽宗新宮歸	「新」爲「梓」之誤

　　鈔本雖然僅存三十卷，但由於巾箱本前三十卷中，卷二一至卷三〇缺，且鈔本基本與巾箱本保持一致，通過對勘，可以發現這十卷中，宛委別藏本對巾箱本違礙字句的修改情況。如「醜虜」（敵國）、「犬戎」（敵國）、「豺狼」（敵國）、「犬豕」（敵國）、「虜諸酋」（敵諸將）、「虜中」（北庭）、「逆虜」（北國）「虜首」（敵帥）等等。

　　鈔本可校正和補充宛委別藏本書眉標注條目的缺失和訛誤，詳見表4：

表4 鈔本可校正和補充宛委別藏本書眉標注事目情況一覽表

卷帙	紀年	鈔本	巾箱本	宛委別藏本	備註
卷一〇	紹興元年十二月丁丑	岳飛除都統	有，但殘缺，不可識別	無	
卷一四	紹興三年九月甲戌	有劉大中薦人	有劉大中薦人	無	
卷一六	紹興四年十一月辛未	趙霈請裁戒浮費	「乞裁節浮費」，有殘缺	無	
卷一七	紹興五年春正月辛酉	贈馬伸官	贈馬伸官	無	
卷一九	紹興六年春正月辛未	賑雪寒	無	無	
	紹興六年春正月丁亥	戒帥幕措置屯田	殘缺，不可識別	無	
卷二一	紹興七年春正月丙戌	分堂郡守倅缺		無	
	紹興七年春正月丁亥	秦檜樞密使		無	
	紹興七年春正月辛卯	合茶馬為一司		無	
	紹興七年二月丙申	太平州鎮江府火		無	
	紹興七年五月庚寅	張浚以禁伊川學辭命		張浚以禁伊川學亂命	「亂」為「辭」之誤
	紹興七年五月丁卯	詔李綱捕盜		趣李綱捕盜	「趣」為「詔」之誤
卷二三	紹興八年春正月壬戌	不許岳飛增兵		不許兵飛增兵	「兵」為「岳」之誤
	紹興八年七月戊寅	國公親奠朱震		無	
	紹興八年八月乙丑條	論和糴毋傷農		無	
卷二五	紹興九年春正月己丑	韓世忠欲劫虜使		無	
	紹興九年春正月庚寅	張浚言和議		無	

卷二六	紹興十年五月丙戌	孟庚以東京降虜		孟庚以東	缺「京降虜」
	紹興十年六月戊午	陳鼎以忤秦檜貶		陳鼎以忤秦檜	缺「貶」
卷二七	紹興十一年六月壬辰	劉光世罷		無	
	紹興十一年秋七月甲辰	修人事待天意		無	
	紹興十一年十二月	洪浩奏虜中事、廣西買馬增數		無	

在內容事條方面，鈔本之卷二八、二九二卷內容，宛委別藏本缺，鈔本可補之。由於巾箱本部分卷帙殘缺，致使宛委別藏本部分卷帙事條內容亦殘缺，鈔本可補充宛委別藏本之缺，具體情況可分為兩類：

一是鈔本可補宛委別藏本單個事條內殘缺字句，共計 23 條，分佈於卷一、卷四、卷五、卷六、卷七、卷八、卷一○、卷一一、卷二一、卷二四、卷二五、卷二六、卷二七、卷二八，具體情形如下（事條中括號內的文字據鈔本補）：

卷一，建炎元年六月辛未條：「……臣將佐且□□（命起）京東……」。

卷四，建炎三年二月乙丑條後「臣留正等曰：……唐陸贄有言『取之貴詳，擇之貴精。』蓋不詳其取，則賢路多塞；不精其擇；則真贋莫分。□□（夫惟）詳之於其始，精之於其終，斯兩盡之……」

卷五，建炎三年秋七月庚子條：「……卿等其念祖宗積累之勤，勉人臣忠義之節，以身徇國，毋□（殆）名教之羞，同德一心，共建隆興之業，當有茂賞以答殊勳……」

卷六，建炎四年春正月己巳條：「……至一軍之中，使臣反多，□（卒）伍反少，平時飛揚跋扈，不循朝廷法度，所至驅□（虜）甚於敵人，陛下不得而問……」

卷七，建炎四年五月癸卯條：「……范宗尹曰：『若黜汝為則□（盧）知原、宋輝皆當貶矣。』……」。

卷八，建炎四年冬十月己未條後：「李心傳曰：邵所奏謂檜衣褐憔悴，蓋被執而訓□（童）讀……」；庚申條：「詔學士、兩省講讀官依舊輪日進故事。先是，量留百司而講筵所不與，上特命留之。量留百司在□□□□（在議巡幸時）。」辛酉條：「……我師既潰於富平，慕容□（洧）叛……權環慶經略使孫□（恂）

由隴關入秦與濬會……玠亦憐其遠□（意）厚遺以銀帛。」壬子條：「……金左監軍昌以舟師犯榮水寨，榮□□□□（亦出數十舟）載兵迎敵……。」

卷一〇，紹興元年十二月丁亥條：「丁亥，言者請贓吏當死者勿貸，上曰：「」朕本心欲專尚德化，顧贓吏害民有不得已者，然亦豈忍遽置縉紳於死地，如前詔杖遣足矣，閤門宣□□□（贊舍人）潘永思追一官，坐為人市恩澤也。」

卷一一，紹興二年春正月辛丑：「世忠狀：建州初范汝為既被圍，固守不下，世忠以天橋對樓，雲梯火砲□□□（等急擊）之，凡六日，賊眾稍息。夜，官軍梯而上城……」

卷二一，紹興六年六月己酉條：「……秦檜因論及唐太宗不能去封德彝，上曰：『唐太宗用封德彝、宇文士及，朕常以為□（限），□（既）知其姦佞，猶信之不疑。』……」

卷二四，紹興八年十一月甲辰條後「臣留正等曰：……自是士大夫□（曾）立和議不合風旨者皆以鉤訐抵刑譴……」辛亥條「辛亥祕書省正字范如圭獻書……未聞發弊遣使□（忻）哀請命以求梓宮於敵讎之手者也……春秋之法凡中國諸侯與□□（夷狄）盟會者必謹志而深譏之……昔漢高祖責數項羽兵不少解卒免太公於俎上晉大夫□（徵）繕以輔孺子使惡者懼……」十二月丁丑條，「新除權禮部侍郎兼侍講尹焞言伏見本朝□□□□□□□□□□□□□（戎虜之禍，亙古未聞中國無人致其僭亂）乃再啓和議……」

卷二五，紹興九年六月己巳條：「己巳，判大宗正事士㒟、兵部侍郎張燾自西京朝陵還，入見……伏望益修武備，以俟釁隙起而應之，電掃風馳，雲徹席卷，盡□□□（浮醜類），告功諸陵，如是然後盡天子之孝，而為人子孫之責塞矣。……」

卷二六，紹興十年六月戊申條：「戊申，東京副留守劉錡為樞密院副都承旨、沿淮制置使……電光所燭，見□□□□（辮髮者殲之）之甚眾……」

卷二七，紹興十一年六月辛未條：「辛未，上謂大臣曰：『□□（夷狄）不可責以中國之禮，朕觀三代以後惟漢文帝待匈奴最為得體，彼書辭倨傲則受而弗較，彼軍旅侵犯則御而弗逐，謹守吾中國之禮而不以責□□（夷狄），此最為得體也。』」

卷二八，冬十月丁亥條：「丁亥，詔福建專置提舉茶事官一員，置司建州。先是，建州歲貢片茶二十餘萬斤，葉濃之亂，園□（丁）亡散，遂罷之，以市舶官兼茶事。」十一月癸巳條：「……上曰後有復辟功，無謀反之□□□□

（事，皆不可））言□□□□□□□□□□□□□□□□□（會樞密使孟忠厚峻事還朝，而邀又言俊之過，俊乃求去位，遂有是命。左司員外）郎李椿□□□□□□□□□□□□□□□（年言經界不正十害，一侵耕失稅；）二推割不行；三衙□□□□□□□□□□（前及坊場戶虛拱抵當，四卿）司走弄稅名；五詭名寄產……」；辛丑條：「辛丑，言者論陛下斥遠姦邪，與腹心之臣一德以定大計，大功巍巍，超冠□□（古昔）。臣愚慮前日不得志之徒，未即丕變，作為不靖，□□（有害）……」；

（十二月甲子條：「上曰：『朕以天下財賦養天下士大夫，以天下）公器處天□□（下士）大夫，要使人人盡心職業，朕何愛爵祿哉！』」；庚午條：「禮部乞太學養士權以□□（三百）人為額。……」

二是宛委別藏本卷七、卷一三、卷一八、卷二二、卷二三、卷二四、卷二五、卷二六、卷二八中缺失的內容，鈔本可補其缺。如宛委別藏本卷七建炎四年三月乙丑條（罷幸蜀議）「……據江表而」後缺「徐圖關陝之事，則兩得之。上曰：『然。』既而濬復上疏言：『陛下果有意於中興，非幸關陝不可。』上不許。」、戊辰條（鍾相平）、己巳條、辛未條「事也。元帥蓋建此議，無以恩歸他人，宗維乃令希尹馳白金主晟，晟許之。」前的內容；建炎三年夏四月乙酉條（趙鼎論呂頤浩）「御史中丞趙鼎為翰林」後缺「自建炎初置御營使而宰相兼領之，遂專兵柄。呂頤浩顓恣尤甚，議者數以萬言。上自海道還，鼎率其屬共論頤浩之過，會鼎復駁和親之議，呂頤浩聞之，乃移翰林，鼎引司馬光故事，以不習駢麗之文，不肯就職。」、戊子條（誅向寊遁走罪）、庚申條、辛卯條（罷福建鹽鈔、建鈔鹽）、乙未條（分置権務）、丙申條（呂頤浩罷）；卷一三紹興三年三月癸巳條「……使言事聳動四方亦足」至「血無壅也況乎天下之大一人……」中間內容，宛委別藏本缺；卷一八紹興五年十二月庚子條，「則御史諫官得以言舍人得」後至「故特延見訪問所以求賢」前，宛委別藏本缺；卷二二紹興七年冬十月丁巳條：「詔遇六參日輪行在百官一員轉對右正言李誼奏昨扈從臣僚不多止令輪」後至「林誌不樂居此」前，宛委別藏本缺；卷二三紹興八年六月癸酉條：「癸酉樞密副使王庶自淮西還行在。先是，庶將還朝未至，復上疏」後，宛委別藏本缺；卷二四紹興八年十二月庚辰條後「大事記曰：范如圭、常明許」後至「且戰且前至五交原」前，宛委別藏本缺；卷二五紹興九年二月丙申條「丙申東京留守」後至「殿行禮翌日亦如之自是四孟皆用此例」前，宛委別藏本缺；卷二五紹興九年十二月己

巳條，「己巳給事中」後，宛委別藏本缺卷二六紹興十年春正月甲午條前內容，六月戊申條「……既而報金都」後至「十餘里」前，宛委別藏本缺；卷二八紹興十二年冬十月辛丑條：「辛丑，言者論陛下斥遠姦邪，與腹心之臣一德以定大計，大功巍巍，超冠□□（古昔）。臣愚慮前日不得志之徒，未即丕變，作爲不靖，□□（有害）」後至「公器處天□□（下士）」中間內容，宛委別藏本缺。

宛委別藏本缺失之處，鈔本可補其缺。

綜上，巾箱本、鈔本、宛委別藏本可以相互補正校勘，各有其價值。巾箱本可以揭示宛委別藏本違礙字句的刪改情況，補正宛委別藏本卷首分類事目缺失訛誤，補正鈔本書眉標注的事目；宛委別藏本卷帙最多，保存該書史料最多，可補正鈔本書眉標注事目的缺失訛誤；鈔本可以揭示出宛委別藏本卷二一至卷二九中違礙字句的改動情況，且卷二八、二九二卷，其他二本所無，且鈔本能夠補充巾箱本、宛委別藏本殘缺內容。

四

綜合上文的考察，《增入名儒講義皇宋中興兩朝聖政》，或題留正撰，或題佚名撰，六十四卷，此書有三種版本：一是南宋建刊巾箱本，殘本，存卷一至卷二十，卷四十五至卷六十四，共四十卷，部分卷帙中內容殘缺，存在錯簡現象，此本鈐有多名學者和藏書家的私印，現藏臺灣。二是藍格舊鈔本，殘本，存卷一至卷三十，三十卷。此本現藏臺灣。鈔本部分卷帙中內容存在殘缺，存在錯簡現象。三是宛委別藏本，殘本，存卷一至卷二十九，卷四十六至卷六十四，其中第三十卷至第四十五卷闕，四十八卷。此本流傳和使用頗廣，尤其注意的是該本中「□」指代違礙字句的現象。

宛委別藏本和藍格舊鈔本均抄自南宋建刊巾箱本，宛委別藏本和藍格舊鈔本爲平行的版本。三種版本之間可以相互補正。巾箱本、宛委別藏本可補正藍格舊鈔本書眉標注條目的殘缺和訛誤，巾箱本、鈔本可以揭示出宛委別藏本涉及違礙字句的刪改情況。藍格舊鈔本其中卷二八、卷二九二卷內容可補巾箱本、宛委別藏本之缺。宛委別藏本殘缺之處，鈔本亦可補充完整。因此在使用此書時，當以三種版本相互校勘使用。

主要參考文獻

（一）史料

1. [唐]吳兢撰，謝保成點集校：《貞觀政要集校》，中華書局 2003 年版。
2. [後晉]劉昫：《舊唐書》，中華書局 1975 年版。
3. [宋]楊億：《武夷新集》，福建人民出版社 2007 年版。
4. [宋]石介撰，陳植鍔點校：《徂徠石先生文集》，中華書局 1984 年版。
5. [宋]歐陽修撰，李逸安點校：《歐陽修全集》，中華書局 2001 年版。
6. [宋]韓琦：《安陽集》，影印文淵閣四庫全書本。
7. [宋]司馬光：《資治通鑑》，中華書局 1956 年版。
8. [宋]司馬光撰，鄧廣銘等點校：《涑水記聞》，中華書局 1989 年版。
9. [宋]晁説之：《嵩山文集》，四部叢刊本。
10. [宋]程俱撰，張富祥校證：《麟臺故事校證》，中華書局 2000 年版。
11. [宋]朱弁撰，孔凡禮點校：《曲洧舊聞》，中華書局 2002 年版。
12. [宋]曾慥輯，王汝濤等校注：《類説校注》，福建人民出版社 1996 年版。
13. [宋]秘書省編：《秘書省續編到四庫闕書目》，南京圖書館編《南京圖書館藏稀見書目書志叢刊》第 1 冊，國家圖書館出版社 2017 年版。
14. [宋]鄭樵：《通志》，中華書局 1987 年版。
15. [宋]陳康伯：《陳文正公文集》，《續修四庫全書》第 1317 冊，上海古籍出版社 2013 年版。
16. [宋]周麟之：《海陵文集》，影印文淵閣四庫全書本。
17. [宋]周淙：《乾道臨安志》，中華書局編《宋元方志叢刊》第 4 冊，中華書局 1990 年版。

18. [宋]林之奇：《拙齋文集》，影印文淵閣四庫全書本。

19. [宋]晁公武撰，孫猛校證：《郡齋讀書志校證》，上海古籍出版社 1990 年版。

20. [宋]洪适：《盤洲文集》，影印文淵閣四庫全書本。

21. [宋]李燾：《續資治通鑑長編》，中華書局 2004 年版。

22. [宋]潘自牧：《記纂淵海》，影印文淵閣四庫全書本。

23. [宋]尤袤：《遂初堂書目》，叢書集成初編本。

24. [宋]孫逢吉：《職官分紀》，中華書局 1988 年版。

25. [宋]黎靖德編，王星賢點校：《朱子語類》，中華書局 1986 年版。

26. [宋]王明清撰，汪新森、朱菊如點校：《玉照新志》，上海古籍出版社 1991 年版。

27. [宋]陳傅良：《止齋先生文集》，四部叢刊本。

28. [宋]陳騤撰，張富祥點校：《南宋館閣錄》，中華書局 1998 年版。

29. [宋]袁說友：《東塘集》，影印文淵閣四庫全書本。

30. [宋]周必大：《文忠集》，影印文淵閣四庫全書本。

31. [宋]楊萬里：《誠齋集》，四部叢刊本。

32. [宋]章如愚：《羣書考索》，影印文淵閣四庫全書本。

33. [宋]陸游：《陸遊集》，中華書局 1976 年版。

34. [宋]樓鑰：《攻媿集》，影印文淵閣四庫全書本。

35. [宋]衛涇：《後樂集》，影印文淵閣四庫全書本。

36. [宋]高似孫撰，周天遊校箋：《史略校箋》，書目文獻出版社 1987 年版。

37. [宋]魏了翁：《鶴山先生大全文集》，四部叢刊本。

38. [宋]曹彥約：《昌谷集》，影印文淵閣四庫全書本。

39. [宋]李心傳撰，徐規點校：《建炎以來朝野雜記》，中華書局 2000 年版。

40. [宋]岳珂撰，朗潤點校：《愧郯錄》，中華書局 2016 年版。

41. [宋]李心傳：《建炎以來繫年要錄》，中華書局 1988 年版。

42. [宋]祝穆：《事文類聚》，書目文獻出版社 1991 年版。

43. [宋]陳振孫撰，徐小蠻、顧美華點校：《直齋書錄解題》，上海古籍出版社 2015 年版。

44. [宋]黃履翁：《新箋決科古今源流至論·別集》，影印文淵閣四庫全書本。

45. [宋]鄭瑤、方仁榮：《景定嚴州續志》，中華書局編《宋元方志叢刊》第 5 冊，中華書局 1990 年版。

46. [宋]馬光祖修，周應和纂：《景定建康志》，中華書局編：《宋元方志叢刊》第 2 冊，中華書局 1990 年版。

47. [宋]潛說友：《咸淳臨安志》，中華書局編《宋元方志叢刊》第 4 冊，中華書局 1990 年版。

48. [宋]劉克莊撰，王瑞來集證：《玉牒初草集證》，中華書局 2018 年版。

49. [宋]王應麟：《玉海》，廣陵書社 2003 年版。

50. [宋]周密撰，張茂鵬點校：《齊東野語》，中華書局 1983 年版。

51. [宋]佚名：《增入名儒講義皇宋中興兩朝聖政》，江蘇古籍出版社 1988 年版宛委別藏本。

52. [宋]佚名：《皇宋中興兩朝聖政》，國家圖書館出版社 2007 年版。

53. [宋]佚名撰，汪聖鐸點校：《宋史全文》，中華書局 2016 年版。

54. [宋]佚名撰，張富祥點校：《南宋館閣續錄》，中華書局 1998 年版。

55. [宋]佚名：《國朝冊府畫一元龜》，中國國家圖書館編《原國立北平圖書館甲庫善本叢書》第 423～424 冊，國家圖書館出版社 2013 年版。

56. [宋]佚名：《京口耆舊傳》，叢書集成初編本。

57. [元]蘇天爵：《滋溪文稿》，影印文淵閣四庫全書本。

58. [元]脫脫等：《宋史》，中華書局 1977 年版。

59. [元]王士點、商企翁編次，高榮盛點校：《秘書監志》，浙江古籍出版社 1992 年版。

60. [元]佚名：《大元聖政國朝典章》，中國廣播電視出版社 1998 年影印元刊本。

61. [明]宋濂等：《元史》，中華書局 1976 年版。

62. [明]宋濂：《宋學士集》，四部叢刊本。

63. [明]楊士奇等編：《文淵閣書目》，叢書集成初編本。

64. [明]陶宗儀：《說郛》，中國書店 1986 年影印上海涵芬樓本。

65. [明]焦竑：《國史經籍志》，《續修四庫全書》第 916 冊，上海古籍出版社 2013 年版。

66. [清]張廷玉等：《明史》，中華書局 1974 年版。

67. [清]嵇璜：《續通志》，影印文淵閣四庫全書本。

68. [清]永瑢等：《四庫全書總目》，中華書局 1965 年版。

69. [清]瞿鏞撰，瞿果行、瞿鳳起點校：《鐵琴銅劍樓藏書目錄》，上海古籍出版社 2000 年版。

70. [清]徐松輯：《宋會要輯稿》，中華書局 1957 年版。

71. [清]徐松輯：《秘書省四庫闕書目》，嚴靈峰編《書目類編》第 2 冊，臺灣成文出版社有限公司 1978 年版。

72. [清]阮元：《四庫未收書目提要》，叢書集成初編本。

73. [清]汪士鍾：《藝芸書舍宋元本書目》，叢書集成初編本。

74. [清]丁丙撰，曹海花點校：《善本書室藏書志》，浙江古籍出版社 2016 年版。

75. [清]王介藩輯：《泰山叢書》，山東大學圖書館藏 1989 年曲阜師範大學圖書館影印岱麓蒼石齋藏稿本。

76. [清]范邦甸撰，江曦、李婧點校：《天一閣書目》上海古籍出版社 2010 年版。

77. [民國]柯劭忞撰，余大鈞點校：《新元史》，吉林人民出版社 1995 年版。

78. 傅增湘：《藏園羣書經眼錄》，中華書局 2009 年版。

79. 孔凡禮、齊治平編：《陸游資料彙編》，中華書局 1962 年版。

80. 陳文和主編：《嘉定錢大昕全集》，江蘇古籍出版社 1997 年版。

81. 朱傑人等編：《朱子全書》，上海古籍出版社、安徽教育出版社 2010 年版。

82. 高立人主編：《廬陵古碑錄》，江西人民出版社 2007 年版。

83. 鄭嘉勵、梁曉華編《麗水宋元墓誌集錄》，浙江古籍出版社 2013 年版。

（二）論著

1. 金毓黻：《中國史學史》，重慶商務印書館 1941 年版。

2. 劉節：《中國史學史稿》，中州書畫社 1982 年版。

3. 胡道靜：《中國古代的類書》，中華書局 1982 年版。

4. 劉兆祐：《宋史藝文志史部佚籍考》，臺灣「國立編譯館」1984 年版。

5. 陳樂素：《求是集》（第 1 集），廣東人民出版社 1986 年版。

6. 陳光崇：《中國史學史論叢》，遼寧人民出版社 1987 年版。

7. 瞿林東：《唐代史學論稿》，北京師範大學出版社 1989 年版。

8. 蔡崇榜：《宋代修史制度研究》，臺灣文津出版社 1991 年版。

9. 徐友春：《民國人物大辭典》，河北人民出版社 1991 年版。

10. 陳植鍔：《北宋文化史述論》，中國社會科學出版社 1992 年版。

11. 吳懷祺：《宋代史學思想史》，黃山書社 1992 年版。

12. 姚瀛艇主編：《宋代文化史》，河南大學出版社 1992 年版。

13. 林平：《宋代史學編年》，四川大學出版社 1994 年版。

14. 朱瑞熙：《中國政治制度通史·宋代卷》，人民出版社 1996 年版。

15. 王樹民：《中國史學史綱要》，中華書局 1997 年版。

16. 楊渭生等：《兩宋文化史研究》，杭州大學出版社 1998 年版。

17. 漆俠：《探知集》，河北大學出版社 1999 年版。

18. 瞿林東：《中國史學史綱》，北京出版社 1999 年版。

19. 何忠禮、徐吉軍：《南宋史稿》，杭州大學出版社 1999 年版。

20. 宋立民：《宋代史官制度研究》，吉林人民出版社 1999 年版。

21. 陳寅恪：《金明館叢稿二編》，生活·讀書·新知三聯書店 2001 年版。

22. 湯勤福：《中國史學史》，山西教育出版社 2001 年版。

23. 陳樂素：《宋史藝文志考證》，廣東人民出版社 2002 年版。

24. 吳懷祺：《中國史學思想通史·宋遼金卷》，黃山書社 2002 年版。

25. 陳振：《宋史》，上海人民出版社 2003 年版。

26. 陳植鍔撰，周秀蓉整理：《石介著作事蹟編年》，中華書局 2003 年版。

27. 馮爾康：《清史史料學》，瀋陽出版社 2004 年版。

28. 李傳印：《魏晉南北朝時期史學與政治的關係》，華中科技大學出版社 2004 年版。

29. 范立舟：《宋代思想學術史論稿》，澳門澳亞週刊出版有限公司·2004 版。

30. 梁太濟：《唐宋歷史文獻研究叢稿》，浙江大學出版社 2004 年版。

31. 蒙文通：《中國史學史》，上海人民出版社 2006 年版。

32. 方建新：《二十世紀宋史研究論著目錄》，北京圖書館出版社 2006 年版。

33. 燕永成：《南宋史學研究》，甘肅人民出版社 2007 年版。

34. 謝貴安：《中國實錄體史學研究》，武漢大學出版社 2007 年版。

35. 楊渭生：《宋代文化新觀察》，河北大學出版社 2008 年版。

36. 楊渭生：《宋代文化史》，浙江大學出版社 2008 年版。

37. 王德毅：《宋史研究論集》第 2 輯，臺灣新文豐出版有限公司 2008 年版。

38. 王盛恩：《宋代官方史學研究》，人民出版社 2008 年版。

39. 羅炳良：《南宋史學史》，人民出版社 2008 年版。

40. 常建華編著：《清史十二講》，中國國際廣播出版社 2009 年版。

41. 鄧廣銘：《鄧廣銘治史叢稿》，北京大學出版社 2010 年版。

42. 謝貴安：《中國史學史》，武漢大學出版社 2012 年版。

43. 楊翼驤編著，喬治忠等訂補：《增訂中國史學史資料編年·宋遼金卷》，商務印書館 2013 年版。

44. 魏應麒：《中國史學史》，山西人民出版社 2014 年版。

45. 鄧小南：《祖宗之法——北宋前期政治述略》（修訂本），生活·讀書·新知三聯書店 2014 年版。

46. 朱希祖：《中國史學通論》，商務印書館 2015 年版。

47. 鄧小南：《宋代歷史探求——鄧小南自選集》，首都師範大學出版社 2015年版。

48. 王瑞來：《文獻可徵——宋代史籍叢考》，山西教育出版社 2015 年版。

49. 吳天墀：《吳天墀文史存稿》（增補本），北京師範大學出版社 2016 年版。

50. 汪聖鐸：《宋代歷史文獻研究》，河北大學出版社 2016 年版。

51. [美]劉子健：《兩宋史研究彙編》，臺灣聯經出版事業公司 1987 年版。

52. [美]劉子健著，趙冬梅譯：《中國轉向內在——兩宋之際的文化內向》，江蘇人民出版社 2002 年版。

53. [英]杜希德撰，黃寶華譯：《唐代官修史籍考》，上海古籍出版社 2015 年版。

54. [美]蔡涵墨：《歷史的嚴妝——解讀道學陰影下的南宋史學》，中華書局 2016 年版。

（三）論文

1. 昌彼得：《跋元坊刊本〈大元聖政國朝典章〉》，收入氏著《版本目錄學論叢（一）》，臺灣學海出版社 1977 年版。

2. 王德毅：《宋神哲徽欽四朝國史修纂考》，臺灣《幼獅學誌》第 2 卷第 1 期，1963 年。

3. 瞿林東：《唐代史學與唐代政治》，《史學史資料》1979 年第 1 期。

4. 王德毅：《兩宋十三朝會要纂修考》，宋史座談會主編《宋史研究集》第 11 輯，臺灣「國立編譯館」1979 年版。

5. 葛兆光：《宋官修國史考》，《史學史研究》1982 年第 1 期。

6. 高國抗：《宋代史學及其在中國史學史上的地位》，中國歷史文獻研究會編《中國歷史文獻研究集刊》第 4 集，嶽麓書社 1984 年版。

7. 宋衍申：《宋代史學在中國古代史學中的地位》，《松遼學刊》1984 年第 2 期。

8. 張大同：《論宋代史學的普及化》，《山東社會科學》1987 年第 2 期。

9. 梁天錫：《南宋宰輔帶銜編修制度》，宋史座談會主編《宋史研究集》第 17 輯，臺灣「國立編譯館」1988 年版。

10. 許沛藻：《宋代修史制度及其對史學的影響》，《上海師範大學學報》1989 年第 1 期。

11. 徐茂明：《唐代史學與政治的關係》，《蘇州大學學報》1990 年第 4 期。

12. 王瑞來：《宋代〈玉牒〉考》，《文獻》1991 年第 4 期。

13. 王德毅：《宋代的日曆和玉牒之研究》，《宋史研究論集》，臺北商務印書館 1993 年版。

14. 王德毅：《宋代的聖政和寶訓之研究》，《書目季刊》第 20 卷第 3 期，1986年。

15. 王德毅：《宋代國家處境與史學發展》，《宋史研究論集》，臺北商務印書館 1993 年版。

16. 孔學：《宋代〈寶訓〉纂修考》，《史學史研究》1994 年第 3 期。

17. 孔原：《陸游及〈高宗聖政草〉》，《史學月刊》1996 年第 4 期。

18. 王天順：《試論宋代史學的政治功利主義》，《中州學刊》1997 年第 1 期。

19. 章開沅：《論史學與政治及其他》，《華中師範大學學報》1998 年第 2 期。

20. 許振興：《宋代〈三朝寶訓〉篇目考》，《古籍研究整理學刊》1998 年第 4、5 期合刊。

21. 王德毅：《宋代史學的特質及其影響》，《臺大歷史學報》第 23 期，1999年。

22. 向燕南：《史學與明初政治》，《浙江學刊》2002 年第 2 期。

23. 王盛恩：《宋代監修國史和提舉修史制度變化考》，《史學月刊》2006 年第 7 期。

24. 王德毅：《南宋史家的承舊與創新——兼論對元明史學的影響》，張其凡等主編《徐規教授九十華誕紀念文集》，浙江大學出版社 2009 年版。

25. 張固也、王新華：《〈秘書省續編到四庫闕書目〉考》，南京大學古典文獻研究所編《古典文獻研究》第 12 輯，鳳凰出版社 2009 年版。

26. 王德毅：《宋中興高孝光寧四朝實錄修纂考》，浙江大學宋學研究中心編《宋學研究集刊》第 2 輯，浙江大學出版社 2010 版。

27. 孫英愛：《傅增湘年譜》，河北大學碩士論文，2012 年。

28. 燕永成：《宋代帝王歷史意識探究》，《江西社會科學》2014 年第 4 期。

29. 尹承：《國圖藏〈國朝冊府畫一元龜〉考》，《文獻》2015 年第 2 期。

30. 龔延明：《宋代崇文院雙重職能探析——以三館秘閣官實職、貼職爲中心》，《北京大學學報》2016 年第 4 期。

31. [美]蔡涵墨撰，方笑一譯：《陸游〈中興聖政草〉考》，中國歷史文獻研究會編《歷史文獻研究》總第 36 輯，華東師範大學出版社 2016 年版。

32. 汪瀟晨、龔延明：《宋代帝閣雙重職能研究——以宋代帝閣職能、職名爲中心》，《中華文史論叢》2017 年第 3 期。

下編：宋代聖政錄輯佚

凡　例

一、同一事條在不同史籍中都有記載，但詳略不同。詳者爲正文，略者以注文形式附於正文後。

二、在每一事條右下腳以小字注明其史源。

三、他書引錄聖政錄時，或有明確的年月日，或有年月，或有年份，今考之宋代編年體史籍如李燾《續資治通鑑長編》、李心傳《建炎以來繫年要錄》、佚名《宋史全文》、佚名《增入名儒講義皇宋中興兩朝聖政》等書盡力補充完整。不可補者，置於有明確紀年事條之後，使其完備。

四、官修聖政錄每一事條有明確的紀年，同一年、同一月發生的事條，只在首條明確年份、月份，其餘事條不注。

石介《三朝聖政錄》〔註1〕

　　太祖嘗罷朝，坐便殿，不樂者久之。內侍行首王繼恩請其故，上曰：「爾謂天子爲容易邪？早來吾乘快指揮一事而誤，故不樂耳。」孔子稱「如知爲君之難也，不幾乎一言而興邦乎」，太祖有焉。司馬光《涑水記聞》卷一。

　　曾慥《類說》卷一九《三朝聖政錄》：太祖一日罷朝，俛首不言者久之，內侍王繼恩問其故，上曰：「早來前殿乘快指揮一使，偶有誤失，史官必書之，我所以不樂也。」

　　太祖平蜀，孟昶宮中物有寶裝溺器，遽命碎之，曰：「自奉如此，欲求無亡得乎？」見諸侯大臣侈靡之物，皆遣焚之。司馬光《涑水記聞》卷一。

　　曾慥《類說》卷一九《三朝聖政錄》：太祖平僞蜀，閱孟昶宮中物有寶裝溺器，遽命碎之，曰：「以此奉身，不亡何待？」

　　歐陽修《五代史記注》卷六四：至於溺器，亦裝以七寶，上遽命碎之，曰：「自奉如此，欲無亡得乎？」

　　太祖初即位，頗好畋獵。嘗因獵墜馬，怒，自拔佩刀刺馬殺之，既而歎曰：「我耽逸樂，乘危走險，自取顛越，馬何罪焉？」自是遂不復獵。司馬光《涑水記聞》卷一。

〔註1〕需要特別說明的是，劉達可《璧水羣英待問會元》卷一九《君道門·用人》載佚文一條，並注明源於《聖政錄》，佚名《錦繡萬花谷·續集》卷一《聖翰》載佚文一條，注明源於《聖政》，但二書皆未注明源於石介《三朝聖政錄》，觀此二條，頗似筆記，當出自私人所修之《聖政錄》，亦即石介《三朝聖政錄》。清人秦嘉謨《月令粹編》卷四《正月日次》、張玉書《佩文韻府》卷八六中各載佚文一條，注明源於石介《三朝聖政錄》，但僅見於此二書，不見於其他宋元時代的史籍中，當另有所本，故此四條佚文亦並附於此。

開寶元[九]年，羣臣請上太祖尊號曰「應天廣運一統太平聖神文武明道至德仁孝皇帝」，上曰：「幽燕未定，何謂一統？」遂卻其奏。司馬光《涑水記聞》卷一。

太祖嘗謂左右曰：「朕每因宴會，乘懽至醉，經宿，未嘗不自悔也。」司馬光《涑水記聞》卷一。

太祖親征澤、潞，中書舍人趙逢憚涉山險，稱墜馬傷足，止於懷州。及師還，當草制，復稱疾，上怒，謂宰相曰：「逢人臣，乃敢如此！」遂貶房州司戶。司馬光《涑水記聞》卷一。

曾慥《類說》卷一九《三朝聖政錄》：太宗[祖]親征澤、潞，至太行山，中書舍人趙逢憚於陟險，妄止登山，今又託疾，不當草制，爲臣之禮，乃敢如此，貶房州司戶。

太祖遣曹彬伐江南，臨行謂之曰：「克之還，必以使相爲賞。」彬平江南而還，上曰：「今方隅未平者尚多，汝爲使相，品位極矣，豈肯復力戰邪！且徐之，更爲我取太原。」因密賜錢五十萬。彬怏怏而退，至家，見布錢滿室，乃歎曰：「好官亦不過多得錢耳，何必使相也。」太祖重惜爵位，不肯妄與人如此。孔子稱：「惟器與名，不可以假人，君之所司也。」司馬光《涑水記聞》卷一。

曾慥《類說》卷一九《三朝聖政錄》：太祖命曹彬伐江南，曰：「與朕下取江南回歸，與卿使相。」及平江南，吝惜名器，不與，賜錢五十萬而已，乃曰：「更與朕取太原，即與卿使相。」

太祖嘗彈雀於後園，有羣臣稱有急事請見，太祖亟見之，其所奏乃常事耳。上怒，詰其故，對曰：「臣以爲尚急於彈雀。」上愈怒，舉柱斧柄撞其口，墮兩齒，其人徐俯拾齒置懷中。上罵曰：「汝懷齒欲訟我邪？」對曰：「臣不能訟陛下，自當有史官書之。」上悅，賜金帛慰勞之。司馬光《涑水記聞》卷一。

曾慥《類說》卷一九《三朝聖政錄》：太祖一日後苑挾弓彈雀，有臣僚叩殿，稱有急事請見，上亟出見之，及所聞奏，乃常事耳。太祖曰：「此事何急？」對曰：「亦急於彈雀。」上怒，以鉞斧柄撞其口，兩齒墜焉，徐伏地取落齒置懷中。上怒甚，曰：「汝將此齒去訟我也？」對曰：「臣豈敢訟陛下，自有史官書之。」上怒解，賜金帛慰勞而去。

太祖幸西京，將徙都，羣臣不欲留。時節度使李懷忠乘間諫曰：「東京有汴渠之漕，坐致江南之粟四五千萬，以贍百萬之軍，陛下居此，將安取之？府庫、重兵皆在東京，陛下誰與此處乎？」上乃還。司馬光《涑水記聞》卷一、江少虞《新雕皇朝類苑》卷一六《忠言讜論》。

李燾《續資治通鑑長編》卷一七，開寶九年二月癸卯條：上生於洛陽，樂其土風，嘗有遷都之意。始議西幸，起居郎李符上書，陳八難曰：「京邑凋弊，一難也。宮闕不完，二難也。郊廟未修，三難也。百官不備，四難也。畿內民困，五難也。軍食不充，六難也。壁壘未設，七難也。千乘萬騎，盛暑從行，八難也。」上不從。既畢祀事，尚欲留居之，羣臣莫敢諫。鐵騎左右廂都指揮使李懷忠乘間言曰：「東京有汴渠之漕，歲致江、淮米數百萬斛，都下兵數十萬人，咸仰給焉。陛下居此，將安取之？且府庫重兵，皆在大梁，根本安固已久，不可動搖。若遽遷都，臣實未見其便。」上亦弗從。

注云：李懷忠爲節度使，在太平興國二年冬，此時但領富州團練使。《三朝聖政錄》稱節度使者，誤也。

周渭爲白馬縣主簿，大吏有罪，渭輒斬之，太祖奇其材，擢爲贊善大夫。後通判興州事，有外寨軍校縱其士卒暴犯居民，渭往責而斬之，眾莫敢動。上聞，益壯之，詔褒稱焉。司馬光《涑水記聞》卷一。

王明爲鄆陵縣令，公廉愛民。是時天下新定，法禁尚寬，吏多受民賂遺，歲時皆有常數，民亦習之，不知其非。明爲鄆陵令，民以故事有所獻饋，明曰：「令不用錢，可人致數束薪芻水際，令欲得之。」民不喻其意。數日，積薪芻至數十萬，明取以築堤道，民無水患。太祖聞之，即擢明知廣州。司馬光《涑水記聞》卷一。

乾德二年，范質、王溥俱罷相，命趙普登庸。制下，無宰相署敕，學士竇儀曰：「今皇弟開封尹，同平章即宰相之任，可以署敕。」太祖喜曰：「儀之言是也。」曾慥《類說》卷一九《三朝聖政錄》。

太祖時，宮人不滿三百人，猶以爲多，因久雨不止，故又出其數十人。司馬光《涑水記聞》卷一。

太祖嘗曰：「貴家子弟，惟知飲酒、彈琵琶耳，安知民間疾苦！」由是詔凡以資蔭出身者，皆先使之監當場務，未得親民。司馬光《涑水記聞》卷一。

曾慥《類說》卷一九《三朝聖政錄》、謝維新《事類備要·續集》卷六《家世門·慶胄》、祝穆《事文類聚·後集》卷九《人倫部·閥閱子弟》：太祖曰：「資蔭子弟，但能在家彈琵琶、弄絲竹，豈能治民！」於是未許親民。

太祖問王宮侍講，曰：「秦王學業何如？」曰：「近日所作文詞甚好。」上曰：「帝王家兒，不必要會文章，但令通曉經義、古今治亂，他日免爲舞文弄法吏欺罔耳。」曾慥《類說》卷一九《三朝聖政錄》。

司馬光《涑水記聞》卷一：太祖嘗謂秦王侍講曰：「帝王之子，當務讀經書，知治亂之大體，不必學做文章，無所用也。」

太祖將改年號，謂宰臣等曰：「須求古來未嘗有者。」宰臣以「乾德」為請。三年正月，平蜀，宮人有入掖庭者，太祖因閱奩具，得鑑背字云「乾德四年鑄」，大驚曰：「安得四年鑄字鑑？」以出示，宰相皆不能對，乃召學士陶穀、竇儀問之，儀曰：「蜀主曾有此號，鑑必蜀中所得。」太祖大喜曰：「作宰相須是讀書人。」自是大重儒臣矣。江少虞《新雕皇朝類苑》卷一《祖宗聖訓》。

太祖躬履儉約，多所減損。常服澣濯之衣，乘輿、服用皆尚質素，寢殿設青布緣葦簾，宮中簾幕無文采之飾，嘗出麻屨布裳賜左右，曰：「我舊所服者也。」江少虞《新雕皇朝類苑》卷一《祖宗聖訓》。

曾慥《類說》卷一九《三朝聖政錄》：太祖躬履節儉，常服澣濯之衣，寢殿設青布緣葦簾，嘗出麻屨布裳賜左右，曰：「我舊所服者也。」

司馬光《涑水記聞》卷一：太祖性節儉，寢殿設布緣葦簾，常出麻屨布衫以示左右，曰：「此吾故時所服也。」

孟巒據寶州錄事參軍，避遠不之任，遂詣闕自陳。太祖怒，杖二十，流海島。曾慥《類說》卷一九《三朝聖政錄》。

太祖時，教坊使得仁以年老乞出外官，且引後唐莊宗事，求領一郡。太祖曰：「用伶人為刺史，此亂世之事，豈可效耶！」宰相擬上州司馬，太祖曰：「此輩只宜於樂部中遷轉上佐官，亦不可輕授。」乃除太常寺樂令。曾慥《類說》卷一九《三朝聖政錄》。

內官王繼恩平蜀回朝，論將以樞密使配之。太祖曰：「此輩不可居權要之地，可別擇名舉之。」於是立昭宣、景德殿使名。曾慥《類說》卷一九《三朝聖政錄》。

太祖因讀書，歎曰：「堯舜之世，四凶之罪，止從放竄，何近代刑法之密耶！」曾慥《類說》卷一九《三朝聖政錄》。

太祖修大內既成，令洞闢諸門，無有壅蔽，曰：「此如我心，小有邪曲，人皆見之。」曾慥《類說》卷一九《三朝聖政錄》。

太祖聰明睿武，能知人任使之，下僚中一行可觀，一才可稱者，皆出聖知，不次擢用，當時州縣無滯才，天下稱得人焉。劉達可《璧水羣英待問會元》卷一九《君道門·用人》。

君倚曰：太祖初晏駕，時已四鼓，孝章宋后使內侍都知王繼隆[恩]召秦王德芳，繼隆[恩]以太祖傳位晉王之志素定，乃不召德芳，而以親事一人徑趨開封府召晉王。見醫官賈德玄（先）坐於府門，問其故，德玄曰：「去夜二鼓，有呼我門者，曰『晉王召』，出視則無人，如是者三。吾恐晉王有疾，故來。」繼隆[恩]異之，乃告以故，叩門，與之俱入見王，且召之。王大驚，猶豫不敢行，曰：「吾當與家人議之。」入久不出，繼隆[恩]趣之，曰：「事久將為他人有矣。」遂與王雪中步行至宮門，呼而入。繼隆[恩]使王且止其直廬，曰：「王且待於此，繼隆[恩]當先入言之。」德玄曰：「便應直前，何待之有？」遂與俱進。至寢殿，宋后聞繼隆[恩]至，問曰：「德芳來邪？」繼隆曰：「晉王至矣。」后見王，愕然，遽呼「官家」，曰：「吾母子之命，皆託官家。」王泣曰：「共保富貴，無憂也。」德玄後為班行，性貪，故官不甚達，然太宗亦優容之。司馬光《涑水記聞》卷一。

太宗曰：「大凡居職不可不勤，朕每見殿庭兵卒剩掃一片地，剩汲一瓶水，必記姓名。」曾慥《類說》卷一九《三朝聖政錄》。

太宗遊金明池，令村田老婦數十輩升殿布席而坐，因問民間疾苦，婦人直盡說田家所苦，民里所患，上采納，皆賜金退。曾慥《類說》卷一九《三朝聖政錄》。

太宗崇尚節儉，退朝服華陽巾，布褐細，修內服惟綈，嘗取金銀器皿奇巧者，悉毀之。主藏吏曰：「制作精妙，留以供御。」上曰：「汝以奇巧為貴，我以慈儉為寶。」曾慥《類說》卷一九《三朝聖政錄》。

光祿寺卿王濟，刑部詳覆官，屢上封事。是時，諸道置提舉茶鹽酒稅一官，朝廷因令訪察民間事、吏之能否，甚重其選。會京西道缺，太宗問左右：「刑部有好言者，為誰？」左右以濟對，上即以授之。司馬光《涑水記聞》卷二。

魏廷式為益州路轉運使，入奏事，太宗令以事先詣中書，廷式曰：「臣乘傳來三千七百里之外，所奏事固望陛下宸斷決之，非為宰相來也，奈何詣中書？」上悅，即非時出見之，賜錢五十萬，遣還官。司馬光《涑水記聞》卷二。

曾慥《類說》卷一九《三朝聖政錄》：太宗時，益州路漕臣魏廷式入朝。上曰：「有事當白中書。」廷式曰：「臣三千七百里乘驛而至，有機事上聞，取斷宸衷，臣非為宰相而來也。」上即召對。

兗王宮翊善姚坦好直諫。王嘗作假山，所費甚廣，既成，召屬置酒共觀之，眾皆褒歎其美，坦獨俛首不視。王強使視之，坦曰：「但見血山耳，安得

假山？」王驚問其故，坦曰：「在田舍時，見州縣督稅，上下相驅峻急，里胥臨門，捕人父子兄弟，送縣鞭笞，血流滿身，愁苦不聊生。此假山皆民租稅所爲，非血山而何？」是時，太宗亦爲假山，亟命毀之。王每有過失，坦未嘗不盡言規正。宮中自王以下皆不喜，左右乃教王詐稱疾不朝。太宗日使醫視之，逾月不瘳，上甚憂之，召王乳母入宮，問王疾增損狀，乳母曰：「王本無疾，徒以翊善姚坦檢束，王起居曾不得自便，王不樂，故成疾耳。」上怒曰：「吾選端士爲王僚屬者，固爲輔佐王爲善耳。今王不能用規諫，而又詐疾，欲使朕逐去正人以自便，何可得也。且王年少，未知出此，必爾輩爲之謀耳。」因命捽至後園，杖之數十。召坦慰諭之曰：「卿居王宮，爲羣小所嫉，大爲不易。卿但能如此，毋患讒言，朕必不聽。」司馬光《涑水記聞》卷二、江少虞《新雕皇朝類苑》卷二《祖宗聖訓》。

謝維新《事類備要・前集》卷二二《帝屬門・正士檢束》、祝穆《事文類聚・前集》卷二二《帝系部・皇子》：兗王宮翊善姚坦好直諫，王每有過失，坦必規正。宮中皆不喜，左右乃教王稱疾不朝。太宗日使視之，逾月不瘳，上甚憂，召王乳母問王疾增損，乳母曰：「本無疾，徒以翊善姚坦檢束，王不得自便，王不樂，故成疾耳。」上怒曰：「吾選善士輔佐王爲善事。今王不能用規諫，而詐疾欲使朕逐去正人以自便，何可得也。且王年少，未知出此，必爾輩爲之謀耳。」因命捽至後園，杖之數十，召坦慰諭之。

曾慥《類說》卷一九《三朝聖政錄・兗王宮翊善姚坦》：王作假山，極其巧。坦曰：「不見假山，惟見血山。」王驚問之，曰：「皆生民膏血所成。」時太宗爲諸王宮亦作假山初成，聞坦語，即日毀之。

祝穆《事文類聚・前集》卷一四《地理部・石假山附・兗王宮翊善姚坦》：王作假山，坦曰：「不見假山，唯見血山，皆民生膏血所成。」時太宗爲諸王亦作假山，聞語而罷。

李燾《續資治通鑑長編》卷三五，淳化五年二月己酉條：以兩川盜賊，徙封益王元傑爲吳王，領淮南、鎮江節度使。先是，諸王領節度使，必兼大都督府長史。翰林學士張洎草元傑制，上言：「按前史，皇子封王，以郡爲國，置傅、相、內史，佐王爲理，如不之國，朝廷命卿大夫臨郡，即稱內史行郡事。唐以揚、益、潞、幽、荊五郡爲大都督，置長史、司馬爲上佐，即內史之職也。其大都督之號，非親王不授，或親王遙領，別命大臣臨郡，皆是長史、副大使知節度使事。今吳王實居大都督之任，復加長史，乃自爲上佐，其名不正，望付中書門下商議施行。」宰相呂蒙正曰：「襄王、越王皆領長史，今吳王獨爲大都督，居二王之上，恐亦非便。」上曰：「業已差誤，異日別有除授，並改之。」初，考功郎中姚坦爲益王府翊善，坦好直諫。王嘗作假山，所費甚廣。既成，召僚屬置酒共觀之，眾皆襃歎其美，坦獨俛首不視。王強使視

之，坦曰：「但見血山，安得假山！」王驚問其故，對曰：「坦在田舍時，見州縣督稅，上下相急以剝民。里胥臨門，捕人父子兄弟，送縣鞭笞，血流滿身，愁苦不聊生。此假山皆民租賦所出，非血山而何？」時上亦爲假山，未成。有以坦言告於上者，上曰：「傷民如此，何用山爲！」命亟毀之。王每有過失，坦未嘗不盡言規正，宮中自王以下，皆不喜。左右乃教王稱疾不朝，上日使醫視之，逾月不瘳。上甚憂之，召王乳母入宮問疾增損狀。乳母曰：「王本無疾，徒以翊善姚坦檢束王起居，曾不得自便，王不樂，故成疾爾。」上怒曰：「吾選端士爲王僚屬者，固欲輔佐王爲善爾。今王不能用規諫，而又詐疾，欲使朕逐去正人以自便，何可得也！且王年少，未必出此，必爾輩爲之謀爾。」因命捽至後園，杖之數十。召坦，慰諭之曰：「卿居王宮，爲羣小所嫉，大爲不易。卿但能如此，無患讒言，朕必不聽也。」

注云：石介《聖政錄》謂聞坦語亦毀山者，眞宗也，蓋誤以元傑此事爲封王時故耳。據本傳，乃元傑爲益王時。元傑二十三歲，自益改封吳，眞宗初乃自吳改封，其封益時才十二歲，故太宗得云：「王年少，不知出此也。」本傳載此事殊不詳，頗譏坦訐直，蓋眞宗嘗召坦戒令婉辭，非太宗也。本傳但云上，不云眞宗，疑傳亦以上爲太宗也，今並從《聖政錄》及司馬光《記聞》所載，然《記聞》猶以益王爲王，今改之。

田錫訐直好諫，太宗或不能容。錫奏曰：「陛下日往月來，養成聖性。」太宗知其言忠，終不怒，嘗曰：「如此諫官，亦甚難得，朝廷有缺政，方在思慮，錫奏疏已至，不顧身爲國家事，是誰肯如此？朕每覽其章，必特與語以獎激之。」曾慥《類說》卷一九《三朝聖政錄》。

司馬光《涑水記聞》卷二、江少虞《新雕皇朝類苑》卷二《祖宗聖訓》、朱熹《五朝名臣言行錄》卷九《諫議大夫田公》：田錫好直諫，太宗或時不能堪。錫從容奏曰：「陛下日往月來，養成聖性。」上悅，益重之。

李燾《續資治通鑑長編》卷二八，雍熙四年九月條：起居舍人田錫獻《乾明節祝壽詩》。上覽之，謂宰相曰：「錫有文行，敢言事，甚可賞也。」因和以賜之。丙子，錫又上書請東封泰山。丁丑，命錫守本官、知制誥。錫好直言，上或時不能堪，錫從容奏曰：「陛下日往月來，養成聖性。」上悅，益重焉。

注云：按，錫所稱「陛下日往月來，養成聖性」之語，乃見於睦州所上疏中，而石介《聖政錄》、司馬光《記聞》則云錫從容面奏，或錫後更引此語以諫太宗乎？今兩存之。

許王爲中丞彈奏，太宗劾之。許王奏曰：「臣爲天子兒，今犯中丞，被推鞫。」上曰：「朝廷之制，孰敢違之，朕有過，臣下尙一糾摘，汝爲開封尹，豈可不舉！」卒罰之。曾慥《類說》卷一九《三朝聖政錄》。

太宗問杜鎬：「西漢賜予悉用黃金，近代爲難得之貨也。」對曰：「多由是時佛事未興，金價甚賤也。」謝維新《事類備要·外集》卷六一《財貨門·金》、曾慥《類說》卷一九《三朝聖政錄》。

太宗曰：「國無內患，雖云必有外憂，不過邊事可預爲之防，惟姦邪若爲內患，深可懼焉，帝王合用心於此。」曾慥《類說》卷一九《三朝聖政錄》。

寇準以員外郎奏事，直言觸犯，太宗怒而起，準遂以手引赭袍，請上復御坐，親決其事，乃退，上嘉納之。太宗曰：「朕得寇準，如唐太宗得魏鄭公。」曾慥《類說》卷一九《三朝聖政錄》。

李燾《續資治通鑑長編》卷三八，至道元年八月壬辰條：制以開封尹壽王元侃爲皇太子，改名恒。大赦天下。文武常參官子爲父後，見任官賜勳一轉。詔皇太子兼判開封府。自唐天祐以來，中國多故，不遑立儲貳，斯禮之廢，將及百年，上始舉而行之，中外胥悅。

初，參知政事寇準自青州召還，入見，上足創甚，自發衣以示準曰：「卿來何緩！」準曰：「臣非召不得至京師。」上曰：「朕諸子孰可以付神器者？」準曰：「陛下誠爲天下擇君，謀及婦人宦官，不可也；謀及近臣，不可也。惟陛下擇所以副天下之望者。」上俛首久之，屏左右曰：「元侃可乎？」對曰：「非臣所知也。」上遂以元侃爲開封尹，改封壽王，於是立爲太子。京師之人見太子，喜躍曰：「眞社稷之主也。」上聞之，召準謂曰：「四海心屬太子，欲置我何地。」準曰：「陛下擇所以付神器者，顧得社稷之主，乃萬世之福也。」上趨宮中，語後嬪以下，六宮皆前賀。上復出，延準飲，醉而罷。準嘗奏事切直，上怒而起，準攀上衣，請復坐，事決乃退。上嘉歎曰：「此眞宰相也。」又語左右曰：「朕得寇準，猶唐太宗之得魏鄭公也。」

注云：《三朝聖政錄》謂準牽帝衣請決事，乃爲員外郎時，蓋誤也，今從本傳。

眞宗嘗謂李宗諤曰：「聞卿能敦睦宗族，不損家聲，朕今保守祖宗基業，亦猶卿之治家也。」司馬光《涑水記聞》卷六。

眞宗初即位，以工部侍郎郭贄知天雄軍，贄辭訴不肯赴職，上不許。贄退，上以問宰相，對曰：「近例亦有已拜而復留不行者。」上曰：「朕初即位，命贄爲大藩而不行，後何以使羣臣？」卒遣之。司馬光《涑水記聞》卷六。

曾慥《類說》卷一九《三朝聖政錄》：眞宗以工部侍郎郭贄知天雄軍，贄自陳惡，泣下，不肯去。上召輔臣問之，對曰：「近例亦有已受命而復留者。」上曰：「朕初嗣位，命贄知州判而不行，則何以使人？」卒遣之，羣臣畏服。

石熙政知寧州，上言：「昨清遠軍失守，蓋朝廷素不留意。」因請兵三五萬。眞宗曰：「西邊事，吾未嘗敢忘之，蓋熙政遠不知耳。」周瑩等曰：「清遠失守，將帥不才也，而熙政敢如此不遜，必罪之。」上曰：「羣臣敢言者，

亦甚難得，苟其言可用，用之；不可用，置之。若必加罪，後誰敢言者？」因賜詔書褒嘉焉。司馬光《涑水記聞》卷六。

眞宗東封還，羣臣獻歌頌稱讚功德者相繼，惟進士孫籍獻言：「封禪，帝王之盛事，然願陛下慎於盈成，不可遂自滿假。」上善其言，即召試中書，賜同進士出身。司馬光《涑水記聞》卷六。

秦國長公主嘗爲子六宅使世隆求正刺史，眞宗曰：「正刺史繫朝廷公議，不可。」司馬光《涑水記聞》卷六。

曾慥《類說》卷一九《三朝聖政錄》：秦國長公主爲子六宅使世隆求近州刺史。太[眞]宗曰：「太守之任，繫朝廷公議，不許。」

魯國長公主爲翰林醫官使趙自化求尚食使兼醫官院事，上謂王繼英曰：「雍王元份亦嘗爲自化求遙郡，朕以遙郡非醫官所領，此固不可也。」司馬光《涑水記聞》卷六。

駙馬都尉石保吉自求見上，言：「僕夫盜財，乞特加重罪。」上曰：「有司自有常法，豈肯以卿故亂天下法也。」又請於私第決罰，亦不許。司馬光《涑水記聞》卷六。

眞宗即位，每旦御前殿，中書、樞密院、三司、開封府、審刑院及請對官以次奏事，辰後入宮上食。少時出坐後殿，閱武事，至日中罷。夜則召侍讀、侍講學士，詢問政事，或至夜分還宮。其後率以爲常。司馬光《涑水記聞》卷六。

李燾《續資治通鑑長編》卷四三，咸平元年冬十月己酉條：崇政殿視事，至午而罷。上自即位，每旦御前殿，中書、樞密院、三司、開封府、審刑院及請對官以次奏事，至辰後還宮進食。少時，復出御後殿視諸司事，或閱軍士校試武藝，日中而罷。夜則召儒臣詢問得失，或至夜分還宮。其後率以爲常。

注云：《聖政錄》云「召侍講讀學士。」按二年七月初置侍講學士，此時未有，今改爲儒臣，庶不相妨。

眞宗嘗讀《易》，召大理評事馮元講《泰卦》。元曰：「泰者，天氣下降，地氣上騰，然後天地交泰。亦猶君意接於下，下情達於上，無有壅蔽，則君臣道通。嚮若天地不交，則萬物失宜；上下不通，則國家不治矣。」上大悅，賜元緋衣。司馬光《涑水記聞》卷六。

曾慥《類說》卷一九《三朝聖政錄》、高似孫《緯略》卷一一《泰節二卦》：眞宗詔大理評事馮元說《周易‧泰卦》，元敷述卦體，以謂地天爲泰，言：「天氣下降，地氣上騰，然後交泰。猶君下接於臣，則臣上承於君，然後君臣道通。若天以高亢居上，則地無由得交於天，天地不交，何由得泰？君以尊大自恃，臣無由得接於君，君臣不接，何由得泰？」

眞宗重禮杜鎬。鎬直龍圖閣，上嘗因沐浴罷，飲上尊酒，封其餘，遣使賜鎬於閣下。鎬素不飲，得賜，喜，飲之至盡，因動舊疾，忽僵不知人。上聞之，驚，步行至閣下，自調藥飲之。仍召其子津入侍疾。少頃，鎬稍蘇，見至尊在，欲起，上撫令臥。鎬疾平，然後入宮。方鎬疾亟，時上深自咎責，以爲由己賜酒致鎬疾也。司馬光《涑水記聞》卷六。

曾慥《類說》卷一九《三朝聖政錄》：杜鎬直龍圖閣，眞宗命中使賜上尊，鎬不善飲，飲之，動宿疾，幾至不救。上親至閣下臨問，手調藥餌，呼其子侍疾。鎬蘇，見至尊欲起，上慰撫令臥。上深自刻責，以爲己賜酒致疾，其待臣下如此。

种放隱於終南山豹林谷，講誦經籍，門人甚眾。太宗聞其名，召之，放辭以母老不至，詔每節給錢物供養其母。咸平元年，母卒。眞宗賜錢二十萬、帛三十匹、米三十斛以葬。明年，復賜錢五萬，詔本府禮遣，亦辭疾不至。五年，又遣供奉官（周）珪，齎詔至山召之，仍賜錢十萬、絹百匹，放應命至闕。上喜，見於便殿，賜坐與語，即坐拜司諫、直昭文館，賜居第、什器，御廚給膳。明年，放上表請歸山，上令暫歸，三兩月復來赴闕。因拜起居舍人，宴餞於龍圖閣，上賦詩送之，命羣臣皆送。景德三年，遷右諫議大夫。祥符元年，遷給事中。從祀汾陰，拜工部侍郎。司馬光《涑水記聞》卷六。

眞宗祀汾陰，召河中府處士李瀆、劉巽，巽拜大理評事，致仕，乃賜緋；瀆以疾辭。又召華山鄭隱、敷水李寧，對於行宮，隱賜號正晦先生。又召陝州魏野，亦辭疾，不應命。司馬光《涑水記聞》卷六、江少虞《新雕皇朝類苑》卷四一《曠達隱士》。

眞宗初詔种君放，至闕，以敷對稱旨。日既高，中人送中書膳，諸相皆盛服，俟其來，种君韋布，止長揖而已。楊大年聞之，頗不平，以詩嘲曰：「不把一言裨萬乘，祇又雙手揖三公。」上聞之，獨召楊，曰：「知卿有詩戲种某。」楊汗浹股栗，不敢匿避。又曰：「卿安知無一言裨朕乎？」出一皂囊，內有十軸，乃放所奏之書也。其書曰《十議》，所謂《議道》《議德》《議仁》《議義》《議兵》《議刑》《議政》《議賦》《議安》《議危》。江少虞《新雕皇朝類苑》卷四二《曠達隱士》、釋文瑩《湘山野錄》卷上。

常山布衣竇諭進《芻說》五篇，眞宗命置舍人院，召試，賜三禮出身。張去華獻《元論》二萬餘言，眞宗命寫以縑素，爲十八軸，列置龍圖閣。曾慥《類說》卷一九《三朝聖政錄》。

濰州北海簿徐奭以言事召見，眞宗曰：「皇嗣未立，如何？」奭曰：「國家以火德王天下，火生土，生土爲子，土主信。今陛下信猶未修，所以未得皇子。」上曰：「朕未嘗失信，卿何云此？」曰：「陛下所修者小信，帝王之信，發一號、施一令，信則，萬民服焉；不信，則天下惑焉。今陛下朝令夕改，信未立也。」曾慥《類說》卷一九《三朝聖政錄》。

眞宗祀汾陰，見民操舟而漁，執耒而耕者，曰：「百姓作業樂乎，使郡縣吏人不侵擾之，即日用而不竭矣。」曾慥《類說》卷一九《三朝聖政錄》。

朱能收得天書，眞宗迎拜入內。知河陽孫奭上疏曰：「天何言哉？豈有書也！人盡言書是朱能僞造，唯陛下不知，得來唯自於朱能，崇信祇聞於陛下，乞斬能，以斷天下之惑。」上以其訐直，不加罪，後能果敗。曾慥《類說》卷一九《三朝聖政錄》。

眞宗造玉清昭應宮。張詠上疏言：「竭天下之財，傷生民之命，皆賊臣丁謂誑惑陛下，乞斬謂於國門，以謝天下，斬詠置丁氏之門，以謝謂。」曾慥《類說》卷一九《三朝聖政錄》。

眞宗詔京朝官內殿崇班以上得言其民間利病並諸路轉運使經歷之處，實封箚子於閤門上進。曾慥《類說》卷一九《三朝聖政錄》。

程大昌《續演繁露》卷二《制度·京朝官實封箚子》：《三朝聖政錄》：太[眞]宗許京朝官實封箚子於閤門上進。

眞宗皇帝因元夕觀燈，見都人熙熙，舉酒顧宰執曰：「祖宗創業艱難，今獲覩太平，與卿等同慶。」宰執稱賀，皆飲醼。秦嘉謨《月令粹編》卷四《正月日次》。

眞宗問王文正曰：「祖宗時，有秘讖云『南人不可作宰相』，此豈立賢無方之義乎？」張玉書《佩文韻府》卷八六。

眞宗祥符中，詔築堂爲皇太子就學之所，賜名資善，上作紀，刻石堂中。佚名《錦繡萬花谷·續集》卷一《聖翰》。

富弼《三朝聖政錄》

(《三朝政要》)[註1]

是日（建隆元年四月戊子），大宴廣德殿，張美言：「懷州刺史馬令琮度李筠必反，日夜儲偫以待王師。」上善之，亟令以團練使授令琮。宰相范質言：「大軍北伐，方藉令琮供億，不可移他郡。」遂升爲懷州團練使授之。

富弼曰：太祖賞功任人，深得其術。懷州刺史知車駕將至，日夜儲蓄以待王師，故有團練之命，用賞其勞。又以移別郡，則他官供億未必練其事，必不能繼令琮之功，故特升本州使名以授之，恩寵如是之異，其得人不盡力乎。佚名《宋史全文》卷一。

（建隆四年十一月）壬申，以南郊禮成，大宴廣德殿，號曰「飲福宴」。自是爲例。上謂宰相曰：「北門深嚴，當擇審重士處之。」范質曰：「竇儀清介謹厚，今又爲兵部尚書，難於復召。」上曰：「禁中非此人不可，卿當諭朕意，勉再赴職。」癸酉，覆命儀爲翰林學士。

富弼曰：故事，尚書班在學士之上。竇儀清德舊老，再直禁林，蓋天子所自擇人，故榮於受命也。議者曰：「選重官不專於有司，則羣才知勸。」佚名《宋史全文》卷一。

[註1] 富弼所修《三朝聖政錄》即爲《三朝政要》。其佚文，佚名《宋史全文》所載最多，另佚名《羣書會元截江網》、劉達可《璧水羣英待問會元》、祝穆《事文類聚》、謝維新《事類備要》、林駉《新箋決科古今源流至論·前集、後集》、黃履翁《新箋決科古今源流至論·別集》皆載佚文。《羣書會元截江網》、《璧水羣英待問會元》中所載只注明其史源爲《聖政》，但未明言是哪一部。按，記錄太祖、太宗盛美之事的聖政錄只有兩部，即石介《三朝聖政錄》、富弼《三朝聖政錄》，從事條內容來看，當爲官修聖政錄，故其源出富弼《三朝聖政錄》。《新箋決科古今源流至論》中所載注明《政要》，即《三朝政要》，亦即《三朝聖政錄》。另外，章如愚《羣書考索·後集》卷一五《官制門·考課類》載有5條眞宗朝事，注明源於《聖政》，亦當源於《三朝聖政錄》。

乾德（五年春正月辛丑），責授節度使王全斌、崔彥進爲留後，左衛上將王仁贍爲右衛大將軍，制授內客省使曹彬，宣徽南院使、侍衛都指揮使劉義允節度使，皆收蜀將帥也。初，孟昶降，全斌等不能正身率下，爭取珠玉及取人婦女。太祖聞蜀復亂，及全斌歸闕，太祖召王仁贍詰之。仁贍遍指諸將過失，求欲自解，太祖曰：「納李廷珪妓女，開德豐庫取珠貝，亦全斌等耶？」

富弼釋曰：賞罰，人主之權衡。用其權，無他，賞當功、罰當罪而已。全斌雖有平蜀之功，貪恣不法，復致蜀亂，故不可不貶降。曹彬有功無過，故當顯用也。賞罰如是之明，宜乎將相盡力。黃履翁《新箋決科古今源流至論・別集》卷八《邊將》。

二月乙丑，以西川轉運使、給事中沈義倫爲戶部侍郎，充樞密副使。初，義倫隨軍入成都，獨居佛寺蔬食。僞蜀羣臣有以珍異奇巧之物爲獻者，皆卻之。東歸，篋中所有，才圖書數卷而已。上嘗從容問曹彬以官吏善否。彬曰：「臣止監軍旅，至於采察官吏，非所職也。」固問之，唯薦義倫可任。上亦聞義倫清節過人，因擢用之。

臣富弼等釋曰：義倫霸府從事，有攀龍鱗、附鳳翼之勞者也。然必久試才效，以其清節過人，始大用，此皆先朝用人之意。佚名《宋史全文》卷一。

開寶元年（九月壬午），詔曰：「舊禁銅錢無出化外，乃聞沿邊縱弛，不復檢察，自今五貫以下，其罪死。」佚名《羣書會元截江網》卷一一《錢帛》。

（開寶二年）十月己亥，上燕藩臣於後苑。酒酣，從容謂之曰：「卿等皆國家宿舊，久臨劇鎮，王事鞅掌，非朕所以優賢之意也。」前鳳翔節度使兼中書令王彥超喻上旨，即前奏曰：「臣本無勳勞，久冒榮寵，今已衰朽，乞骸骨歸丘園，臣之願也。」前安遠節度使武行德、郭從義、白重贊、楊庭璋等自陳攻戰伐閱及履歷艱苦。上曰：「此異代事，何足論也。」庚子，以行德爲太子太傅，從義爲左金吾衛上將軍，彥超爲右金吾衛上將軍，重贊爲左千牛衛上將軍，廷璋爲右千牛衛上將軍。

富弼曰：藝祖臨軒之初，一歲之內，下澤、潞，平揚州，威令之行，如破竹之勢，則其餘藩鎮自是束手而聽命矣。又於樽酒之間，酬對之際，折其氣，伏其心，罷節旄，授環衛，聲欬之易，其故何哉？御得其道故也。周世宗號爲英武之君，而藩臣來朝，喜見於色。推此則知五代綱紀之不立也。太祖、太宗，聖聖相承，修明憲度，肅清寰宇。太宗一言，謂稍聞怨負，無矜

恕之理，人人皆務檢身，御臣之術如此，所以致天下幾二百年無雞鳴犬吠之警。佚名《宋史全文》卷二。

（開寶三年）八月庚寅，李謙溥爲濟州團練使。謙溥在顯州，十年虜人不敢犯其境。有招收將劉進者，勇力絕人，謙溥撫之甚厚，常往來境上，以少擊衆。北漢人患之，爲蠟彈封書以間進，遺其書道中，趙贊得之以聞。上令械進送闕下。謙溥召詰其事，進伏於廷請死。謙溥曰：「我以舉宗四十口保汝矣。」即上言進爲北漢人所惡，此乃反間也。奏至，上悟，遽令釋之。上嘗命有司爲洺州防禦使郭進治第，凡廳堂悉用甋瓦。有司言，惟親王、公主始得用此。上怒曰：「郭進控扼西山逾十年，使我無北顧憂。我視進豈減兒女耶！亟往督役，無妄言。」上寵異將帥多類此，故能得其死力云。

富弼曰：將帥國之重任，宜乎大子寵之也。然寵不可常，惟在得其機耳。得其機則使之盡心死節以報。將帥盡心死節而功不成，未之有也。太祖之寵將帥，深得其道。佚名《宋史全文》卷二。

黃履翁《新箋決科古今源流至論‧別集》卷八《邊將》：顯州招討將劉進勇力絕人，以少擊衆，并人患之，爲臘書間進，晉師得之以聞。太祖令械進送闕下，刺史李謙溥上言：「聞進爲并人所惡，此乃間也。」帝悟，釋之，賜以禁軍都校戎帳、服具。

（十一月）初，契丹六萬騎寇定州，命判四方館事田欽祚領兵三千禦之。上謂欽祚曰：「彼衆我寡，但背城列陣以待之。虜至即戰，勿與追逐。」欽祚與虜戰滿城，虜騎小卻，乘勝至遂城。欽祚馬中流矢而踣，騎士王超以馬授欽祚，軍復振，自旦至晡，殺傷甚衆。北邊傳言三千打六萬。癸亥，捷奏至，上喜謂左右曰：「虜數犯邊，我以二十匹絹購一虜人首，其精兵不過十萬人，止費我二百萬匹絹則虜盡矣。」自是益修邊備。

富弼曰：太祖置內藏庫，欲積絹以募胡人之首，偉哉！是謀若後世內積貨財、外嚴守備，來則謹封疆而禦之，去則譬蚊虻而驅之，戎狄之勢，外無所得，而內自困矣。佚名《宋史全文》卷二。

開寶五年（春正月丁酉），禁民鑄錢爲佛像、浮屠及人物之無用者。上慮愚民多毀農器以徼福，故禁之。佚名《羣書會元截江網》卷一一《錢帛》。

開寶八年十二月己亥朔，江南捷書至，凡得州十九、軍三、縣一百有八、戶六十五萬五千六十有五。羣臣皆稱賀，上泣謂左右曰：「宇縣分割，民受其禍。思布聲教，以撫養之。攻城之際，必有橫罹鋒刃者，此實可哀也。」即詔出米十萬石賑城中饑民。

富弼曰：太祖之愛民深矣。王師平一方而不爲喜，蓋念民無定主，當亂世則爲強者所脅。及中國之盛，反以兵取之，致有橫遭鋒刃者。遂至於感泣也。推是仁心而臨天下，宜乎致太平之速。佚名《宋史全文》卷二。

（開寶九年）秋八月丁未，命伐北漢。武寧節度使兼中書令王全斌卒。全斌輕財重士，不求顯赫之譽，寬而容眾，軍旅樂爲之用。其黜居外郡幾十年，怡然自得，識者多之。

富弼曰：王全斌有大功，可掩其罪也。太祖以諸國未平，恐將帥恃功爲過，故抑全斌等，以立國法。及事寧之後，追賞前勳。此眞得駕馭英雄之術也。佚名《宋史全文》卷二。

（太平興國五年十二月）丁丑，以鄭州防禦使楊業領雲州觀察使，仍判鄭州，知代州事。業自鴈門之役，契丹畏之，每望見業旗即引去。主將屯邊者多疾之。或潛上謗書斥言其短，上皆不問，封其書付業。

富弼曰：昔魏將樂羊征中山，平之，及還見其君，所收謗書三篋。方知將帥立功不難，但人君信任爲難爾。將帥專閫外權，擅行威福，人豈無嫉之者。嫉之則謗自生，既有謗言聞之於君，惑之則疑其將，將被疑未有立功者。此樂羊所以感歎其事。自後帝王非聰明睿智之主，少有不惑謗言者。其明不能及魏國之君也。楊業本河東降將，太宗得之信任不疑，每納謗書，一一付業，使邊將安心以立事，其過魏國之君矣。佚名《宋史全文》卷三。

（太平興國八年）春正月，彌德超因乘間以急變聞於上，云樞密使曹彬得士眾心，又巧誣以他事。上頗疑之。戊寅，彬罷爲天平節度使兼侍中。以東上閤門使開封王顯爲宣徽南院使，德超爲北院使，並樞密副使。（六月己亥），上召顯謂曰：「卿世非儒門，少罹兵亂，必寡學問。今典掌萬機，固無暇博覽羣書。」命左右取《軍戒》三篇賜顯，曰：「讀此亦可免於面牆矣。」

富弼曰：大臣不知學術，則暗於大體。王顯一武人，雖以才力任用爲樞密使，太宗慮其不學不能曉適變之事，故以《軍戒》授之，使知賢者行事也。佚名《宋史全文》卷三。

王應麟《玉海》卷一四一《兵制‧太平興國軍誡》：太平興國八年六月己亥，以宣徽南院使、樞密副使王顯爲樞密使。上召謂顯曰：「卿世非儒家，少罹兵患，必寡學問，今在朕左右，典掌萬機，固無暇博覽羣書」。命左右取《軍戒》三篇賜顯，曰：「讀此亦可以免面牆矣。」

富弼《政要》釋曰：大臣不知學術，則闇於大體。王顯一武人，雖以才力任用至樞密使，太宗慮其不學，不能曉通變之事，故以《軍誡》授之，使知賢者行事也。

（雍熙元年春正月）甲子，有司上竊盜贓至大辟，詔特貸其死，因謂宰相曰：「朕常重惜人命，如此類者往往貸其極刑，但時取其甚者警眾，多爾，不欲小人知寬貸之意，恐其犯法者眾也。」

富弼曰：國之法，使民不曉其輕重，則犯法者少矣。本朝承五代之制，竊盜有死法，故先帝存其法，時取情重者行之，存其法使民懼而不敢犯也。取重者行之而貸其輕者，不失好生之德也。今之竊盜雖無死刑，然犯者眾，則先帝制盜固有術矣。佚名《宋史全文》卷三。

雍熙三年（夏四月乙卯），上因邊民驍勇者，競團結以襲虜。上聞而嘉之，曰：「此等生長邊陲，閑習戰鬥，若明立賞格，必有大應募者。」乃下詔募民有能糾合應援王師者，資以糧食，假以兵甲，擒契丹酋豪者，隨職名高下補書。佚名《羣書會元截江網》卷一四《民兵》、劉達可《璧水羣英待問會元》卷六四《武事門·民兵》。

（淳化四年）二月（丙戌），以磨勘京朝官院爲審官院，幕職州縣官院爲考課院。時金部員外郎謝泌言，磨勘之名非典訓也，故易之。

富弼曰：太宗初置京朝官磨勘院，以考其功過，定其殿最而升降之。差遣院以括其遠邇，別其次序，而任使之。則是磨勘之設，專責實效。今之審官日掌簿書、定先後之次，一吏之職耳。升降黜陟蓋無預焉。失審官求賢之意矣。佚名《宋史全文》卷四。

六月（戊寅），以左諫議大夫魏庠，司封郎中、知制誥柴成務同知給事中事。凡制敕之有所不便，許依故事封駁以聞。八月（癸酉），命樞密直學士向敏中、張詠同知銀臺通進司，凡天下章奏案牘必由二司，然後進御。先是，中外奏報，但由尚書內省籍以下有司，有司或行或否，得緣而爲奸，禁中不得知，外司無糾察之職。至是，始命敏中等謹視其出入而鉤稽焉，事無大小，不敢有所留滯矣。九月（乙巳），以給事中封駁隸銀臺通進司，應詔敕並令樞密直學士向敏中、張詠詳酌可否，然後行下。

富弼等釋曰：古者詔命，皆中書奉行，門下省審封駁改正，厥有司存，太宗親選向敏中、張詠同判通進司等，以察稽失。二府奉行之過，皆得改駁，關防之意，謹之於始也。樓鑰《攻媿集》卷五〇《進故事·三朝政要》。

至道元年（十一月己未），上閱武便殿，令騎兵、步兵數百東西列陳，強弩視其進退，發矢如一，容止中節。上曰：「此殿庭間數百人，猶兵威可觀，況堂堂之陣，數萬成列乎？」佚名《羣書會元截江網》卷一五《步騎車戰》。

（十二月丙申），上曰：「漢、晉紀綱大壞，朕革故鼎新，別立為一朝之法，二三大臣猶有異論，朕執心堅固，勤行不怠，修明憲度，興利除害，亦不慚於古矣。」劉達可《璧水羣英待問會元》卷二二《治道門·紀綱》。

咸平二年（八月丁亥），（上）謂張齊賢曰：「賞、罰二柄，御民銜勒，不可不謹。賞或有誤，猶或無害，若行罰不當，人將何告？宜重其事也。」劉達可《璧水羣英待問會元》卷二五《國事門·賞罰》。

（九月辛未），景望知襄州，建議襄陽縣有淳河舊作堤，截水入官渠，溉民田三千頃，宜城縣有蠻河，溉田七百頃，又有屯田三百餘頃，請於舊地兼括荒田，置營田上、中、下三務。劉達可《璧水羣英待問會元》卷六九《武事門·屯營田》。

（咸平三年冬十月己亥朔），陳堯叟曰：「天之譴見，實欲昭示時君。今陛下克己愛民，河防十餘溢而不決，歲復大稔，此聖德格大所致也。」劉達可《璧水羣英待問會元》卷一四《君道門·君德》。

（咸平五年）六月（丁卯），工部郎中陳若拙知處州。若拙前任京東轉運使，被召時三司使缺，自謂得之。及至，授刑部郎中、知潭州，若拙大失望。因對固辭，且言嘗任三司判官及轉運使，今守湖外，反類責降。上曰：「潭州大藩，朕為方面擇人，所委不在轉運使下。輔相舊臣固亦有出典大藩者。」若拙懇請不已，乃追新授告敕，而有此命。上謂宰臣曰：「士大夫操修必須名實相副，若拙貪進擇祿，如此固當譴降。朕之用人，豈以親疏為間，苟能盡瘁奉公，有所植立，何患名位之不至也。」

富弼曰：帝王之使人，不可不度其才。度其才而使之不容辭避，則命令重矣。真宗用郭贄、陳若拙守藩郡，各辭其任，一固遣，一責降，誠得使人之術。帝王任藩郡守若容辭避，則急難能使人乎？佚名《宋史全文》卷五。

（八月己卯），以京朝官任中外職受代者，考課引對，多獲敘進，而計司、三舘不預茲例。於是，內出孫沔等四人姓名，特遷其官，復令審官院立五年之制，三班院以七年為限。章如愚《羣書考索·後集》卷一五《官制門·考課類》。

景德四年二月（壬申），上謂輔臣曰：「前代內臣恃恩恣橫，蠹政害物。朕常深以為戒。至於班秩賜與，不使過分，有罪未嘗矜貸。」王旦等曰：「陛下言及此，社稷之福也。」內侍史崇貴嘗使嘉州，還言有知縣王姓者貪濁，有佐官名昭度者廉幹，乞擢為知縣。上曰：「內臣將命，能探善惡，固亦可獎。然以其密侍扃禁，便爾賞罰，外人未為厭伏。當須轉運使審察之。」

富弼等釋曰：人主聽納不可不謹，若容片言之欺，小則係一人之榮辱，大則係天下之利害安危，可不謹哉。謹之之術，惟在防微，防微之術莫若左右之言不及也。眞宗不以一內侍臣言進退官吏，聽納之道謹之至矣。佚名《宋史全文》卷五。

（大中祥符元年）三月（乙巳），上語大臣曰：「京師士庶衣服器玩多鎔金爲飾。」乃詔丁謂申明舊制，募告者賞之。自今乘輿服御，塗金、繡金之類亦不須用。

富弼等釋曰：國之去奢，自上者始，則天下無不從化。況去禁嚴明，眞宗朝禁銷金服甚謹，然累下制令，而犯者不絕。故內則詔宮中已下，外則自大臣之家，悉不得以金飾衣服。復申嚴憲，布於天下，自此更無犯者，蓋自上者始而法禁明也。佚名《宋史全文》卷六。

大中祥符四年（五月己亥），以主客郎中李巽爲度支郎中、兩浙轉運副使，司勳員外郎王矩爲工部郎中、京西轉運副使。初，遣官提點刑獄，至是代還，命向敏中較其殿最，以嘗活冤獄者爲第二等，餘爲第三等。章如愚《羣書考索·後集》卷一五《官制門·考課類》。

大中祥符八年（春正月壬午朔），及上玉皇聖號，大赦，內外文武官滿三年者，有司即考課以聞，於是引對之法廢矣。章如愚《羣書考索·後集》卷一五《官制門·考課類》。

（開寶八年）夏四月，教坊使衛德仁以老求外官，且援同光故事求領郡。上曰：「用伶人爲刺史，此莊宗失政，豈可效之耶。」宰相擬上州司馬。上曰：「上佐乃士人所處，資望甚優，亦不可輕授。此輩但當於樂部遷轉耳。」乃命爲太常寺太樂署令。

富弼曰：古之執伎於上者，出鄉不得與士齒。太祖不以伶官處士人之列，止以太樂令授之，在流外之品，所謂塞僭濫之原。佚名《宋史全文》卷二。

乾興元年九月己巳，詔伎術官自今不得如京朝官考課遷陟。章如愚《羣書考索·後集》卷一五《官制門·考課類》。

（太平興國四年八月）韋宣等初擢第即通判諸州，代還，太宗以兩使判官得替者尤鮮，故多闕員，乃以宣等十五人爲之，且令縣歷，觀其佐治之才也。祝穆《事文類聚·外集》卷一二《路官部·佐治之才》、謝維新《事類備要·後集》卷七七《州官門·簽判》。

雍熙二年（十月），詔：「自今經講精熟者，方許係籍。」劉達可《璧水羣英待問會元》卷八六《財計門・鬻牒》。

端拱元年（十二月），上謂宰相曰：「國之興衰，視其威柄可知矣。朕思與卿等謹守法度，務振紀綱，以致太平。」劉達可《璧水羣英待問會元》卷二二《治道門・紀綱》。

（大中祥符六年）秋七月，初，劉承規私請於上，欲求節度使。上諭王旦，旦曰：「陛下所守者，祖宗典故，典故所無不可聽也。」上又曰：「承規言死在旦夕。」旦曰：「陛下若聽承規所請，後必有邀朝廷求爲樞密使者矣。」上乃止。承規尋卒，乃贈鎮江節度使。初，知濱州呂夷簡上言請免河北農器之稅，上曰：「務穡勸耕，古之道也，豈獨河北哉！」癸卯，詔諸路勿稅農器。

富弼等釋曰：關市之賦，所以征商也。稅及農器，去古法遠矣。呂夷簡雖上言乞免其等，止言河北，所見未廣。眞宗推農務之道，使天下免稅稼器，固聖人知博利也。佚名《宋史全文》卷六。

天禧元年，詔不限內外職守，但及三歲，非犯入己贓者，皆磨勘遷陟。則其他贓私敗，皆得以遷官，於是黜陟之法廢矣。章如愚《羣書考索・後集》卷一五《官制門・考課類》。

建隆初，命常參官往諸道均田。大名府館陶縣民郭贇詣闕訴括田不均，詔令他縣官審視，所隱頃畝皆實。太祖怒，本縣令程迪決杖，徒流海島，括田使、給事中寇鄭削兩任，免。又度支判官、刑部員外郎崔遜坐括田於鄭州，殘暴苛急，所按失實，爲民所訴，貶伊陽令。黃履翁《新箋決科古今源流至論・別集》卷一○《田制》。

郭進在西山，有軍校詣闕訟進不法事。太祖曰：「進御下嚴，此人有過，懼而誣之，使送與進，令殺之。」進表謝。會并人入寇，因曰：「汝有膽氣，今捨汝罪，今汝斃殺并寇如勝，即薦汝。」其人踊躍，果致克捷，進即乞遷職。黃履翁《新箋決科古今源流至論・別集》卷八《將才》、黃履翁《新箋決科古今源流至論・別集》卷八《邊將》。

故事，文、武常參官名以事著於月限，考滿則遷。太祖籍名責實，非有勞者，未嘗遷秩，自是歲滿。敘遷之法頗不常復。黃履翁《新箋決科古今源流至論・別集》卷六《堂除》。

太宗遇歲旱，必蔬食，減食品三之二。林駉《新箋決科古今源流至論・前集》卷五《災祥》。

咸平中，虜寇代州，莫州刺史楊延昭伏銳兵於羊山西，自北掩擊，且戰且退，及西山伏發，虜大敗，獲虜將，虜首以獻。林駉《新箋決科古今源流至論·後集》卷七《世胄》。

《仁宗聖政》

景祐元年（二月庚子），召知鳳翔府司馬池知諫院。池上表懇辭，上謂宰相曰：「人皆嗜進，池獨嗜退，亦難能也。」加直史館，復知鳳翔。佚名《翰苑新書集·後集上》卷一五《遜謝》。

（康定元年二月甲辰），詔兵部試武舉人，以策論定去留，以弓馬定高下。章如愚《羣書考索·後集》卷二九《士門·武學》。

按：此條紀年據李燾《續資治通鑑長編》，《羣書考索》云在寶元間，誤。

（三月己卯），吳遵路嘗建議覆民兵。於是，詔遵路籍河東鄉丁爲備邊，仍下法於諸路。佚名《羣書會元截江網》卷一四《民兵》、劉達可《璧水羣英待問會元》卷六四《武事門·民兵》。

慶曆三年（九月丁卯），范仲淹、富弼奏：「養賢之方，必先厚祿，然後可以責廉隅、安職業也。近日屢有臣僚乞罷職田，以其有不均之謗，有侵民之害。臣謂職田本欲養賢，緣而侵民者有矣，彼之衣食不足，壞其名節不能奉法，而天下受弊，豈止職田之害耶！」劉達可《璧水羣英待問會元》卷三二《官吏門·祿秩》。

四年（三月癸酉），錢仙芝貸命，決配沙門島，坐知秀州受枉法贓罪，當死，特貸之。劉達可《璧水羣英待問會元》卷六《萃新門·申敕官刑》。

八年（六月庚寅），帝曰：「春、夏久雨，朕日蔬食，禱於上帝。」文彥博曰：「今景氣登晏實，聖德感通也。」劉達可《璧水羣英待問會元》卷七《萃新門·消弭災變》。

（嘉祐三年十二月壬子），河北進芝草，是日雪。上曰：「今日嘉雪，大滋宿麥，自勝芝草之瑞。」章如愚《羣書考索·前集》卷五七《律曆門·天文類》。

　　景祐四年，眾星流散，月入北斗。韓琦言：「人事失於下，天變發於上，惟責躬修德，所以除患而福至，猶影響相應之速也。」劉達可《璧水羣英待問會元》卷七《萃新門・消弭災變》。

　　夏竦奏：「爲國者，皆患吏之貪，而不知去貪之道也；皆欲吏之清，而不知致清之由也。臣以爲去貪致清者，在乎厚其祿、均其俸而已，失衣食缺於家，雖嚴父慈母不能制其子，況君長能檢其臣吏乎？凍餒切於身，雖巢由夷齊，不能固其節，況凡人能守其清白乎！」劉達可《璧水羣英待問會元》卷三二《官吏門・祿秩》。

《英宗聖政》

治平三年（四月乙丑），詔：「河北戰兵三十萬一千餘人，陝西戰兵四十五萬九百餘人，並義勇令本路都總管常加訓練。」劉達可《璧水羣英待問會元》卷六三《武事門．兵制》。

治平三年，以孫固爲諸王府侍讀，呂誨、范純仁等言：「固非其人。」上曰：「固文辭亦有可釆。」韓琦曰：「調護官宜用有操守人也。」劉達可《璧水羣英待問會元》卷四《萃新門．建立國本》。

治平中，司馬光言：「人君之尊，與天地同體，以剛健爲德，以重厚爲威，照微嘗如日月，發言當如雷霆，羣臣安得不畏服哉！」劉達可《璧水羣英待問會元》卷一四《君道門．君德》。

《神宗聖政》

元豐五年（五月丙午），种諤上言：「歷觀前世本路敵人，與中國隔限者，利害盡在沙漠。若彼率眾度漠入攻，彼先困，我渡漠往攻，則我先困，然而西戎常能為邊患者，以漠南有山界之粟可食，山界之民可使，有山界之要害險固可守，若能使漠南無此，則彼之羸糧罷師，自可以開關延敵以待勞。」謝維新《事類備要‧別集》卷五《都邑門‧險要》。

（癸未），上曰：「秦居關中，止以一方事力尚能并一九州，今天下之大，十倍於秦，遠取東南財賦以贍關中，更得名將練兵，何為不可？」劉達可《璧水羣英待問會元》卷六八《武事門‧軍需》。

熙寧二年，有於上前言：「災異皆天數，非人事得失所致者。」富弼聞之，歎曰：「人君所畏惟天，若不畏天，何事不可為者？去危亡無幾矣。此奸人欲進邪說，故先導上以無所畏，使輔弼諫諍之臣無所復施，吾不可不速救。」即上疏數千言，雜引《春秋》《洪範》及古今傳記人情物理，以明其決不然者。劉達可《璧水羣英待問會元》卷七《萃新門‧消弭災變》。

熙寧二年，上憂旱甚。富弼曰：「陛下能以至誠應天，則天必應。」同天節罷上壽，是日雨，弼曰：「誕日特罷稱觴，所以遹動天地。」劉達可《璧水羣英待問會元》卷七《萃新門‧消弭災變》。

熙寧四年，中書言：「天下選人俸既薄，而又多寡不一，恐不足以勸廉吏，今欲月增俸錢、米、麥。」從之。劉達可《璧水羣英待問會元》卷三二《官吏門‧祿秩》。

神宗朝，司馬溫公上疏論修心之要三：曰仁，曰明，曰武，且曰：「臣昔為諫官，即以此言獻仁宗。其後以獻英宗，平生力學，盡在是矣。」呂正獻

公上十事，其三曰修身。修身之道，天地、神明皆可感動。劉達可《璧水羣英待問會元》卷一二《君道門・君心》。

　　熙寧間，詔駁正事赴執政稟議。給事（中）韓忠彥言：「朝廷之事，執政所行，職當封駁，自當求決於上，何稟議之有。」劉達可《璧水羣英待問會元》卷三五《官吏門・給舍》。

《哲宗聖政》

　　元祐六年五月（己未）朔，日食。朱光庭上疏請修德應變。王巖叟言：「人君觀天變要，當恐懼修省。」梁燾言：「銷變之束，莫如修德，修德之要，莫如進學。」劉達可《璧水羣英待問會元》卷七《萃新門・消弭災變》。

　　元祐七年（春正月丁酉），王巖叟言：「累次進讀祖宗愛民之事，陛下必一一在，聖意非苟知之，亦允蹈之今。陛下既已知之，願陛下常存之於心思，所以力行之，則祖宗之美，復在陛下。」上嘉納之。劉達可《璧水羣英待問會元》卷一七《君道門・法祖》。

《崇寧大觀聖政錄》

崇寧二年，蔡京以陝西轉運許天啓鑄大錢當十。大觀四年，以當十大錢當三。陳元靚《纂圖增新羣書類要事林廣記・戊集》卷上《貨寶類・貨泉沿革》（日本宮內廳書陵部藏元刻本）。

《高宗聖政》

建炎元年二月（甲戌），詔曰：「自來以內侍官一員兼鈐轄教坊，蓋太平無事時故事。朕方日極憂念，並絕聲樂，不令過耳。近緣內侍官更代，失於檢察，仍帶前項兼官，實雖廢而名存，亦所不忍，所有內侍鈐轄教坊名闕，可減罷，更不差置。」佚名《國朝冊府畫一元龜甲集》卷三九《百官門·宦寺》。

林駉《新箋決科古今源流至論·續集》卷八《宦官下》：建炎罷內侍官一員兼鈐轄教坊日，曰：「朕近錄內侍官史[吏]，代史[吏]於檢察，仍帶前須[項]兼官，更不差置。」

（五月庚寅朔），羣臣因請即位，其赦文略曰：「慰民耳目之注，敷朕腹心之言，爰布湛恩，懿綏區夏，可大赦天下。」謝維新《事類備要·後集》卷四《君道門·赦宥》、謝維新《事類備要·外集》卷二五《刑法門·赦宥》。

佚名《翰苑新書集·後集上》卷一二《諫院》：建炎元年，羣臣固請即位，其赦文略曰：「慰民耳目之注，敷朕腹心之言，爰布湛恩，誕綏區夏，可大赦天下。」

即位赦文內云：「比來州縣受納稅賦務加概量，以規出剩，可並行禁止。」又云：「上供悉有常數，後因臣僚奏請，歲有增加，不勝其弊，仰諸路轉運司開具祖宗上供舊制及增添數目聞奏，當損以舒民力。」章如愚《羣書考索·後集》卷五三《賦稅門·田賦類》。

六月（壬戌），上諭宰相李綱曰：「屢語執政，令置登聞檢、鼓院，以通四方章奏，至今由未措置，可即施行。」於是置登聞檢、鼓院於行宮宮門外。佚名《國朝冊府畫一元龜乙集》卷一九《奏對門·章奏》。

（丙寅），詔曰：「靖康變故，仕於中都者，曾無伏節死難之士，姑取跡狀尤顯著者，量加竄黜。夫節義，正所以責士大夫也。」劉達可《璧水羣英待問會元》卷二九《臣道門·名節》。

（丁卯），詔曰：「贓吏爲奸，乘時掊克，重困吾民，罪不可貸，當遣使按治，寘於典憲。」劉達可《璧水羣英待問會元》卷三〇《臣道門・貪廉》。

（丙戌），詔京東、京西、河北、永興軍、淮南、江南、兩浙、荊湖路皆置帥府。要郡、大要郡帥府爲安撫使帶馬步軍都總管，要郡帶兵馬鈐轄，次要郡帶兵馬都監，皆以武臣爲之副。改路分爲副總管路，鈐轄爲副鈐轄，州鈐轄爲副都監。總管、鈐轄司許以便宜行軍馬事，辟置僚屬，依《帥臣法》屯兵各有差。遇朝廷起兵，則副總管爲帥，副鈐轄、副都監各以兵從，聽其節制。正官願行者，聽。轉運使、副一員隨軍，一員留本路。提點刑獄彈壓本路盜賊，則量敵出兵多寡，會合以相應援。章如愚《羣書考索・後集》卷四一《兵制門・民兵》。

（戊子），上謂宰執曰：「昨令外宗正選藝祖之後四五人。」范宗尹曰：「此陛下萬世之慮。」（上又曰）：「朕選於伯字行中，庶昭穆合序。」富直柔曰：「陛下聖斷，度越千古。」劉達可《璧水羣英待問會元》卷三《萃新門・建立國本》。

（秋）七月（己亥），詔宰執及見任宮觀待歸未有差遣，京官以上俸錢權減三分之一。章如愚《羣書考索・後集》卷一六《官制門・吏祿類》。

丙辰，下詔：「暫於淮甸駐蹕應接，四方稍定即還京闕，仍命知揚州呂頤浩修城池。」謝維新《事類備要・別集》卷四《宮室門・城壁》。

（十二月丙辰朔），詔：「朕念儒臣以稽先聖之格言，雖羽檄交馳，亦不可廢，可差講讀官四員於內殿講讀。」佚名《錦繡萬花谷・續集》卷二《聖學》。

（乙酉），詔略曰：「朕以眇躬獲嗣天統，以一心之思慮而圖四海之安危，以一己之見聞而萬機之情僞，非盡臣工之謀議，曷臻方夏之敉寧。肆敷朕心，歷告列位，自今服采在職，其各悉心極言。凡言動、舉措之過，差暨軍旅、財用之缺失，人情之逆順，政事之否臧，號令不便於民，法制無益於國，若時施設，咸得指陳，或抗章而盡辭，或造膝而入告，務從簡直，以便聽觀。厥有謨可績、謀臧，具依。切至而有根原，忠鯁而無顧忌，亟當獎擢，昭示勸旌。」佚名《國朝冊府畫一元龜乙集》卷一七《聽納門・聽納求言附》。

建炎二年（三月甲午），侍讀周武仲進讀《通鑑》。上曰：「司馬光何故以紀綱爲禮？」劉達可《璧水羣英待問會元》卷四六《儒事門・通鑑》。

章如愚《羣書考索・後集》卷一〇《官制門・秘書》：建炎二年三月甲午，詔經筵講《論語》，讀《資政通鑑》。

（夏四月戊午），時諸路方行巡社之法，權邦彥奏，河東縣民自相糾集爲巡社，寇不敢犯，而言者謂其法利於西北，不利於東南，乞罷之。佚名《羣書會元截江網》卷一四《民兵》。

庚申，上諭宰執曰：「故事，自五月至八月罷講筵。朕以寡昧，履茲艱難，方夙夜孜孜於經史，若如故事，則累月當廢，疑義無所質，朕欲勿罷，可乎？」羣臣皆稱善。於是，詔勿罷講筵。章如愚《羣書考索·後集》卷一○《官制門·秘書》。

佚名《錦繡萬花谷·續集》卷二《經筵》：建炎二年，謂宰執曰：「故事，自五月至八月罷講。若如故事，則累月當廢講讀，朕欲勿罷，可乎？」自是勿罷。

王象之《輿地紀勝》卷一：建炎二年四月，上諭宰執曰：「若廢之累月，則疑義無所質矣，朕欲勿罷，可乎？」宰執曰：「善。」遂勿罷講。

（秋七月丁亥），楚周[州]發歸朝官至行在，上曰：「覆幬間皆吾赤子，朕欲發赴行在存撫之，度[庶]可召和氣。」劉達可《璧水羣英待問會元》卷六一《民事門·通將》。

劉達可《璧水羣英待問會元》卷七六《武事門·納降》：建炎二年，上曰：「朕欲發諸郡歸朝官盡赴行在存撫之，庶可召和氣。」

（九月戊戌），宰臣謝賜御書《資治通鑑》第四冊，上因曰：「朕退朝省覽四方章奏，多遊意於翰墨，不以為倦。」佚名《羣書會元截江網》卷二《聖翰》、劉達可《璧水羣英待問會元》卷一一《聖學門·聖翰》。

王應麟《玉海》卷三四《聖文》：建炎二年九月十七日戊戌，上書《資治通鑑》第四冊，賜黃潛善。己亥，宰臣謝，上曰：「近將語孟子論治道處，手寫入於絹屏。」又曰：「語孟誦習之熟，□[眞]有可喜。」

（冬十月癸卯），李鄴造明舉甲。上召張浚、辛企宗示之，曰：「是甲分毫以上，皆民生膏血，若棄擲一葉甲，是棄生民方寸之膚，諸軍用之，當思愛惜。」劉達可《璧水羣英待問會元》卷六五《武事門·器械》。

十一月己亥，上朝享太廟神主寓於溫州，歲時薦享，委之守臣。司封林待聘言：「原廟之在郡國，有漢故事；而太廟神主，禮宜在都。今新邑未奠，宜考古師行載主之義，還之行闕，以彰聖孝。」至是，始就臨安府建太廟，遣太常少卿張洙奉安，上行欷謁之禮。劉達可《璧水羣英待問會元》卷八八《禮典門·郊恩》。

建炎三年（春正月戊戌），張守言：「今之為策有二：一防淮，二渡江。若屯重兵於楚、泗、淮陰三處，賊亦未能遽犯我；若渡江而宿重兵於昇、潤，賊亦未能遽侵。若為中原計，而幸虜不至，則用防淮之策；若為宗社計，而出於萬全，則用渡江之策。」劉達可《璧水羣英待問會元》卷七四《武事門·兩淮》。

（二月辛未），知婺州蘇遲乞奏減年額上供羅。上問：「祖宗額幾何？」輔臣對：「《皇祐編敕》一萬匹。」問：「今幾何？」輔臣指遲奏言：「五萬八千七百九十七匹。」上驚歎曰：「民將何堪？」時遲奏乞減半，上曰：「盡依皇祐法。」輔臣奏：「今用度與祖宗時不同。」上復曰：「與減二萬匹並八千有餘，今數因著爲定制，仍令給以本錢。」章如愚《羣書考索・後集》卷五三《賦稅門・田賦類》。

三月（辛巳），臣僚上言：「宜倣唐制及祖宗舊制，應（獻陳）章奏，委翰林學士、給事中、中書舍人輪日於禁中看詳，條陳具奏，使是非予奪盡從公論，左右小臣不得妄言利害。既委臣僚，乞不差內臣傳送，只實封往復，庶免黨與交結之罪。」詔從之。佚名《國朝冊府畫一元龜乙集》卷一九《奏對門・章奏》。

（乙酉），張浚奏，大石國進奉珠玉至熙州。詔：「後悉不受，量度支賜，以答遠人之意。」章如愚《羣書考索・後集》卷五三《賦稅門・田賦類》。

（六月己酉），霖雨不止，可召郎官以上赴都堂，各言朕過失，庶可收人心，召和氣，銷天變。佚名《羣書會元截江網》卷三《敬天》。

（戊辰），上諭宰執欲親閱武，曰：「朕久命諸將，各閱所部人馬，以別能否，當召卿等共觀之。」劉達可《璧水羣英待問會元》卷七〇《武事門・教閱》。

七月（癸卯），上親寫《旅獒》及《大有》《大畜》二卦與《孟子》之言於座右素屏，宣示宰執。甲辰，黃潛善等謝曰：「陛下於《書》取謹德昭德之義，於《易》取尚賢畜賢之道。蓋正心誠意以齊家治國者，在德；立政造事以致君澤民者，在賢。與孟軻之格言，皆今日之急務，因知心術之妙，不以字書爲工也。」劉達可《璧水羣英待問會元》卷一一《聖學門・聖翰》。

（八月丙寅），上諭宰臣曰：「國用匱乏，正以所費多。」頤浩曰：「用兵費財，故漢文帝不言兵而天下富，若邊事稍息，則國用自饒。」上曰：「朕細思之，用兵與營繕，最蠹國用，深可戒也。」劉達可《璧水羣英待問會元》卷六八《武事門・軍需》。

（九月丙午），日蝕僅四分，未幾退。呂頤浩曰：「陛下嚴恭寅畏，天鑒精誠，宜感格如此。」上曰：「朕常夜觀天象，見熒惑躔次稍差，食素已二十餘日，須俟復行軌道，當復常膳。」佚名《羣書會元截江網》卷三《敬天》。

建炎四年（春）正月庚申，上曰：「昨雷聲頗厲，《晉志》以雷發非時，爲女專權，君弱臣強，四裔兵不制所致。朕與卿等宜共修德，以實應天。」

癸亥，上曰：「昨日雷再發聲，今日方二月節，要之亦非時也。《晉志》所占無異，惟發頻者應速耳。」徐元傑《楳野集》卷二《乙巳正月十五日上進故事》。

佚名《羣書會元截江網》卷三《敬天》：（建炎）四年，上曰：「昨雷聲頗厲，朕與卿等宜共修德，以實應天。」

（六月庚辰），張守奏：「昨聞聖訓，蘇軾書無非正論，言皆有益，不獨取其字畫之工而已。」林駉《新箋決科古今源流至論·前集》卷三《書法》。

（壬辰），兩省奏：「秋成可期，宜及時儲蓄。」詔廣東令褚守諤糴十至萬斛運至福、漳、泉州，仍以所部年額上供爲本錢。劉達可《璧水羣英待問會元》卷八三《財計門·糴法》。

佚名《羣書會元截江網》卷五《儲積》：建炎四年，中書奏：「秋成可期，宜及時儲蓄。」詔廣東、福建以所部年額爲上供本錢。

佚名《羣書會元截江網》卷七《和糴》：建炎四年，兩省奏：「秋成可期，宜及時儲蓄。」詔以所部年額爲上供本錢，非有制書而妄取者，皆從軍法。

（八月戊寅），（上）寫《郭子儀傳》，呼諸將示之。佚名《羣書會元截江網》卷二《聖翰》。

（丙戌），上謂宰臣曰：「貪吏害民，最宜留意，祖宗雖崇好生之德，而贓吏死徙，未嘗蠲減。自今官吏犯贓，雖未欲誅戮，若杖脊浪[流]配，不可貸也。」劉達可《璧水羣英待問會元》卷三〇《臣道門·貪廉》。

劉達可《璧水羣英待問會元》卷六《萃新門·申敕官刑》：上曰：「贓吏害民，所宜留意。祖宗雖崇好生之德，而贓吏死徙，未嘗末[蠲]減。今雖未欲誅戮，若杖脊流配，不可貸也。」

（己丑），詔：「金賊見於眞、揚出沒，恐不測南渡，令劉光世往鎮江分兵以備江岸，及會南諸鎮並力擊之。」虜攻揚州急，楚州亦危。趙鼎曰：「楚當虜衝，所以蔽兩淮，若委而不救，則失諸鎮之心。」乃詔岳飛率兵腹背掩擊，又令浙西大帥劉光世遣兵渡江爲援。劉達可《璧水羣英待問會元》卷七四《武事門·兩淮》。

（十一月壬子），高宗曰：「祖宗時，贓吏有杖朝堂，黥面刺配尚爲輕典，若是贓吏不須問。文臣、宗室但倚苛虐掊克吾民，須重與懲戒。」劉達可《璧水羣英待問會元》卷六《萃新門·申敕官刑》。

紹興元年（二月己巳）上謂宰臣曰：「劉光世一軍月費廩給萬數，宜速爲屯田之計。」劉達可《璧水羣英待問會元》卷六九《武事門·屯營田》。

　　（己卯），詔和州鎮撫使趙零以屯田法養兵。上曰：「凡以賞行法，則吏必慕賞，不恤擾民，俟其成功，朝廷自賞之可也。」劉達可《璧水羣英待問會元》卷六九《武事門·屯營田》。

　　三月（戊戌），進呈呂頤浩保奏知嚴州柳約、知衢州李勵功狀，各進職一等。上曰：「守臣治郡有勞，但當進職，不必數遷。」李回曰：「漢宣帝時，守臣有治效，輒有璽書，增秩賜金，意亦出此。」佚名《國朝冊府晝一元龜甲集》卷四○《百官門·牧守》。

佚名《國朝冊府晝一元龜乙集》卷二二《久任門·守帥久任》：紹興元年三月，上曰：「守臣治郡有勞，但當進職，不必數遷。」

　　（夏四月丁丑），有司言：「合祭昊天上帝、地祇於明堂，奉太祖、太宗配依熙寧位，設從祀位。」謝維新《事類備要·外集》卷六《祭祀門·明堂》。

　　（辛巳），程俱奏：「名臣列傳止是節本。」上曰：「初只令進累朝實錄，蓋欲盡見祖宗規模，此是朕家法，要得遵守。」劉達可《璧水羣英待問會元》卷一七《君道門·法祖》。

　　（五月己酉），詔以米價踊貴，細民缺食，令諸路州軍以常平倉粟量度出糶，仍令州縣勸誘積穀之家，將願糶數，具文歷出糶。如及三千石以上，補守闕進義副尉；六千石以上，進義副尉；九千石以上，下班祗應；一萬二千石以上，進義校尉；一萬五千石以上，進武校尉；二萬石以上者，取旨優異推恩；已有官蔭者，此類別作施行。章如愚《羣書考索·後集》卷六二《財用門·鬻爵》。

佚名《羣書會元截江網》卷五《儲積》：紹興元年，詔以米價踊貴，細民缺食，令諸路州軍以常平倉粟量度出糶。

劉達可《璧水羣英待問會元》卷六○《民事門·勸分》：高宗紹興元年，詔：「以米貴乏食，令州縣勸誘積穀之家，將願糶數具文歷，出糶如及三千石以上，與補守闕進義副尉。」

　　（七月乙未朔），劉光世奏：「枯桔生穗，委是祥瑞。」上曰：「朝廷有賢輔左[佐]，軍中有十萬鐵騎，乃爲祥瑞，此外皆不足信。」林駉《新箋決科古今源流至論·前集》卷五《災祥》。

　　（九月癸亥），臣僚論奏增禁衛。上謂輔臣曰：「此論與朕意不同，彼但見承平儀衛之盛，今殿陛侍衛人亦不少，一衛士請給可贍三四（兵）矣。朕命楊沂中治神武中軍，此皆宿衛兵也。卿等可措置增修鞍馬、器械，乃爲先務。」劉達可《璧水羣英待問會元》卷六三《武事門·禁衛兵》。

（冬）十月（乙酉），進呈郭仲珣初除管軍恩例，當得閤職。上曰：「祖宗待三衙之厚如此。」富直柔曰：「祖宗時，三衙用邊功、戚里，班行各一人，蓋有指意。」上曰：「參用戚里，固祖宗法，然窒礙處，多恐不可用。」輔臣退而歎曰：「此言可爲萬世法。」佚名《國朝冊府畫一元龜乙集》卷二○《任用門‧用人》。

（丁亥），進呈推勘僞告身文字，事連潘思永。上曰：「思永雖戚里，即有過，安可廢法？」於是，令罷閤門職事，就逮。秦檜退而歎曰「卓哉此舉！」徐松《宋會要輯稿‧帝系》一一之一。

紹興二年（春正月丙辰），詔書：「可將建炎四年應在前殘租積欠，除形勢及官戶、州縣公人外，餘不問有無專法，一切蠲除。」章如愚《羣書考索‧後集》卷五三《賦稅門‧田賦類》。

（乙未），上語及戢贓吏。呂頤浩曰：「奸吏侵漁，不可不禁，然州縣官依條格合得請給，宜按月支與，使之食足，然後可以養廉隅。」上曰：「然。」輔臣因進呈諸路公使庫支給外縣官供給條格，詔申明行下。章如愚《羣書考索‧後集》卷一六《官制門‧吏祿類》。

（二月乙酉），上謂宰執曰：「人主之德，莫大於仁，仁之一字，非堯舜不能盡。」劉達可《璧水羣英待問會元》卷一四《君道門‧君德》。

（戊子），殿中侍御史江躋箚子，奏：「前知明州吳懋輒有所獻，踰五萬緡，切恐朝廷受之無名，將何以示天下？倘或小人觀望，爭相效尤，殘民以爲己利，其患有不可勝言者，欲望斥還懋所獻錢，仍加黜罰，少寬民力。」詔：「其錢委自憲臣勘當，如係科斂，即仰給還，候勘當列具，懋取旨施行。」後有旨，吳懋降兩官。章如愚《羣書考索‧後集》卷六四《財賦門‧貢獻》。

（三月癸丑），詔曰：「昨詔諭淮東八郡人戶佃田，並免二年租稅，來合行權納之歲，可止據當年已種頃畝計數起納，其後逐歲添展、墾闢到田畝，亦據實數添納，庶得人戶曉然，易以安業。如或州縣過數催追，並依違制之罪，仍許人戶越訴。」章如愚《羣書考索‧後集》卷五三《賦稅門‧田賦類》。

（四月甲申），呂頤浩等因陳天下大勢，謂：「當用二廣財力，葺荊湖兩路，遂通京西，以接陝右，此天下左臂。」胡安國曰：「今日之勢，宜以襄陽隸（湖）北，岳陽隸湖南，而鄂渚隸江西。蓋祖宗都汴，其勢當自內而制外，今都江左，當自南而制北。」劉達可《璧水羣英待問會元》卷七三《武事門‧荊襄》。

（五月戊子），進呈王大智造軍器。上曰：「莫若且令多造弩。」推[翟]汝文曰：「強弩可以制虜人。」上曰：「朕謂不在此，制虜在修文德，若器械不可不備爾。」黃履翁《新箋決科古今源流至論·別集》卷九《軍器》。

劉達可《璧水羣英待問會元》卷七五《武事門·待夷狄》：高宗紹興二年，上曰：「制虜在修文德，若器械不可不備耳。」

劉達可《璧水羣英待問會元》卷六五《武事門·車戰》：高宗紹興元[二]年，進呈王大智造軍器。上曰：「車戰可用否？古法既廢，不聞用車取勝，莫若令多造弩。」

佚名《羣書會元截江網》卷一五《步騎車戰》：高宗紹興元[二]年，進呈王大智造軍器。上曰：「車戰可用否？古法既廢，不聞用車取勝，莫若多造弩。」

（秋七月辛酉），上曰：「儒臣講讀，若其說不明，如夢中語耳，何以發朕意？將來開講，令胡安國兼讀《春秋》，隨事解釋，不必作義，朕將咨訪。」劉達可《璧水羣英待問會元》卷八《聖學門·聖學》。

（九月丙子），上曰：「今日凡批降御筆處分，雖出朕意，必經由三省、密院，與已前不同，若或未當，許卿等奏稟，給舍繳駁，有司申察。」朱勝非對曰：「不由鳳閣鸞臺，不謂之詔令。」佚名《羣書會元截江網》卷一八《詔令》、劉達可《璧水羣英待問會元》卷二二《治道門·詔令》。

（冬十月戊子），上謂呂頤浩曰：「復孳蕃牧，當就水草地。」是日條畫，欲於饒州近四望山等處為牧地，郡守帶提領，選差使臣五員專管牧養事。上曰：「兵以馬政為先，開元間，至四十萬匹，當時用一縑易一馬，亦要得人。又如王毛仲陳馬若錦繡，其盛如此。」章如愚《羣書考索·後集》卷四四《兵門·馬政類》。

佚名《羣書會元截江網》卷二五《馬政》、劉達可《璧水羣英待問會元》卷六七《武事門·馬政》：紹興二年，上謂呂頤浩曰：「復孳蕃牧，當就水草地。」是日條畫，欲於饒州近四望山等處為牧地，郡守帶提領，選差使臣五員專管牧養事。上曰：「兵以馬政為先，開元間，至四十萬匹，當時用一縑易一馬，亦要得人。」又曰：「如王毛仲陳馬若錦繡，其盛如此。」

甲午，廷臣進呈上書士人賜束帛事。上曰「唐太宗固嘗如此。本朝久亦不廢，茲者待士禮意也。」佚名《國朝冊府畫一元龜乙集》卷一七《聽納門·聽納求言附》。

（十一月壬午），汪藻言：「自元符至建炎並無《日曆》，此國之重事。」至是，除藻知湖州，詔領日曆。王象之《輿地紀勝》卷一。

紹興三年（春正月乙丑），詔曰：「應為士師者，各務仁平，濟以哀矜，天高聽卑，福善禍淫，莫遂爾情，罰及爾身，置此座右，永以為訓。仍箚付臺屬、憲臣，常加檢察。」劉達可《璧水羣英待問會元》卷六《萃新門·申敕官刑》。

劉達可《璧水羣英待問會元》卷二六《國事門·恤刑》：高宗詔曰：「可布告中外，應為吾士師者，各務仁平，濟以哀矜，天高聽卑，福善禍淫，莫遂爾情，罰及爾身，置此座右，永以為訓。」

（二月甲寅），又詔曰：「朕以國家多難，元元未得休息，如坐塗炭，故數詔中外皆得極陳利害，庶使斯民少寬其力。而在外郡國蔑有所陳，豈非不知所以治養之道哉？自今而後應諸守臣到任及半年以上，先具民間利害或邊防五件聞奏。至替日不在任久，近亦當條具五事來上，因以察其材能焉。」佚名《國朝冊府畫一元龜甲集》卷四〇《百官門·牧守》。

（三月戊寅），知藤州侯彭老奏：「措置到本州寬剩錢一萬貫文省，買到金一百六十六兩，銀一千八百兩，謹以投進，幫助行在大軍支用，伏望特降睿旨，下有司交納。」詔：「縱有寬剩，自合歸之有司，非守臣所當進納，或恐亂有刻剝，取媚朝廷，侯彭老可特降一官，放罷，以懲妄作，所進物退還之。」

臣等曰：人君嚬笑道以風動天下，況可因利以導臣下乎！剝民奉上，以為進身之階，非牧民者所宜為也。一人為之，四方傚之，斯民將不聊生矣。罪一人，以為天下戒，使億兆之眾安於田里，而無愁歎之聲，其為國之利也，豈止十萬錢乎！章如愚《羣書考索·後集》卷六四《財賦門·貢獻》。

（夏四月甲午），韓世忠移軍泗上，恐饋餉不集，乃命戶部及江、浙運司以空名告身誘富民糴粟及芻。戶部奏：「今博糴與常時不同，乞不作納粟，仍免賜注官。」劉達可《璧水羣英待問會元》卷八六《財計門·糴法》。

（五月丙辰），岳飛[趙鼎]奏：「襄陽居江淮上流，實川陝衿喉之地。」劉達可《璧水羣英待問會元》卷七三《武事門·荊襄》。

（戊寅），上曰：「監司、守令皆勸農之官，未聞勸農之實。」臣僚奏：「大觀、政和間，亦嘗舉行勸農，至追胥農夫，拘留累日，以待守令按行者，民更以為苦。」上然之。劉達可《璧水羣英待問會元》卷五八《民事門·勸農》。

（秋七月庚午），上曰：「小官增俸，雖變舊法，亦所以權一時之宜。祖宗成憲，固當謹守，至於今昔事有不同，則法有所不行，亦須變而通之。自元豐增選人俸至十千二百，當時物價甚賤，今飲食、布帛之價，比宣和

間猶不啻三倍，則選人何以自給？而責以廉節難矣。」先是，御筆：「增小官俸，方下有司條具。」故聖諭及此。章如愚《羣書考索‧後集》卷一六《官制門‧吏祿類》。

劉達可《璧水羣英待問會元》卷三二《官吏門‧祿秩》：紹興三年，詔增小官俸。上曰：「雖變舊法，亦所以權一時之宜。自元豐增選人俸，當時物價甚賤，今飲食、衣帛之價比宣和間已不啻三倍，則選人何以自給？而責以廉節難矣。」

（八月乙酉），進呈薛徽言與郡。上曰：「徽言得無資淺乎？郡守唯當擇累歷之人，祖宗朝兩任知縣方作通判，方除知州，自然諳練民事，更須久任，勿妄移易。如此，天下安有不治哉！」佚名《國朝冊府畫一元龜甲集》卷四〇《百官門‧牧守》。

（甲辰），詔曰：「地震蘇、湖，朕甚懼焉。蓋天之降災，應必隨至，咨爾在位，有能應變弭災，輔朕不逮者，極言無隱。」劉達可《璧水羣英待問會元》卷七《萃新門‧消弭災變》。

（九月己未），詔和糴法如有違戾去處，當職官吏並從徒二年。先是，都省言：「和糴並係朝廷支降金、銀、錢、帛，免科敷之擾，州縣多將糴本停留，不即支還，百端阻節剋減，遂置[致]糴買數少。」故有是詔。佚名《羣書會元截江網》卷七《和糴》。

劉達可《璧水羣英待問會元》卷八三《財計門‧糴法》：紹興二[三]年，都省言：「和糴並係朝廷支降金、銀、錢、帛，免科敷之擾，州縣多將糴本停留不即之[支]還，百端阻節剋減，遂致糴買數少。」故有是詔。

（冬十月戊子），詔以恤刑手詔刻石，頒諸郡縣。奉使魏良臣言：「北人得御筆恤刑詔書墨本，曰：『恤民如此，民心安得不歸。』」佚名《羣書會元截江網》卷二《聖翰》。

劉達可《璧水羣英待問會元》卷二六《國事門‧恤刑》：紹興三年，奉使魏良臣言：「虜至天長縣，得親筆恤刑詔書墨本，語良臣曰：『恤民如此，民心安得不歸。』」

（丙午），進呈廣西賊（事）。上曰：「凡擒捕盜賊，多緣賊首未殄，除已奏功，兵退，又復聚為寇，兼監司、州縣不能恤民，侵刻所致，故散而為盜賊，發不時奏，故使滋蔓，可嚴戒約束之，令具以實聞。」劉達可《璧水羣英待問會元》卷七七《武事門‧平盜》。

十一月（庚申），上曰：「宰相進賢退不肖，用治天下，豈可以細事為務！」劉達可《璧水羣英待問會元》卷三四《官吏門‧宰相》。

（十二月乙酉朔），上因論：「祖宗創業艱難，未嘗不以恭儉爲天下先。蓋儉則不妄費，不妄費則征求寡而民心悅，此所以行天下也。」劉達可《璧水羣英待問會元》卷一五《君道門‧儉德》。

紹興四年（春正月甲戌），上曰：「役法推行，浸久失其本意，富者益富，貧者益貧，民力愈困，此宜講究。」佚名《羣書會元截江網》卷二八《役法》、劉達可《璧水羣英待問會元》卷五九《民事門‧役法》。

（五月癸丑），上欲重修神宗、哲宗《兩朝實錄》。常同言：「惟范祖禹之子冲知其本末。」上諭宰執：「可促冲來，令兼史事。」朱勝非曰：「神宗《史》緣添入《王安石日錄》，哲宗《史》經蔡京、蔡卞之手，是所當修。」及是，范冲錄其父祖禹紹聖初報國史院問目以進，又具到朱墨本去取體式，降付史館。王象之《輿地紀勝》卷一。

（甲子），自紹興初令修《今上日曆》，始置修日曆所，既又號國史日曆所。至四年，復以史館爲名。王象之《輿地紀勝》卷一。

（八月庚辰），權吏部侍郎胡交修等奏：「契勘近降細務指揮，內一項：『六曹長貳以其事治，有條者以條決之，無條者以例決之，無條例者酌情裁決。』夫以例決事，吏部最爲繁多，因事旋行檢例，深恐人吏隱匿作弊。與[欲]七司各置例冊，凡敕箚、批狀、指揮可以爲例者編之，令法司收掌，以待檢閱。」詔依之。徐松《宋會要輯稿‧帝系》一一之二。

（甲申），上曰：「朝廷用人，當爲官擇人，不可爲人擇官。」胡松年曰：「朝廷用人，誠能毋分朋類，毋徇愛憎，則大公至正之道行矣。」劉達可《璧水羣英待問會元》卷一九《君道門‧用人》。

（冬十月甲中），上曰：「大抵刑獄以明恕爲先。」劉達可《璧水羣英待問會元》卷二六《國事門‧恤刑》。

（十一月己酉），（進）承[呈]楚、秦[泰]州水寨民兵邀擊賊馬。上曰：「淮甸遺民乃能力奮忠義，不忘國家，凡水寨民兵並與放十年租稅及科敷差役，仍支撥錢米以助之。」佚名《羣書會元截江網》卷一四《民兵》。

（丁卯），上謂輔臣曰：「朕與大臣論事，稍有不合，便輕爲去就，何也？」張浚曰：「事有可行，有不可行，陛下一言之漏，言者意其好惡，因有論列，不得不爲去就。」上曰：「君臣之間當至誠相與，勿事形跡，庶可同心協德，以底於治。」佚名《國朝冊府畫一元龜乙集》卷一六《君臣門‧君臣》。

劉達可《璧水羣英待問會元》卷一《萃新門‧時政急務》：紹興四年，上曰：「君臣之間當至誠相與，勿事形跡，庶可同心協德，以底於治。」

（壬申），上謂輔臣曰：「朕於羣臣，或因其行事，或因其獻言，每料度曲折，十亦得五，但恐太察，不敢見於所行。」胡松年曰：「陛下以聰明睿智之資洞見臣下底蘊，非若漢明帝所謂『察其與帝堯，知人則哲。』無間然矣。」佚名《國朝冊府畫一元龜乙集》卷二〇《任用門‧用人》。

（十二月辛丑），上曰：「諸將奉命恪恭，固是美事，然朝廷出號令，亦不可以不審，重使其得之，若降自雲霄之上，其誰敢慢易乎！」佚名《羣書會元截江網》卷一八《詔令》。

紹興五年（春正月戊午），上曰：「虜已退遁，須當漸圖恢復。若止循故轍，虜至，輒為退避之計，何以立國！祖宗德澤在天下二百年，民心不忘，當乘此時大作規模措置。」劉達可《璧水羣英待問會元》卷七五《武事門‧收復》。

劉達可《璧水羣英待問會元》卷一《萃新門‧時政急務》：紹興五年，上曰：「虜已退遁，當乘此時大作規模措置。」

（壬戌），上曰：「世忠奏寇退，朕謂寇退不足喜，惟恢復中原，還二聖，乃可喜耳。然有一可喜，卿等諸將爭先，非昔時比也。」謝維新《事類備要‧後集》卷五《君道門‧恢復》。

（閏二月乙酉），臣僚言：「請選委詳練財賦之官，效景德、元祐，撰集《會計錄》。」佚名《羣書會元截江網》卷九《會財》、劉達可《璧水羣英待問會元》卷七九《財計門‧財用》。

又進呈川陝宣撫使盧法原奏，乞將紹興四年以後上供錢帛依舊留充贍軍用。上曰：「祖宗儲積內帑，本以備邊陲緩急之用。今方隅多故，軍旅未息，宜從法原所請。」趙鼎等曰：「陛下捐內帑以贍軍，此帝王盛德事也。」章如愚《羣書考索‧後集》卷六四《財賦門‧內庫類》。

佚名《羣書會元截江網》卷一〇《府庫》：紹興五年，川陝宣撫將上供錢帛依舊留充贍軍。上曰：「祖宗蓄積內帑，本以備邊陲緩急之用。」遂捐內帑以贍軍。

三月（甲申），進呈韓世忠已於十一日過淮南。趙鼎奏曰：「乞遣中使傳宣撫問。」上曰：「當別有所賜。近劉光世進馬來，問朕乞花瓶，已輟玉瓶賜之。」趙鼎等奏曰：「陛下御府寶器以寵大將，深得駕御之術。」佚名《國朝冊府畫一元龜甲集》卷四三《官制門‧將帥》。

（夏四月庚戌），書《無逸爲圖》，設於講殿之壁。佚名《羣書會元截江網》卷二《聖翰》。

佚名《翰苑新書集・後集上》卷一八《賜書翰》：建炎[紹興]五年，書《無逸圖》設於講殿之壁，刻之金石。

（五月辛巳），上令趙鼎於行宮內造書院爲一區，欲令建國公就學。書院成，上曰：「只以書院便爲資善堂。」劉達可《璧水羣英待問會元》卷四《萃新門・建立國本》。

（九月壬辰），進呈國子監丞張戒所上書。先是，戒奏曰：「臣幸因輪對，輒撰成書一封，軍國重事，臣靡不盡言，陛下萬機之暇，留神省覽。」上曰：「甚好。」戒進呈訖，奏曰：「臣所論事既多，必有不合聖心處。」上曰：「朕覽天下章奏不如此，朝廷初無拒諫之意，人臣進言其可行者，行之；其不可行者，置之。朕未嘗加罪。」戒奏曰：「誠如聖諭，人臣進言，若皆合聖心，即是陛下所已知者，又何用言爲？」上曰：「不惟已知、已施行不須言。若人臣進言，必欲合人主之意，却是觀望。」戒奏曰：「陛下明此，天下幸甚。」趙鼎曰：「其言雖有過當，小臣敢盡言如此，亦不易得。」上曰：「戒因面對，攜此書來上，幾萬餘言。朕熟覽之，其間固有過當，然其憂國愛君之心，誠有可嘉。戒自言『恐忤聖意，願陛下容之。』方患朕之過失，不得自聞；民之疾苦，不得上達。大開言路以防壅蔽，豈罪言者？朕意自欲賞之。」沈與求曰：「陛下容納如此，使臣下忘忌諱，思有以仰裨聖德，何患不聞讜言？」佚名《國朝冊府畫一元龜乙集》卷一七《聽納門・聽納求言附》。

（乙未），因張戒上書，云：「朕見仁祖在位四十二年，德洽民心，至今天下誦之。朕心仰慕如堯、舜、文、武，故當時立政用人之事，朕常置之左右，朝夕以爲法。」佚名《羣書會元截江網》卷四《法祖》、劉達可《璧水羣英待問會元》卷一七《君道門・法古》。

（冬十月壬寅）趙鼎謝御書《車攻詩》，曰：「陛下遊戲翰墨之間，亦不忘恢復。」佚名《羣書會元截江網》卷二《聖翰》。

十一月（辛亥），上曰：「孔子之門文學、政事各是一科，朝廷用人若取文學而疎於政事，亦非通才，至於侍從之列，論思獻納，元須兼取二者之長。」趙鼎曰：「誠如聖訓。」佚名《國朝冊府畫一元龜乙集》卷二〇《任用門・用人》。

十二月（庚申），太府少卿沈昭遠奏乞久任計臣事。上曰：「祖宗時，三司使如陳恕最爲久任，號稱其職。今內外計臣，儻能稱職，但就加爵秩以褒

寵之可也，不須數易。」張浚曰：「久任豈獨計臣爲然？他官儻有稱職者，亦當如此。」佚名《國朝冊府畫一元龜乙集》卷二二《久任門・三司計臣久任》。

　　劉達可《璧水羣英待問會元》卷七九《財計門・理財》：紹興七年，沈昭遠乞久任計臣。上曰：「祖宗時，陳恕最爲久任，號稱其職。今計臣倘能稱職，但就加爵秩以褒寵之可也。」

　　紹興六年（春正月甲戌），孫道夫召對，請經營漢中，以爲復陝西之基，措置荊南，以爲守江左之策。劉達可《璧水羣英待問會元》卷七三《武事門・荊襄》。

　　（丁亥），上曰：「前日三大帥屬官陳梅引對，朕諭以朝廷贍養大兵之久，國用既竭，民力已困，切須專意措置屯田，此亦自古已成之效，然軍人亦須先立家計，若有機會，方圖起[進]取。」劉達可《璧水羣英待問會元》卷六九《武事門・屯營田》。

　　（甲午），旨：「令逐路監司行下旱傷州縣，恪意遵行，務要人戶不致流移。」劉達可《璧水羣英待問會元》卷六一《民事門・流民》。

　　（二月辛亥），張浚以寇勢未衰，奏：「當親諭邊城部分諸將以觀機會。」上許之。至江上，會諸將議事，命韓世忠據荊楚以圖睢陽，劉光世屯合肥以招北軍，命張俊練兵建康，進屯盱眙，命楊沂中領精兵爲後翼佐俊，命岳飛屯襄陽以窺中原。形勢既立，國威大振。謝維新《事類備要・別集》卷三《都邑門・邊隅》。

　　（六月丁巳），上曰：「昨在會稽，嘗寫《趙充國傳》以賜諸將。」佚名《羣書會元截江網》卷二《聖翰》。

　　（戊午），王弗箚子，乞令沿江守令久任。上曰：「朕昔爲元帥時，嘗見州縣官說，及在官者以三年爲任，猶且一年立威信，二年守規矩，三年則務收人情，以爲去計矣。況今止以二年者乎？雖有緝治之心，蓋亦無暇日也。弗所論甚當，當宜如此施行。」於是詔兩淮沿江守臣並以三年爲任。佚名《國朝冊府畫一元龜乙集》卷二二《久任門・守帥久任》。

　　（九月壬辰），上曰：「《資治通鑑》首論名分，其間去取，皆有益於治道。」劉達可《璧水羣英待問會元》卷四六《儒事門・通鑑》。

　　（冬十月丁酉），劉豫兵渡淮入寇，上欲令劉光世、楊沂中等退師還江南，爲保江之計。濬奏：「若諸將渡江，則無淮南。淮南之地，正所以屏蔽大江，使賊得淮南，因糧就運以爲家計，江南其可保乎？」劉達可《璧水羣英待問會元》卷七四《武事門・兩淮》。

十一月（癸酉），岳飛處分往江州屯駐。上曰：「淮西既無事，飛自不須更來。」趙鼎曰：「此有以見諸將知尊朝廷，上所命令，不敢不從。」上曰：「劉麟敗北，朕不足喜，而諸將知尊朝廷，為可喜也。司馬光作《通鑑》，首論魏斯、趙籍、韓虔為諸侯，以謂『禮莫大於分，分莫大於名。』何謂分？綱紀是也；何為名？公、侯、卿大夫是也。又曰『貴以臨賤，賤以事貴』，光之措意深矣。有國家者，當以為先務也。」佚名《國朝冊府畫一元龜甲集》卷四三《官制門·將帥》。

紹興七年（春正月辛巳），上曰：「取天下須論形勢。若先據形勢，則余不費力而自定矣，正如奕棋，布置大勢，既當自有勝理。」劉達可《璧水羣英待問會元》卷七三《武事門·形勢》。

（二月己酉），上論造兵器遂及馬，曰：「前日，岳飛入對，朕問良馬否？飛奏：『舊有兩馬，已而亡之。今所乘不過馳百餘里，力便乏。』此未識馬故也。大抵馴而易乘者乃駑馬，故不耐騎而易乏；若就鞍之初，不可制御，此乃馬之逸羣者，馳驟既遠，則馬力始生。」張浚曰：「陛下之論，實目等所未聞，人材亦猶是也，但當駕御用之耳。」上曰：「人材若只取庸常易悅者，何以濟天下之事？」秦檜曰：「漢武帝詔泛駕之馬、跅弛之士，亦在御而已。」濬曰：「既知其可用，則當不責近效，以待有成；苟為不然，則其材終無以自見。」上曰：「此論甚當，然又須能識人材，知其必有成敗，乃能待之以久，譬之於馬，苟不識其用，則無以怪棄之之速也。」佚名《國朝冊府畫一元龜乙集》卷二〇《任用門·用人》。

（丙辰），知果州宇文彬、通判嚴信孺進《禾登雙穗（圖）》。上曰：「去年荒旱，安有瑞禾？往年知撫州高衞進《甘露圖》，朕疾其佞，罷其守，彬等可罷官。」林駉《新箋決科古今源流至論·前集》卷五《災祥》。

（五月乙丑），廣西進出格馬十匹。御批：「留一匹，餘付殿前司。」上曰：「朕所留一匹，幾似代北所生，廣西亦有此馬，則馬之產者，不必西北可知。」上因論春秋列國不相通，所用之馬皆取於國中而已。申公巫臣使於吳，與其射御，教吳乘車，則是雖吳亦自有馬，今必在於產馬之地求之，則馬政不修故也。佚名《羣書會元截江網》卷二五《馬政》。

秋七月（丙寅），上因論人材，曰：「士大夫須令更歷外任，不必須在朝廷。若既練達，而止令在外，則又不盡其才之道，卻須召寘朝廷。」前此上因論館職人材，及秘書郎張戒曰：「姿[資]質甚好，但未更事，可令在外作一

任後，召用之。」會戒請外補，遂除提舉福建路市舶。陳與義曰：「前日陛下惜張戒人材，除外任以養成之，聖意甚美。」上曰：「中書省可籍記，他日卻召用。」佚名《國朝冊府畫一元龜乙集》卷二○《任用門·用人》。

九月（丁卯），李綱奏淮西兵叛，因勸上以五事，其一曰兼聽。上深以為然，曰：「朕讀《鄒陽傳》，常記其兩句，曰『偏聽生奸，獨任成亂』，此言最當，以一人之聰明智慮，豈能周天下之變，誠不當偏聽、獨任也。」佚名《國朝冊府畫一元龜乙集》卷一七《聽納門·聽納求言附》。

（乙亥），上曰：「獄，重事也，死者不可復生，不可不恤」劉達可《璧水羣英待問會元》卷二六《國事門·恤刑》。

上因論：「財用皆出民力，苟可已者，須極愛惜。張浚嘗奏『軍中費卻無限錢糧。』朕即語之，朕何嘗有一錢與卿，此皆百姓膏血也。」劉達可《璧水羣英待問會元》卷六八《武事門·軍需》。

（戊寅），秦檜乞以御書《羊祜傳》刊石，頒諸宰執、大將、侍從，從之。佚名《羣書會元截江網》卷二《聖翰》。

（冬）十月（庚子），進呈馮康國乞外任劄子。趙鼎奏曰：「張浚罷黜，蜀中士大夫皆不自安。今留行在所，幾十餘人往往，一時遴選，臣恐臺諫以浚里黨或有論列，望陛下垂察。」上曰：「朝廷用人止當論才不才，頃臺諫好以朋黨罪士大夫，如罷一宰相，則凡所薦引不問才否，一時罷黜，此乃朝廷使之為朋黨，非所以愛惜人才而厚風俗也。」鼎等頃[頓]首謝曰：「陛下聖慮如此，羣臣敢不自竭以體聖意。」佚名《國朝冊府畫一元龜乙集》卷二○《任用門·用人》。

（丁酉），上曰：「朕喜《春秋》之學，率以二十四日讀一過，居常禁中亦有日課。」劉達可《璧水羣英待問會元》卷八《聖學門·聖學》。

（辛亥），趙鼎等因論南兵可教。張守曰：「止是格尺不及耳」上曰：「人，猶馬也。人之有力，馬之能行者，皆不在軀體之大小，故兵無南北，顧所以用之為如何耳。申公巫臣通吳於上國，遂伯諸侯，項羽以江東弟子八千人，橫行天下，以至周瑜之敗曹操，謝玄之破符堅，皆南兵也。」佚名《羣書會元截江網》卷一三《郡國兵附》。

閏十月（癸亥），上曰：「每論成帥，須責其挽弓騎馬，人未必能知。朕謂自古名將，文能附眾，武能威敵。不在弓馬之間，亦不知將帥不能挽弓騎馬，使不能親臨行陣，何以率三軍使之赴難。況今日艱難，當專以威武定天

下。凡爲將帥，豈可不身先士卒？此朕之深意也。」佚名《國朝冊府畫一元龜甲集》
卷四三《官制門・將帥》。

　　劉達可《璧水羣英待問會元》卷六二《武事門・將帥》：（紹興七年），上曰：「將帥有能
挽弓綺[騎]馬，便不能親臨行陣，何以率三軍使之赴難？況今日艱難，將帥豈可不身先士卒！」

　　（壬午），進呈權貨務出賣祠部，欲量付諸路。上曰：「如此，則縣將科
敷於百姓矣。」劉達可《璧水羣英待問會元》卷八六《財計門・饗牒》。

　　十一月（己酉），進呈金安節論：「諸路和糴米，虛耗太多，如饒州一石
牧四斛，擬下提刑司體究。」上曰：「郡守當痛與懲戒。」趙鼎等奏江東郡守
掊斂不恤民者，上曰：「郡守以字民爲職，掊斂不恤，朕何賴焉，當悉罷，與
宮觀，選除循吏如周綱、陳槖之流，使罷者不失宮觀之祿而民被實惠，實爲
兩得。」佚名《國朝冊府畫一元龜甲集》卷四〇《百官門・牧守》。

　　章如愚《羣書考索・後集》卷五三《賦稅門・田賦類》：紹興七年，進呈論諸路和糴
米加耗太多，如饒州一石至收四斗，下提刑司體究。上曰：「郡守謂誰？體究得實，當痛與
懲戒。」

　　（壬子），進呈石公揆論（蓋）諒、呂稽中，趙鼎等開陳諒、稽中之爲人。
上曰：「用人不須太速，須使名實加於上下，然後無異論。賢士大夫眾所未知，
驟加拔擢，一遭點污，則爲終身之累，非所以愛惜人才也。二人可且與外任。」
佚名《國朝冊府畫一元龜乙集》卷二〇《任用門・用人》。

　　（十二月庚申），上曰：「銷金鋪翠，禁中無敢犯者，士民之家，尚有服
用，行下廣南，禁採捕者。」佚名《羣書會元截江網》卷二七《風俗》。

　　紹興八年（五月戊申），上謂輔臣曰：「昨日士儇入對，勸朕留意恤民。
朕諭之云：『只爲休兵未得，不免時取於民，如月樁錢之類，欲罷未可。當時
若無軍旅之事，使朕專意保民，十數年間豈不見效！』」劉達可《璧水羣英待問會
元》卷一八《君道門・愛民》。

　　（六月戊辰），上曰：「有備無患，縱和議已成，不可弛兵備。」劉大中
曰：「和與戰守自不相妨，若專事和好而忘戰守，則墮虜計中爾。」劉達可《璧
水羣英待問會元》卷七五《武事門・戰守和》、佚名《羣書會元截江網》卷二四《戰守和》。

　　劉達可《璧水羣英待問會元》卷七五《武事門・通使》：（紹興）八年，虜使到常州。上
曰：「縱使和議已成，亦不可弛兵備。」

　　（秋七月丁亥），上曰：「朕覽前者治道三五，固未易及如漢文帝、唐太
宗，當力行之。」劉達可《璧水羣英待問會元》卷一七《君道門・師古》。

　　（九月乙巳）上諭輔臣曰：「近殿中侍御史張戒有疏論備邊，當以和爲表，以備爲裏，以戰爲不得已，此極致之論也。」佚名《羣書會元截江網》卷二四《戰守和》、劉達可《璧水羣英待問會元》卷七五《武事門・戰守和》。

　　（壬子），上曰：「昨浙東漕梁澤民奏今秋糴價事，朕嘗諭以錢給之於民，宜戒減剋，穀輸之於倉，毋取羨餘，則公私兩便。」佚名《羣書會元截江網》卷七《和糴》。

　　（冬十月辛未），上宣諭：「江西盜賊，在朝廷可治者三，一擇帥以厭服其心，二任守令以勸果其業，三蠲科役以優足其力，如此而不悛，尚或爲盜，朕未之聞也。」劉達可《璧水羣英待問會元》卷七七《武事門・平盜》。

　　（十一月甲辰），上曰：「近日士大夫好作不靖，胥動浮言，風俗如此，罪在朕躬，皆在上者未有以表率之故也。」劉達可《璧水羣英待問會元》卷二七《臣道門・士風》。

　　紹興九年（三月丙午），上曰：「宰相進退百官，凡士大夫孰有不由宰相進者，然宰相賢，則所引皆賢，豈當一概以朋黨疑之也。」劉達可《璧水羣英待問會元》卷三七《選舉門・人才》。

　　劉達可《璧水羣英待問會元》卷三四《官吏門・宰相》：（紹興）九年三月，上曰：「宰相進退百官，然宰相賢，則所引皆賢。」

　　（夏四月甲子），上曰：「待夷狄當以誠。」秦檜等曰：「上每推誠待物，動法祖宗。」劉達可《璧水羣英待問會元》卷七五《武事門・待夷狄》。

　　（戊辰），上謂大臣曰：「乘此閑暇，廣武備以戒不虞，足以待強敵矣，和議豈足深恃乎！」劉達可《璧水羣英待問會元》卷七五《武事門・戰守和》。

　　（五月己未），上曰：「所積錢物，蓋欲備不時之須。卿等可令戶部會計每歲經常之費，量入爲出，而善藏其餘，自非飢饉、師旅，勿得妄有支動。」劉達可《璧水羣英待問會元》卷七九《財計門・會財》。

　　（六月丁巳），進呈新知宣州任[汪]伯彥將至國門，上曰：「伯彥相見，便令之官，庶免紛紛。」因宣諭秦檜等曰：「伯彥潛藩舊僚，去國十年。漢帝高、光不忘豐沛之舊，光武多用南陽故人，此皆人情之常。」檜退，且歎曰：「伯彥遭遇聖主，乘風雲之會，致位宰輔，雖勳烈無聞，然上眷遇臣鄰終始之意，可謂至矣。」佚名《國朝冊府畫一元龜甲集》卷三八《百官門・東宮官》。

（辛酉），秦檜乞以上所賜御書《真草孝經》刻之金石，以傳示後世，且以見陛下留意翰墨，意在以孝治天下。劉達可《璧水羣英待問會元》卷一一《聖學門·聖翰》

佚名《羣書會元截江網》卷二《聖翰》：紹興九年，秦檜乞以御書《真草孝經》刻之金石，以傳示後世。

佚名《翰苑新書集·後集上》卷一八《賜書翰》：建炎[紹興]九年，秦檜乞以御書《真草孝經》，刻之金石，以傳後世。

（癸酉），又進呈御批：「李迨朝辭，限三日起發。」上曰：「朕諭迨以速行，不然定重作待遣，蓋迫公議如此。雖與朕有潛藩之舊，不得而秘也。」迨皇[惶]恐上道。上之威斷，足以警偷惰、懲傲慢矣。佚名《國朝冊府畫一元龜甲集》卷三八《百官門·東宮官》。

（秋七月甲午），上曰：「君子、小人既辨，則治道無不成。」劉達可《璧水羣英待問會元》卷二一《治道門·治體》。

（十二月戊辰），劉才邵言：「累朝《會要》已至熙寧，而元豐以後未次，若置局，則有官吏廩給之費，望令館職續編。」從之。王象之《輿地紀勝》卷一。

紹興十年（春正月己亥），陳涉[淵]言：「急於遣使，而不及其他，則知虜不能無求，然我有不可許者，蓋和、戰兩途，彼之意常欲戰，不得已而後知[和]，我之意常欲和，不得已而後戰。或者必欲多與之幣以幸其久而不變，則無是理。臣願陛下訓所遣之使，俾無輕許以誤大計，以和為戰守之權，以戰為守和之備，此至計也。」劉達可《璧水羣英待問會元》卷七五《武事門·通使》。

（癸卯），上宣諭曰：「朕於釋老之書，未嘗留意，蓋無益於治道也。」佚名《羣書會元截江網》卷三四《異端附楊墨佛老》。

（二月丁丑），進呈次因論止盜賊。上曰：「自古清盜賊之術，無如輕徭薄賦。」劉達可《璧水羣英待問會元》卷七七《武事門·平盜》。

（六月癸巳），因論南方士馬可用。後數日，陳公輔奏對，以南兵不可用為疑。上慨然曰：「赤壁之捷，曹操敗於周瑜，淝水之戰，符堅敗於謝玄，北人豈常勝哉！越王句踐卒敗吳王，兵強諸國，亦豈北方士馬耶！」佚名《羣書會元截江網》卷一三《郡國兵附》。

（八月癸未），進呈戰守之計。上曰：「戰、守本是一事，可進則戰，可退則守，非謂戰則為強，守則為弱，但當臨機應變而已。」佚名《羣書會元截江網》卷二四《戰守和》、劉達可《璧水羣英待問會元》卷七五《武事門·戰守和》。

　　（十一月己酉），上曰：「賑濟本爲貧民、下戶，近世只及州縣城郭之內，而鄉村之遠者未嘗及之，須是分委官吏，必躬必親，則貧民、下戶皆沾實惠矣。」劉達可《璧水羣英待問會元》卷六〇《民事門·荒政》。

　　（甲子），上曰：「万俟卨論營田之弊極當。大凡營田，須是軍自爲之，則不斂於民而軍食足，若使民捨己之田營軍之田，恐甚於斂民之爲虐也。」劉達可《璧水羣英待問會元》卷六九《武事門·屯營田》。

　　紹興十一年（春）正月（辛亥），上曰：「張俊昨日殿內奏事，朕問曾讀《郭子儀傳》否？俊對曰：『臣理會不得』。朕諭云，郭子儀時方多虞，雖握重兵，處外而心尊朝廷。或有詔至，即日就道，無纖芥顧望，故身享厚福，富貴壽考，時人莫比，而又子子孫孫慶流無窮。今卿所管兵馬，乃朝廷馬也，若知尊朝廷如郭子儀，則非特身享厚福，子孫昌盛亦須如郭子儀也。若恃兵權之重而輕視朝廷，凡有詔命不即稟從，則非特子孫不享福，恐身亦有不測之禍。卿宜戒之。」於是，秦檜等聞聖訓悚然，以爲眞得戒諭將臣之體。佚名《國朝冊府畫一元龜甲集》卷四三《官制門·將帥》。

　　（二月丙子），虜犯淮西。上曰：「今日之勢，與建炎不同。建炎間，我兵皆退保東南，杜充書生，遣偏將輕與虜戰，故虜得以乘間猖獗。今韓世忠屯淮東，劉琦屯淮西，岳飛屯上流，張俊方自建康進兵，前渡江窺虜，則我兵皆乘其後。今雖虛鎭江一路，以檄呼虜渡江，亦不敢來。」劉達可《璧水羣英待問會元》卷七四《武事門·兩淮》。

　　三月（庚子朔），上曰：「賢將與才將不同，賢將識君臣之義，知尊朝廷，不專於戰勝攻取，唯以安社稷爲事。才將一意功名爵賞，專於戰勝攻取爲能，而未必識朝廷大體及社稷久遠利害，須要駕馭用之。」佚名《國朝冊府畫一元龜甲集》卷四三《官制門·將帥》。

　　劉達可《璧水羣英待問會元》卷六二《武事門·擇將》：（紹興十一年），上曰：「賢將與才將不同。賢將識君臣之義，知尊朝廷，不專於戰勝攻取，惟以安社稷爲事。至於才將，一意功名爵貴，專以戰勝攻取爲能，未必識朝廷事體及社稷久遠利害，須要駕馭用之。」

　　（六月甲戌），上曰：「朕在宮中，聲色未嘗經心，只是靜坐內省，求所以答天意者。」佚名《羣書會元截江網》卷三《敬天》。

　　（八月丁卯），上論經術，因曰：「朕每讀書，未嘗苟簡，必思聖人所以立言之意。讀書不適用，則不若愚人，愚人猶無過，讀書不適用，爲患更甚。」劉達可《璧水羣英待問會元》卷八《聖學門·聖學》。

（甲午），上曰：「省刑罰、薄稅斂，王道之本。稅賦無術以薄之，朕心實不足。至於刑罰，豈可不省而獄繫踰歲，何以副朕欽恤之意乎！」劉達可《璧水羣英待問會元》卷二六《國事門·恤刑》。

（九月丁未），上曰：「朝廷用人，初無內外之異，士大夫唯以仕進為（心），奔競苟得，居內則為遷，在外則為黜。夫外任責以民事，自朕觀之，其勢實重於內，而數十年風俗隳壞，趨向倒置，要思所以革其弊。」劉達可《璧水羣英待問會元》卷三三《官吏門·均任》。

（乙丑）秦檜曰：「山陽所以捍淮東東關，拒淮西水路，又歷陽、六合，皆近江形勢之地，嚴備此數處，然後江可安。」上曰：「山陽、東關已降處分，更令張浚益修守備。」劉達可《璧水羣英待問會元》卷七四《武事門·兩淮》。

十一月（癸酉），秦檜奏曰：「考之《經》《傳》，人君莫難於聽納。」上曰：「朕觀自古人君不肯聽納者，皆因有心，或好大喜功，或窮奢極欲，一實其衷，則凡拂心之言，皆不能入矣。若清心寡欲，豈有不聽納乎？朕於宮中觀書、寫字之外，並無嗜好。凡事無心，故羣臣之言是則從、非則否，未嘗惑也。」檜曰：「《詩》稱『學者，以緝熙於光明。』陛下光明之性如日並照，又力學以緝熙之，則羣臣進言，豈能妄說以惑聖聽乎？」佚名《國朝冊府畫一元龜乙集》卷一七《聽納門·聽納求言附》。

（十二月丙寅），上曰：「三代之世，士大夫盡心禮法，鮮有異端之惑。自漢明帝金人之夢，佛法流入中國，士大夫靡然從之，其上者惑於清淨之說，而下者惑於禍福之報，士大夫不師六經，而盡心佛說，殊為可笑。」劉達可《璧水羣英待問會元》卷三八《儒事門·異端》。

（紹興）十二年四月（癸丑），上曰：「州郡守臣所上條具五事，文字其間頗有可採，亦有欲改見行條法者，朕每詳觀，可自今委看詳官擇可而行。」秦檜曰：「近日莊綽所上見令，看詳有可行者。」上曰：「綽所上文字內有欲將條具事注籍等亦可行。」何鑄曰：「守臣中有志於民者，所論必不苟。」上曰：「極是。」佚名《國朝冊府畫一元龜甲集》卷四〇《百官門·牧守》。

紹興十三年（二月庚申），司業高閌言：「陛下復興太學，凡養士、取士之法，最先經術是也。」上曰：「經不易通，士習詩賦已久，遽使之通經乎？」閌曰：「先王設太學之意，惟講經術而已，今欲經義第一，詩賦第二。」上可之。劉達可《璧水羣英待問會元》卷四一《儒事門·經疑》。

（三月乙未），進呈郊禮宿齋（法），如望祭青城幕次事。上曰：「止是一宿，不必枉費人力，所有宿齋處望祭殿，只隨宜絞縛，用蘆蓆青布之類，不得侈大。」謝維新《事類備要‧外集》卷三《祭祀門‧郊祭》。

（五月庚申），上宣諭曰：「自來人說南方不宜牧馬，昨朕自措置令養馬，今方二三年間，已得駒數百匹，如此數年之後，不患馬不蕃。」上又曰：「國家自有故事，京師只城門外，便有孳牲監，每年所得甚多，祖宗用意可見也。」佚名《羣書會元截江網》卷二五《馬政》、劉達可《璧水羣英待問會元》卷六七《武事門‧馬政》。

（六月癸巳），上曰：「獻言之人有欲多賣度牒以資國用者，朕以爲不然，一度牒所得不過一二百千，而一人爲僧，則一夫不耕，其所失豈止一度牒之利。」劉達可《璧水羣英待問會元》卷八六《財計門‧鬻牒》。

（八月丁亥），有司檢舉將來大禮依舊合用珠子、坐褥。上曰：「不事華麗爲主，若事華麗，恐非事天之意，並從省約。」謝維新《事類備要‧外集》卷三《祭祀門‧郊祭》。

十一月丙辰，宰臣奏：「昨日付出御書《尚書》，字法高古。」王應麟《玉海》卷三四《聖文》。

（丁卯）上曰：「朕無事惟靜坐觀書，所得甚多。」時上所寫《六經》與《孟子》《論語》之書皆畢，因刊石於國子監，仍頒墨本賜諸路州學。佚名《羣書會元截江網》卷二《聖翰》。

（紹興）十四年（春）正月（癸酉），進呈楊存中乞刺本軍未刺字人，以防諸處互相召置，仍乞嚴行約束。秦檜奏：「舊有二法：一、召別軍人，並行軍法。此太重難行。一、立賞許人告，犯人請給，計贓坐罪，將校佐取旨。乞依此施行。」上曰：「甚好，立法不貴太重，而貴必行。法必行，則人莫敢犯矣。」

史臣曰：王者明以法示人，使人知避，而不敢犯也。且人有不幸而罹於法，王者往往有所不忍，而法遂不行焉，何也？是太重之過也。夫欲重則必難行，欲行則不必重。設之太重，而行之不顧，此惟商鞅能之，聖人不能也。徐松《宋會要輯稿‧帝系》一一之四。

（三月庚申），戶部奏，禁止妄告坑冶之法。上曰：「寧於國計有損，不可有害於民，若富藏於民，猶外府也。」佚名《羣書會元截江網》卷一一《錢帛》。

　　（己巳），幸太學謁先聖先師。登降步趨，執爵灌獻，天容肅恭。禮畢，乃命司業高閱講《周易》。復幸養心、持正二齋。上幸畢，觀太祖、太宗、徽宗所制贊文。因御製《文宣王贊》，後又製《七十二子贊》。《文宣王贊》曰：「大哉宣聖，斯文在茲。帝王之式，古今之師。志則《春秋》，道由忠恕。賢於堯舜，日月其譽。維時載雍，戡此武功。肅昭盛儀，海宇聿崇。」林駉《新箋決科古今源流至論‧前集》卷八《幸學》。

　　佚名《羣書會元截江網》卷一《聖製》：紹興十四年，上幸學，謁先聖先師，因御製《文宣王贊》曰：「大哉宣聖，斯文在茲。帝王之式，古今之師。志在《春秋》，道由忠恕。賢於堯舜，日月其譽。惟時載雍，戡此武功。肅昭威儀，海宇聿崇。」其後又製《七十二子贊》，並刊石置太學。

　　劉達可《璧水羣英待問會元》卷四七《道學門‧道統》：高宗紹興十四年，上製《文宣王贊》曰：「大哉宣聖，斯文在茲。帝王之式，古今之師。志則《春秋》，道由忠恕。賢於堯舜，日月其譽。」

　　佚名《錦繡萬花谷‧續集》卷一《聖製》：高宗製《文宣王贊》曰：「大哉宣聖，斯文在茲。帝王之式，古今之師。」

　　陳元靚《重編羣書類要事林廣記‧丙集》卷一《素王事實‧宋朝褒崇》（元至順建安椿莊書院刻本）：紹興十四年三月己巳，上幸太學，祗謁先聖先師，止駕于大成殿門外，登降步趨，執爵灌獻，天容肅恭。禮畢，御敦化堂，頒詔示樂育，詳廷之意，賜諸生。（國）子司葉[業]高閱[閱]講《周易》，學官內外推恩有差。又幸養、正二齋，顧覽生徒勵業之所，徘徊久之，始命駕言還。上學畢，恭覿太祖、眞宗、徽宗所製贊文，命有司悉祀諸贊，並錄以進，因御製《文宣王贊》其後。

　　（十二月戊子），百官賀雪。上因宣論[諭]曰：「天下窮民，宜加養濟。」於是詔：「諸路常平官椿備，以時散給，務要實及貧乏。」劉達可《璧水羣英待問會元》卷一八《君道門‧愛民》。

　　（紹興）十五年（三月戊辰），親策試舉人。上謂宰相曰：「亦欲入仕者，知趨向之正。朕觀五十年，人材皆是仁宗涵養，為累朝之用，以此知人才，正在養良成就。」劉達可《璧水羣英待問會元》卷二七《臣道門‧士風》。

　　（五月己未）高宗曰：「人皆知取之為取，而不知予之為取。若未可催科處，稍與展免，俟其家給人足，自然稅斂易辦。」劉達可《璧水羣英待問會元》卷八二《財計門‧賦稅》。

（秋七月辛亥），進呈守臣條奏便民事。上曰：「因此等奏狀，亦可以觀州縣人才。如是議論平正，留心國事，其說自然可行。不然驕訐迂闊者，亦甚易見。」佚名《國朝冊府畫一元龜甲集》卷四〇《百官門‧牧守》。

（己巳），上曰：「治道貴清靜，理民在不擾。」劉達可《璧水羣英待問會元》卷二一《治道門‧治體》。

紹興十六年（春正月甲午），上曰：「監司、郡守須修舉職事，若不恤民，不奉行法令，郡守令，監司按劾，監司，令御史臺按劾，然後上下有紀綱。」佚名《羣書會元截江網》卷一七《紀綱》。

六月丁未，進呈淮東鹽課增羨推賞事。上曰：「法不必改，只循其常，若更易，雖有少增羨，次年必虧，大抵民食鹽每歲如此。」章如愚《羣書考索‧後集》卷五七《財賦門‧茶鹽類》、劉達可《璧水羣英待問會元》卷八七《財計門‧權法》。

十一月（癸未，復置御書院，依祖宗法，隸翰林院。）初，上致齋而雪，作及朝獻，則杲日麗空至郊，夕則徹陰，登壇即霽，而臺星明見。謝維新《事類備要‧外集》卷三《祭祀門‧郊祭》。

（紹興）十七年（五月丙寅），上曰：「近有布衣言『福建鹽法利便』，朕謂法或未便，須議損益祖宗成憲，倘利於民，自當永久遵行，何必改作。」劉達可《璧水羣英待問會元》卷八七《財計門‧權法》。

紹興十八年（五月乙丑），於配享功臣之家訪到趙普、曹彬、薛居正、石熙載、潘美、李沆、王旦、李繼隆、王曾、呂夷簡、曹寶臣、韓琦、曾公亮、富弼、司馬光、韓忠彥凡十六人像。詔畫於景靈宮之廷壁。王象之《輿地紀勝》卷一。

（閏八月癸未），上曰：「義倉所以備凶荒。比年州縣或侵盜移用，或賑不均，令戶部措置。」章如愚《羣書考索‧後集》卷五六《財賦門‧役類》。

（九月己丑），上曰：「守令能使其境內無曠土、無游民，斯爲稱職矣。建隆以戶口增耗爲歲課守令之法，宜令申嚴行下。」劉達可《璧水羣英待問會元》卷五八《民事門‧勸農》。

（紹興）十九年（三月乙巳），進呈牧馬賞罰格。上曰：「牧馬孳生爲利甚溥[博]，朕於近地親令牧養，今已見效，每歲生駒皆是好馬，若得牧馬萬匹，分與諸軍，牧養數年間，便可濟用，既免綱馬遠來所損，且無官兵賞給之費。」佚名《羣書會元截江網》卷二五《馬政》。

章如愚《羣書考索・後集》卷四四《兵門・馬政類》：紹興十九年，進呈賞罰格。上曰：「牧馬孳生爲利甚博，朕於近地親令牧養，今已見效，每歲進呈馬駒皆是好馬，若得牧馬萬匹，各分諸軍，牧養數年間，便可濟用，既免綱馬遠來且官無給賞之費。」

劉達可《璧水羣英待問會元》卷六七《武事門・馬政》：紹興十九年，進呈牧馬賞罰格。上曰：「牧馬孳牲，爲利甚博。朕於近地親令牧養，今已見效，每歲呈駒，皆是好馬。」

（夏四月戊辰），上曰：「用兵蓋不得已，豈樂攻戰？中國之有夷狄，猶陽之與陰，使可殄滅，秦皇、漢武爲之矣。本朝眞宗於契丹和百餘年，民不知兵。神宗雖謀武，實未嘗用。朕自始至今，惟以和好爲念，蓋兼愛南北之民，以柔道御之也。」又曰：「夷狄不可責以中國之禮。朕觀三代以後，惟漢文帝待匈奴最爲得體。倨驁，則受而弗較；侵犯，則禦而弗逐。謹守吾中國之禮，而不以責夷狄最爲得體也。」劉達可《璧水羣英待問會元》卷七五《武事門・待夷狄》。

（五月丁未），進呈前發遣連州王大寶奏：「廣南路連、英、循、惠、新、恩等州城市，不過六七百家，非通商往販之地，月納免行錢，更乞審量裁減。」上曰：「守臣上殿，俾以民事奏陳，遂得知民間疾苦，所陳五六，得一可行，爲利亦不細。大寶所奏，可令戶部行下本路漕司，具合減免數目，申尙書省。」佚名《國朝冊府畫一元龜甲集》卷四○《百官門・牧守》。

（紹興）二十年（九月甲戌朔），上曰：「國家設常平倉，宜令有司以陳易新，不得妄有侵移。」佚名《羣書會元截江網》卷五《儲積》。

上曰：「休兵講好，正以爲民耳。若州縣不知恤民，殊失朕意。」劉達可《璧水羣英待問會元》卷一八《君道門・愛民》。

紹興二十一年（秋七月壬午），淮東奏：「北邊蝗虫，爲風吹而至盱眙、楚州界者，不食苗稼，復飛過淮北，仰見皇天眷祐之意。」陳康伯曰：「皆聖德所感，鄰境聞之，當自讋服。」上曰：「使其聞之，必不妄符矣。」劉達可《璧水羣英待問會元》卷七《萃新門・消弭災變》。

（十一月丁巳），進呈水利文字。上曰：「須是常平官得人，若監司用心，則此等事無慮。」劉達可《璧水羣英待問會元》卷五八《民事門・水利》。

十二月辛巳，進呈御筆：「批下安豐軍進蛾鮓白魚，不欲以口腹勞人，令自今後罷進。」上又曰：「去年已降指揮，罷溫州柑橘、福建貢荔枝，獨蛾鮓淮甸未罷，此皆祖宗所歲貢之物，朕恐勞百姓，所以再降指揮。」章如愚《羣書考索・後集》卷六四《財賦門・內庫類》。

　　林駉《新箋決科古今源流至論・後集》卷一○《抑貢獻》：紹興二十三[一]年十二月辛巳，進呈御筆：「掛[批]下安豐軍進（蝛）鮓白魚，不欲以口腹勞人，令自今後罷。」上曰：「一年已降指揮，罷溫州偏抽[柑橘]、福州荔枝，獨淮甸□[蝛]鮓未罷，此皆祖宗歲貢之物，朕恐勞百姓，所以頑[再]降指揮。」

　　紹興十九[二十三]年（四月壬午），上曰：「士大夫有欲興修陂湖之利者，宜令措置，以備闕雨灌溉。」劉達可《璧水羣英待問會元》卷五八《民事門・水利》。

　　（六月癸亥），知靜江陳（璹）乞增和糴米價及折納適中以舒民力，以足漕計。上曰：「陳璹善治郡，可與直秘閣。」佚名《羣書會元截江網》卷七《和糴》。

　　（紹興）二十四年（夏四月庚子），進呈臣僚言：「諸路州縣受納物帛，官吏作弊，邀難人戶，將中程好物沮抑不受，至用柿油等，退印損壞，縱容攬子多取民錢，將紕疏之物納官。」上察其為民害命，有司申嚴，見行條法行下，令監司、御史臺次第糾劾，民有越詞者，聽之。章如愚《羣書考索・後集》卷五三《賦稅門・田賦類》。

　　（紹興）二十五年八月（辛巳），進呈乞差侍從兩員看詳守臣到任所陳裕民五事。上曰：「守臣陳獻利害，當令國與民皆足，以為稱職。如建炎間，時方艱難，財用匱乏。翟汝文知越州，乃盡放散和預買及陂湖官租，不恤國計而專欲盜名，如此等人，國家何賴也。」秦檜奏曰：「陛下成中興之功，而知民疾苦，保惜生靈，蓋兼漢宣帝、光武之事業。」上曰：「朕何敢望二帝，然志所深慕焉。」佚名《國朝冊府畫一元龜甲集》卷四○《百官門・牧守》。

　　十一月（庚午），進呈董德先等箚子論列：「近年，監司、郡守屢有申請，止是取尚書省指揮，多不奏聞。」上曰：「（此）乃大臣任意所為，不欲朕知天下事，此奏可即行下。」佚名《國朝冊府畫一元龜乙集》卷一九《奏對門・章奏》。

　　（十二月甲戌朔），上又宣諭曰：「向來指揮，監司、守臣在任半年及任滿朝見上殿日，令條具民間利病，專委官二員看詳行之。已數年未嘗進呈，必是取宰相旨意，不欲令朕見也。又所條止於民事，待別降指揮，除民事外，若更有已見利害，並許敷奏。」佚名《國朝冊府畫一元龜乙集》卷一九《奏對門・章奏》。

　　詔：「臺諫，風憲之地，振舉紀綱，糾劾邪密，贊治道。朕今親除公正之士，以革前弊。」佚名《羣書會元截江網》卷一七《紀綱》。

　　（甲申），御批：「孟忠厚宮觀，奉朝請。」魏良臣奏：「忠厚，戚里中最賢。」上曰：「朕深不欲以外戚任朝廷之事，萬一有過，治之則傷恩，釋之則廢法，但可加以爵祿俸祠。」劉克莊《後村集》卷八六《辛亥七月初十日》。

（乙丑），詔曰：「近歲士風澆薄，持告訐爲進取之計，深害風教，可戒敕在位及內外之臣，咸悉此意，如有不悛，重寘於法。」劉達可《璧水羣英待問會元》卷二七《臣道門·士風》。

丁酉，上諭曰：「舶司及都大茶馬司諸處進貢眞珠、文犀等，此物何所用？當批出禁止。」章如愚《羣書考索·後集》卷六四《財賦門·內庫類》。

徐松《宋會要輯稿·崇儒》七之六三：（紹興）二十五年十二月丁酉，上曰：「舶司及都大茶馬司諸處進貢眞珠、文犀等，此物何所用？當批出禁止。」

紹興二十六年三月壬子，進呈太學生員稀少，欲令禮部措置。上曰：「學校，人材所自出，元祐間名臣最多，實仁宗養育之有素也。近來學校雖設，而教育未至，每以人材難得爲患，可如所奏，令有司條具以聞。」

臣等口：學校以教之，王政之本也；樂育人材，菁莪之義也。士不素養而求，一旦之用，猶兵不素練而責其一日之戰也。太上皇帝興太學以養天下之士，慮其未廣，又增員之令，譬之嘉穀種之力者獲必豐，養之至矣，才難何慮哉！章如愚《羣書考索·後集》卷二七《士門·學制類》。

（夏四月戊戌），戶部尚書韓仲通乞以上供米所餘之數，歲樁一百萬石，別廩貯之，遇水旱則助軍糧及減價糶，號豐儲倉。詔從之。王象之《輿地紀勝》卷一。

（八月癸巳），上宣諭曰：「前日，臣僚有論川中折帛錢太重，絹一匹私直不及五千，而官估則取十千，他物率皆稱是。去歲裕民所蠲減價直不過一千而已，須量與減損。若只令行下看詳，未（必）濟事。不若便箚與四川總領司，令契勘合蠲減數目申朝廷，庶幾民受實惠。」章如愚《羣書考索·後集》卷五三《賦稅門·田賦類》。

（九月庚子朔），吳璘領御前諸軍都統制，判興州。璘嘗著書，號《兵要》，大略謂：「金人有四長，我有四短，當反我之短以制彼之長。」至於《陣法》，則有圖而無書焉。佚名《羣書會元截江網》卷一六《兵法》。

紹興二十七年（五月壬申），高宗宣諭宰相沈該曰：「頃年川、蜀製造錦繡帟幕，以充歲貢。雖居民幼女，亦追呼以供役作，其擾民如此，朕不欲土木被文繡，皆止絕之。」章如愚《羣書考索·後集》卷六四《財賦門·內庫類》。

（秋七月庚午），進呈王師心箚子，荊湖南、北路乞改茶引事。上曰：「茶、鹽禁榷，本爲國用，所需若財賦有餘，則摘山煮海之利，朕當與百姓共之。」章如愚《羣書考索·後集》卷五七《財賦門·茶鹽類》。

劉達可《璧水羣英待問會元》卷八七《財賦門·榷茶》：紹興二十七年，王師心乞改茶引事。上曰：「茶、鹽禁榷，本爲國用，所需若財賦有餘，則摘山煮海之利，朕當與百姓共之。」

（八月辛亥），禮部侍郎賀允中上殿。上問：「天下僧道幾何？」答曰：「僧二十萬，道士萬人。」上曰：「朕見士大夫奉佛者多，乞放度牒。今田業多荒，不耕而食者二十萬人。若更給度牒，是驅農爲僧也。佛法自漢明入中國，其道廣大，終不可廢。朕非有意絶之，正恐僧徒多則不耕者眾，故暫停度僧耳。」釋志磐《佛祖統紀》卷四七。

佚名《錦繡萬花谷》卷二九《浮圖名義》：紹興末僧數，壽聖於紹興二十年中問賀允中僧道之數。允中言：「道士止有萬人，僧有二十萬。一夫當受田百畝，一夫爲僧，即百畝之田不耕矣。」

（己未），湯鵬舉奏：「前日，罷坑冶、鑄錢司甚善，但戶部近日欲撥本錢，兼別差官，所以臺章論列，兼恐坑冶司省罷官在此唱爲異議，願陛下以鑄錢專委轉運司，必能就緒。」上宣諭曰：「此一事，朕詢之士大夫，亦無他說，獨王珪再有章疏。朕謂凡建立，人各以所見相可否，歸之至當後可。若一人唱之，百人和之，事或未當，朕則何取！」章如愚《羣書考索·後集》卷五七《財賦門·茶鹽類》。

（九月辛丑），上曰：「奢侈之服，如銷金之類，不可不禁，近時金絶，少由小人貪利，銷而爲泥，須申嚴行下。」佚名《羣書會元截江網》卷二七《風俗》。

十一月（辛巳），何傅[溥]箚子，乞久任郡守無庸數易事。上數此論極，切中時病。近亦有因事移易者，今非其不得已，且令成資。湯思退曰：「豈惟郡守監司亦然？昨因近臣薦除監司，至春間往往當替，欲於卿、監、郎官中擇資淺者，令中外更代，皆至成資而罷。」上曰：「如此不惟免迎送之擾，亦可革內重外輕之弊。」佚名《國朝冊府畫一元龜乙集》卷二二《久任門·守帥久任》。

（十二月甲辰），上曰：「監司、郡守固當久任，然有癃病之人，使之在職，亦有利害。」劉達可《璧水羣英待問會元》卷三三《官吏門·久任》。

紹興二十八年（三月辛巳），上曰：「朕惟崇尚儉素，比年以來，中外服飾過爲侈靡，雖累行禁止，然末俗猶未盡革，大抵行法，當自近始。」佚名《羣書會元截江網》卷二七《風俗》、劉達可《璧水羣英待問會元》卷五七《民事門·民風》。

（七月己卯），上曰：「前日洪遵論鑄錢，頗有可採。」於是，有旨出御府銅器十餘件，付外銷毀。佚名《羣書會元截江網》卷一一《錢帛》、劉達可《璧水羣英待問會元》卷八五《財計門·錢幣》。

（九月癸未），上諭曰：「朕平時無妄費內庫所積，正所以備水旱爾。」章如愚《羣書考索・後集》卷六四《財賦門・內庫類》。

（冬十月庚寅），上曰：「朕宮中嘗闢一室，名爲損齋，屏去聲色玩好，置經、史、古書其中，朝夕燕坐於此，亦嘗作記自警，不謂外間亦聞之。」佚名《羣書會元截江網》卷一《聖製》。

（紹興）二十九年（三月丙子），詔書：「諸路人戶積年欠負，昨郊祀赦文放至二十五年，今將二十六年、二十七年分第四等人戶所欠夏、秋租稅、和買、丁產諸色官物，並與除放。」章如愚《羣書考索・後集》卷五三《賦稅門・田賦類》。

（五月己未），上曰：「比緣河流淺澀，綱運遲緩，已令內帑支降錢五百萬貫，以供調度。朕自息兵講好，二十年間所積錢物，豈以自奉哉！蓋欲備不時之須，免臨時科取，重擾民爾。」佚名《羣書會元截江網》卷一〇《府庫》。

佚名《羣書會元截江網》卷六《漕運》：（紹興）二十（九）年，上曰：「比緣河流淺澀，綱運遲緩，已令內帑支降錢五百萬貫，以佐調度。」

佚名《羣書會元截江網》卷九《會財》：（紹興二十）九年，上曰：「所積錢物，蓋欲備不時之須，卿等可令戶部會計，每歲經常之費量入爲出，而善藏其餘，自非飢饉、師旅，勿得妄有支動。」

（秋七月乙巳），御書「戒驕惰，厲廉節」，詔於尚書省立石，以墨本頒之中外。佚名《羣書會元截江網》卷二《聖翰》。

（紹興）三十年（八月丙辰），上宣諭宰執曰：「近有獻用車戰者，朕以謂在人不在車。至於南北異宜，木性亦殊。大舟以荔枝木爲棹，北方絕無，而造車多用榆木，南方亦不多得，況江湖沮洳之地，雖有車騎，無所用之，卿等更宜精思。」佚名《羣書會元截江網》卷一五《步騎車戰》。

劉達可《璧水羣英待問會元》卷六五《武事門・車戰》：紹興三十年，上宣諭宰執曰：「近有獻用車戰者，朕以謂在人不在車。至於南北異宜，木性亦殊。況江湖沮洳之地，雖有車騎，無所用之，卿等更宜精思。」

十一月丙申，進呈福建漕臣王時升欲以樽節到浮費錢三十萬貫，撥十五（萬）貫代州縣二十五年至二十八年積下舊欠鈔鹽錢，恐合旌賞者。上曰：「漕臣能節約妄用，而（代）百姓則欠，理宜激勸，然未可遽行，恐它路聞之，妄認以爲羨餘，侵漁百姓，僥覬恩賞，徐俟其政績有聞，與升職名可也。」章如愚《羣書考索・後集》卷六四《財賦門・內庫類》。

　　（紹興）三十一年（二月丙辰），置行在會子務，後隸都茶場，悉視川錢法行之東南諸路，上供軍需並同見錢，仍賜左帑錢十萬緡爲本。劉達可《璧水羣英待問會元》卷八四《財計門·楮幣》。

　　（夏四月壬辰），陳康伯論備邊當擇良將。上曰：「偏裨中有可用者，卿等各以所聞見隨其高下，具以名聞。」劉達可《璧水羣英待問會元》卷六二《武事門·將帥》。

　　（八月甲辰），詔籍鄉兵，知荊南府續減乃請籍民爲義勇。其法取於人戶之雙丁，十戶爲一甲，五甲爲一團，皆有長，擇一邑之豪爲總首，歲於農隙教閱，官給其糧，其後籍者至七八千人。佚名《羣書會元截江網》卷一四《民兵》。

　　九月（辛巳），進呈看詳封事。上曰：「朕嘗親閱往往至夜分。」陳康伯等奏曰：「陛下乙夜之覽，豈不重勞。」上曰：「誠恐其間不無利害，今茲多事，朕於宮中所在，常令人以筆硯自隨，每思得一事，即箚記付外施行」。劉達可《璧水羣英待問會元》卷一五《君道門·勤德》。

　　十月丙午，進呈屯戍兵料暴露日久，欲再加賞犒。上曰：「令所在總領所撥給具數以聞，今欲內帑給還。」後二日，進呈賞犒事。上曰：「朕曩於內帑儲備用錢，士大夫不喻朕意者，至指爲瓊林、大盈之比。顧朕雖積此，亦何嘗妄費一錢。向來撥一萬緡付分府，而近日遣發軍馬及諸處犒設，皆於是乎出，豈不正資今日之用！況方用兵，國賦亦須得人經理。士大夫恥言財利，多事之時，艱於遣任，亦今時之一病也。」宰臣陳康伯等曰：「誠如聖訓。」

　　臣雋贊曰：太上皇帝與鄰國講好二十餘年，使命往來無纖介之隙，而乃以內帑儲備邊錢，一毫不敢妄費，是其心未嘗須臾忘患也。既逆亮叛盟，師興財費，而無橫賦重斂以及民，非聖慮深遠疇克哉！章如愚《羣書考索·後集》卷六四《財賦門·內庫類》。

　　（紹興）三十二年（二月辛未），上曰：「《詩》《書》所載二帝三王之治，皆有其意，而不見其施設之詳。太祖以英武定天下之亂，仁宗以惠愛結天下之心，此朕家法，其施設之詳，可見於世者也。朕當持守家法，而求二帝三王之意於《詩》《書》，則治道成矣。」佚名《羣書會元截江網》卷四《法祖》、劉達可《璧水羣英待問會元》卷一七《君道門·法祖》。

　　（夏）四月（甲戌），上又諭宰臣曰：「卿等用人，當以愨實爲上，若好名沽激如畫餅，終不可食，徒敗人事耳。」陳康伯奏曰：「誠如聖諭。」佚名《國朝冊府畫一元龜乙集》卷二〇《任用門·用人》。

（五月癸亥），上曰：「中原士民，不忘祖宗涵養之德，相繼歸正。朕恐士大夫分南北彼此，寖失招徠之意。如有官能辦事者與差遣，士人從便教養及令應舉。則非惟已來者得安，未來者聞之，必欣慕而至。」劉達可《璧水羣英待問會元》卷六一《民事門‧逋將》。

劉達可《璧水羣英待問會元》卷七六《武事門‧納降》：紹興三十二年，上曰：「中原士民不忘祖宗涵養之德，相繼歸正。朕恐士大夫分南北彼此，寖失招來之意。卿等可審處，如有官能辦事者，與差遣，士人從便應舉，其餘隨宜收恤，則非惟已來者得安，未來者聞之，必欣慕而至。」

紹興元年十二月，御箚：「朕惟邦本實在斯民，比緣盜賊繹騷，而元元之民肝腦塗地，故選命車徒焉。應緣軍需不得已而取於民者，務在均敷其率，先應辦處，尤宜省察，勿令夤緣為奸。若實盡公竭力，臣不加擾者，當重貴賞典。可檢會先降應見科催，合出印榜，開其所列實數，於前次列戶口等第，每名當若干，勿取羨餘，而使斯民重苦，仍揭榜曉諭，使民知朕意。」章如愚《羣書考索‧後集》卷六四《財賦門‧內庫類》。

紹興三年四月，上曰：「大將統軍，尤當訓練軍士為先，使五兵利而但優拙，要在身率之也。若娛女色，縱耳目之欲，居多暇日，何以當委寄之重也。」章如愚《羣書考索‧後集》卷四二《兵制門‧教閱》。

紹興七年十一月，上論統眾或以為難。朕謂：「御得其道，亦無甚難。張浚以問朕，朕諭以將帥能以身率下，則人自心服。卿嘗記朕為元帥，自相州渡河，倉皇乏食，過午，猶未晨炊，朕與帥僚、將士皆不食。抵暮時，所領眾率烏合，無一人敢喧嘩者，以朕不先士卒而食故也。大要、大將與士卒同甘苦，則所統雖眾，亦無甚難者。」浚以為然。佚名《國朝冊府畫一元龜甲集》卷四三《官制門‧將帥》。

紹興八年六月，上論人才極難得，如伊尹、周公，豈可復得？但隨其所長而用。佚名《國朝冊府畫一元龜乙集》卷二○《任用門‧用人》。

紹興十二年（夏）四月，上曰：「孫近嘗言『用人乃人主獨斷，不可委之臣下。』朕謂用人雖人主之權，然深宮之中，安能盡知賢否？惟在論一相耳。一相得人，遴簡乃僚而進之，則人主當斷而用之。若百官有司盡要人主揀擇，毋乃太煩乎？昔人君好要，則百事詳；好詳，則百事荒，此善論人君之道者也。」佚名《國朝冊府畫一元龜乙集》卷二○《任用門‧用人》。

建炎三年，赦文：「仁宗皇帝在位四十二年，恩結民心，社稷長久，一應仁宗法度，理合舉行。」劉達可《璧水羣英待問會元》卷一七《君道門·法祖》。

紹興二年，臣僚言：「沿並[邊]州郡，累經殘破，防託之具，理宜葺治，恐郡縣措置過當，則橫斂於民，畏避苟且，則姑爲退保計，乞明戒州縣，民不可擾，軍不可廢辦，而不擾者賞，擾而不辦者罰。」劉達可《璧水羣英待問會元》卷七五《武事門·備禦》。

紹興十九年，定蠟儀。謝維新《事類備要·外集》卷六《祭祀門·蠟祭》。

（紹興）二十七年，詔曰：「昔成湯制官刑以戒，有位徇貨之愆，時謂淫風。臣下不正，其刑且墨，況犯者哉！」劉達可《璧水羣英待問會元》卷六《萃新門·申敕官刑》。

紹興二十八年，上曰：「招安非良法，命之以官，是誘之爲盜，不若移此以賞捕盜立功之人，盜知必見獲，則可使無盜。」劉達可《璧水羣英待問會元》卷七七《武事門·平盜》。

（紹興）二十九年，戶部申諸路州軍營田稻麥，乞就便支充馬料，免變糴見錢起發事。上曰：「此事極省便，馬料稻麥歲計至多，其他更有合節減處，亦宜措置，可散令諸軍牧養，並罷其吏，卒於此歲，計所省萬數，似不爲小補。」佚名《羣書會元截江網》卷二五《馬政》。

上曰：「戶部賣田，亦須措置椿管。近時士大夫稍見公家財力寬餘，遽欲將民間常賦一切放免，殊不知緩急缺用，取之亦甚難，非時科率，是爲橫斂，豈憂民之道！」劉達可《璧水羣英待問會元》卷七九《財計門·羨財》。

劉達可《璧水羣英待問會元》卷八二《財計門·蠲放》：紹興二十九年，上曰：「近時士大夫稍見公家財力寬餘，遽欲將民間常賦一切放免，殊不知緩急缺用，取之亦甚難。」

劉光世時，撻剌居蘄州，而其眾尚留承楚。公守鎮江，欲攜貳之，乃以金、銀、銅爲三色泉，其文曰：「招納信寶。」獲金人，則燕餞而遣之。未幾踵至，得數千眾，皆給良馬、利器，用之如華人，因創赤心奇兵，兩軍頗得其用。光世入覲，頗自激昂，奏云：「錢糧不乏，器用漸足，臣官職又超眾人所願，竭力報國，他日史官記中興名將，書臣功第一。」上曰：「卿不可徒以空言，當見之行事。」上以語宰執，於是朱勝非等皆知上馭將得其道，因言而誨誘之也。佚名《羣書會元截江網》卷二一《將帥附》。

高宗嘗曰：「公心處事，便是修德。朕於天下事不敢以毫髮私其心。」劉達可《璧水羣英待問會元》卷一二《君道門·君心》。

高宗紹興中，宣諭曰：「前日進士蔡大中上書論人主有始有終，其說頗有理，自古人君未有有始無終而能長久者也。以唐太宗之賢，而鄭公有不克終之戒。終始如一，古人所難也。」劉達可《璧水羣英待問會元》卷二一《治道門·保治》。

高宗曰：「御眾以寬，朕於宮中雖鞭撲，亦未嘗輕用。」劉達可《璧水羣英待問會元》卷一八《君道門·愛民》。

高宗跋冷泉堂，古風以謂造語用意，高出百世之上。佚名《錦繡萬花谷·續集》卷一《聖製》。

高宗既贊宣聖，又贊七十二子，詠金芝，親筆《六經》刊石，上庠揮灑宸翰，分頒臣下。佚名《錦繡萬花谷·續集》卷一《聖製》。

高宗謂秦檜曰：「朕宮中無事，因學草聖，遂以賜卿。」佚名《錦繡萬花谷·續集》卷一《聖翰》。

高宗曰：「臣下持祿養交之風尚存，談空說有之俗不革，令御史臺督察其陰相黨附者，重寘朝憲」。劉達可《璧水羣英待問會元》卷二七《臣道門·戒敕》。

高宗渡江，但有左藏及激賞二庫。秦丞相用事，每三宮生辰及奏秋、內教、冬至、寒食節，與諸司所進書，皆獻金帛，由是內帑山積。紹興末，有詔除皇太后生辰及內教外，餘並減半。劉達可《璧水羣英待問會元》卷八二《財計門·賦稅》。

《孝宗聖政》

紹興三十二年（六月戊寅），孝宗即位，赦書曰：「口味果實之類，因緣貢奉，煩擾道路，上數取索，多歸公庫，或以貢奉為名，漁奪民利，仰州軍條產合貢之物，申尚書省，下禮部參酌。」劉達可《璧水羣英待問會元》卷八二《財計門·賦稅》。

（甲申），詔：「朕躬有過失，朝政有缺遺，斯民有休戚，四海有利病，皆所樂聞。言而可行，賞將汝勸，弗協於理，罪不汝加，中外士庶咸許直言。」佚名《翰苑新書集·前集》卷七〇《感恩》。

（丁亥）孝宗詔：「太上臨御三紀，法令典章燦然備具，其議設官裒集建炎、紹興以來所下詔旨條例以聞，朕當與卿恪意奉承，以對揚慈訓。」佚名《羣書會元截江網》卷四《法祖》。

（九月丁酉），詔開講日，可召輔臣觀講。王象之《輿地紀勝》卷一。

（庚申），給事中金安節等奏：「奉聖旨，福州居住致仕王繼先已經大赦，可令任便居住。臣竊以聖人用法，常以天下為心，罪之宥之，一用公議。王繼先罪惡稔積，羣情久憤，太上皇帝用公議逐之，天下稱快。原其罪狀，當屏退裔，而近居閩中，為幸已大。曾幾何時，遽用恩赦，許其從便，殊駭物聽。欲乞寢罷令任便居住指揮。」詔：「王繼先依赦任便居住，不得輒至行在。」

史臣曰：聖人之治天下，恩與法並用，而後可以相維於無窮。蓋偏於法，則無以開天下自幸之路；而偏於恩，則無以杜天下僥倖之門。諸葛亮曰：「吾今威之以法，法行則知恩。」二者未嘗便[使]之偏勝而已。王繼先罪惡稔積，太上以公議逐之，此法也；壽皇登極，引大宥之文許之從便，此恩也。而給舍猶以為未厭公議。於是裁之以聖斷曰：「王繼先依赦任便居住，不得輒至行

在。」一以開其自新之路，使之知朝廷之恩；一以杜其僥倖之門；使之不敢玩朝廷之法。御天下之道，至是無餘蘊矣。徐松《宋會要輯稿·帝系》一一之五至六。

冬十月（丙寅），左僕射陳康伯乞解機政。御筆曰：「太上除卿以佐朕，卿忍違太上之意耶！亟就位。」太上御筆曰：「皇帝以卿元老耆舊，方委任機務，留卿之意甚堅，不得再有陳請。」佚名《翰苑新書集·後集上》卷一五《遜謝》。

劉達可《璧水羣英待問會元》卷一《萃新門·時政急務》：（紹興）三十二年，孝宗即位，陳康伯請解機政。御筆曰：「太上儲卿以佐朕，卿遽力請，豈朕涼德不足與圖治？」太上御筆曰：「皇帝以卿元老耆舊，方任機務，留卿之意甚堅。」

（丁卯），張浚奏：「臣近招御前萬弩手多是莊農，稍出眾者，恥與為伍。昨乞別置武毅騎士三百員以待謀慮過人、勇敢絕眾者，至今未蒙指揮。契勘見招武勇，教用每月食錢九百，米九斗，皆是旋刺南兵，難於教習，今欲將效用二人請受，給騎士一名。」從之。佚名《羣書會元截江網》卷一五《步騎車戰》。

十一月甲午，殿中侍御史張震奏論國子監已減正錄二員，不宜復置。上曰：「館職、學官，祖宗設此儲養人材，朕欲待方來之秀，不可定員。」章如愚《羣書考索·後集》卷二七《士門·學制類》。

隆興元年（二月壬午），詔：「令舉進士務取學術醇正、文辭剴切、策畫優長之人，可令禮部將省試上十名策場卷子，編類繕寫成冊，投進以備親覽，如有可行事件，當下三省取旨施行。」劉達可《璧水羣英待問會元》卷四○《儒事門·經義詞賦論策》。

三月（乙卯），臣僚上言，皇帝登寶位赦文及續降寬恤十八事並係恤民，州縣未聞施行，欲望降詔申敕。詔略曰：「朕臨朝退聽，惟以求民瘼為務。自初踐位，首行曠澤，續降寬恤十八事，而郡縣之間不為布宣。繼自今其各洗心滌慮，恭爾有官，俾予一人實惠孚於百姓。」佚名《翰苑新書集·後集上》卷一二《諫院》、謝維新《事類備要·後集》卷四《君道門·赦宥》、謝維新《事類備要·外集》卷二五《刑法門·赦宥》。

謝維新《事類備要·後集》卷二《君道門·登極》：隆興元年三月，皇帝登寶位，降寬恤申飭，略曰：「朕初即位，首行曠澤，續詔降寬恤十八事，而州縣不為布宣。蓋由奸贓之吏尚多，部使者坐視蒙蔽而弗聞，故吾民重困。繼自今各洗心滌慮，恭爾有官，俾予一人實惠孚於百姓，若乃狃於舊習，奉行弗虔心，罰無赦。」

林駉《新箋決科古今源流至論·前集》卷一○《恤刑》：（隆興元年八月丁亥），（孝宗）嗣位三月，下詔有寬恤十八條。

劉達可《璧水羣英待問會元》卷一八《君道門‧愛民》：隆興元年，詔曰：「朕臨朝退聽，惟以求民瘼為急。初即位，首行曠澤，續降寬恤二[十]八事，歷日彌久，州縣之間隱匿不為布宣。繼自今其各洗心滌慮，恭爾有官，俾予一人實德孚於百姓，若乃奉行不虔，必罰無赦。」

（夏四月丁亥），給事（中）金安節奏事，上曰：「近日都不見繳駁，但繳駁來，朕無不聽。」劉達可《璧水羣英待問會元》卷三五《官吏門‧給捨》。

（八月癸未），胡銓奏：「陛下憂災，避殿減膳，蝗虫頓息，天理去人不遠。」上曰：「朕逐日禱天，蝗虫滅，安可不致誠！」銓曰：「陛下行之不息，豈特滅蝗，虜亦不足慮。」劉達可《璧水羣英待問會元》卷七《萃新門‧消弭災變》。

（九月乙卯），進呈手詔，頗聞中外士大夫不安義分，希進苟求，多事造請執政大臣，宜諭此意，公事公言之，勿受私謁等事。上曰：「賓客固不可不見，但不當以引廢事，有干求之請，卿等宜有以戒之。」劉達可《璧水羣英待問會元》卷二七《臣道門‧戒敕》。

（十一月壬子），陳康伯、湯思退、周葵、洪遵奏：「近因北副元帥書來有意求和，陛下聞其言喜見顏色，正欲休兵息民以答天戒，因為自治之計，羣臣紛紛，乃謂臣等意欲講和，以苟目前之安。臣等自今以往，尤當信賞必罰，以作成人才；選將勵兵，以激昂士氣；務農重穀，均節財用，以愛惜公私之力。庶幾今日之和，乃所以成他日之恢復。」佚名《羣書會元截江網》卷二四《戰守和》。

劉達可《璧水羣英待問會元》卷一《萃新門‧時政急務》：隆興元年，陳康伯等奏曰：「比因北帥書來有意祈和，陛下思恢復，一聞虜言，喜見顏色，正欲休兵息民以答天戒。臣等謂自今以往，尤當信賞必罰，以作成人才；選勵兵將，以激昂士氣；均財務農，以愛惜公私之力。庶幾今日之和，乃所以成他日之恢復，惟在力行。」上曰：「朕意已定，正當因此興起治功。」

劉達可《璧水羣英待問會元》卷二一《治道門‧保治》：隆興元年，陳康伯奏：「自今以往，尤當信賞必罰，以作成人才；選將勵兵，以激昂士氣；務農重穀，均財節用，以愛惜公私之力。庶幾今日之和，乃所以成他日之恢復。」上曰：「朕意已定，正當因此興起治功。」

劉達可《璧水羣英待問會元》卷七五《武事門‧待夷狄》：孝宗隆興元年，陳康伯奏：「陛下日思恢復，臣等謂自今以往，尤當信賞必罰，以作成人才；選將屬兵，以激昂士氣；均財務農，以愛惜公私之力。庶幾今日之和，乃所以成他日之恢復，惟在力行。」上曰：「士大夫諱言恢復，不知其家自有田百畝，內五十畝為人強占，亦投牒索否？」

十二月癸未，詔：「諸路州軍歲起上供錢物例有拖欠，監司、郡守卻以羨餘進獻，僥冒賞典，可令戶部行下諸路州軍，諸路上供錢物須管依限起發數足，如數目未足，輒行率斂進獻，仰本部按劾以聞。」

史臣曰：郡國之財，歲有常計，川竭而谷虛，丘夷而淵，實不在此，則在彼耳。諸州逋負上供，而監司、守臣以羨餘造執，欺君罔民，徼寵幸賞，跡其用心，真小人之雄也。聖明灼知，申敕禁戢，彼雖貪黷亡恥，亦豈不知懼哉！章如愚《羣書考索・後集》卷六四《財賦門・內庫類》。

隆興二年（八月戊午），今後敢有受財為諸兵將營求差遣贓滿者，當以軍法從事。劉達可《璧水羣英待問會元》卷之六《萃新門・申敕官刑》。

（九月甲辰），興元統制彭杲申：「大散關一帶邊面係對境要衝。」上慮鳳州附近別無監司所管軍馬，若不測敵人窺伺，闕人應援，利害非輕。制置范成大言：「相度乞興州下都統司，如鳳州不測緩急，所有應援一節，一面將附近軍馬遣發，卻申制司照會。」佚名《羣書會元截江網》卷一三《郡國兵附》。

（冬十月乙亥），詔：「令都督江淮軍馬楊存中與王琪、郭振共議真、揚、六合占據形勢險要去處，措置捍禦。」劉達可《璧水羣英待問會元》卷七四《武事門・兩淮》。

（十一月己未），起居郎林機奏：「在京通用令諸進對臣僚有親聞聖語應記注者，限一日親錄實封報門下、中書後省。事干機密，難以錄報者，止具因依申知。又應記注而不報門下、中書後省者，以違制論。欲乞降付兩省，檢舉前項條令者，得聖語，並仰關報。」詔申嚴行下。王象之《輿地紀勝》卷一。

隆興三年（六月丁巳），淮西宣諭使王之望奏聞：「諸將分定把截戰守、屯泊去處。」上曰：「兵不可太分，須要屯大兵於持重要害之地。」劉達可《璧水羣英待問會元》卷七四《武事門・兩淮》。

劉達可《璧水羣英待問會元》卷七五《武事門・備禦》：隆興三年，王之望奏把截關隘。上曰：「如要逐處控扼，使虜人不得過，兵家無此理。」湯思退奏：「自虜人入寇以來，常用簽軍為先鋒，多至數十萬眾，而我兵常患乎少，今又自分其兵，則力益弱矣，聖鑒如此，洞見機要。」

（乾道元年三月丙寅），王弗進楚莊王定國是故事。上曰：「王弗進議，誠有國之大戒，今日之先務也。朕當與執政大臣、凡百官僚思其未至以歸，於是期共守之。」劉達可《璧水羣英待問會元》卷二四《國事門・集議》、佚名《羣書會元截江網》卷二〇《國論》。

（五月庚戌），中書舍人洪适進對，上曰：「向後有合繳事，不須箚子，但批敕將來。」劉達可《璧水羣英待問會元》卷三五《官吏門‧給捨》。

（辛酉），上曰：「祖宗茶法已盡矣，誠不可更變。」劉達可《璧水羣英待問會元》卷八七《財計門‧榷茶》。

七月辛亥，臣僚言：「守臣之弊，重內輕外，革之，宜更出迭入。外有治效，擢之內職；內有實績，擢之外任。庶幾官宿其業，人效其職。」詔令中書省置籍。劉達可《璧水羣英待問會元》卷三三《官吏門‧均任》。

八月己卯，進呈營屯田文字。錢端禮等奏：「差官措置官莊田以助營屯田之利，異時租入多，則軍儲可足，民力可寬矣。」上曰：「永豐圩見建康行宮歲收米三萬餘石，朕欲撥付建康軍中以助軍食，亦以示至公之意，卿等便可批旨施行。」端禮等奏：「陛下此舉不獨昭示至公，羣心自服，亦前此所未有，欲乞自陛下從中批出。」上曰：「可。」章如愚《羣書考索‧後集》卷四三《兵制門‧兵食》。

劉達可《璧水羣英待問會元》卷六八《武事門‧兵食》：孝宗乾道元年，錢端禮等奏：「矩[差]官措置官莊田以助營屯，異時租入多，則軍儲可足，民力可寬。」上曰：「永豐圩見建康行宮歲收米三萬餘石，朕欲撥付建康軍中，以助軍食。」

乾道二年（二月壬申），御筆云：「自後每月初五日，國用方開具前月支過已上請給數目，外路軍馬，可降式樣付諸路總領開具，非泛支用，自此遂爲定式。」佚名《羣書會元截江網》卷九《會財》。

（三月甲子），魏杞奏：「皇太子請別講書。」上曰：「可令講《尚書》，治國之道，莫先於此，君臣更相警戒，無非日所行事，朕每無事，必看數篇。」劉達可《璧水羣英待問會元》卷九《聖學門‧經筵》。

（辛未），李信甫言：「蠶方成絲，已催夏稅，禾未登場，已催多苗。有今年而追來年之租，謂之預借者，荒郡僻邑有先二年而使之輸者。」汪澈等奏：「守令得人，都無此弊。」於是，詔申嚴約束。劉達可《璧水羣英待問會元》卷八二《財計門‧賦稅》。

（夏四月甲戌朔），進呈劉珙等以措置李金賊徒了畢推賞。上曰：「朕已批與劉珙，近時儒者多高談，無實用，卿則不然，能爲朝廷了事，誠可賞也。」劉達可《璧水羣英待問會元》卷三八《儒事門‧事業》、佚名《羣書會元截江網》卷二一《將帥附》。

　　八月（丁丑），進呈內東門司申：內人紅霞帔韓七娘得旨轉郡夫人，依外命婦支給請受。據戶部供，除紅霞帔逐月有請受外，外命婦郡夫人即無《祿令》。魏杞等奏：「豈有加封而反無請俸者！」上曰：「《祿令》如此，朕不欲破例。此事且已，朕禁中自理會也。」

　　使[史]臣曰：壽皇聖帝欲為一宮人增俸，顧《祿令》不可而止，則其重爵祿、守法令之意可以類推矣。徐松《宋會要輯稿‧帝系》一一之七。

　　十一月甲子，車駕幸候潮門外大教場。進早膳畢，次幸白石教場。獨摘進呈三司軍馬總管殿前司王祺，主管馬軍司李舜舉，主管步軍司陳敏率將佐等恭導聖駕幸白石。皇帝登臺，舉黃旗，軍眾皆呼萬歲，騎軍打圍。舉白旗，三司軍皆出。舉紅旗，向臺合圍，聽一金止，就圍地作圓形，立射生官兵隨鼓聲出射，再一金止。舉黃旗，皆就臺下獻所獲。有旨慰勞錫賚諸將戰馬、金帶，以及士卒賞皆有差。時久陰曀，皇帝出郊，雲霧解駁，風日開霽。

　　史臣贊曰：壽皇聖帝之志，未嘗一日而忘中原也。是以二十八年之間，練軍實、除戎器、擇將帥、選士卒，所謂武備者，無所不講。白石之搜、隆冬出郊、親御鞍馬，夫豈徒為文具而已，故臣敢因斯事以推明聖志之所向焉。章如愚《羣書考索‧後集》卷四二《兵制門‧教閱》。

　　劉達可《璧水羣英待問會元》卷七〇《武事門‧教閱》：乾道二年，車駕幸候潮門外大教場，次幸白石教場，親閱軍馬。

　　乾道二[三]年（春正月丙寅），取《尚書》《通鑑》，孜孜而讀之，帝之所以帝，王之所以王，法其所以興，戒其的[所]以亡，口誦心惟[行]，未嘗一日輒去乎[手]也。林駧《新箋決科古今源流至論‧前集》卷二《通鑑》。

　　（二月乙亥），衛溥論：「用人宜用所長，棄所短。」上曰：「用人不當，求備知禮者，不必知樂；知樂者，不必知刑。若得其人，不當數易，宜久任以責成功。」劉達可《璧水羣英待問會元》卷三七《選舉門‧人才》。

　　（壬午），洪邁奏：「兩省每日行遣錄黃文字，文書盈於幾閣，其中多有常程細故，雜沓至前，使中書之務不清。」上曰：「所論可謂至當。」劉達可《璧水羣英待問會元》卷三四《官吏門‧宰相》。

　　（三月癸卯），上作《春賦》，其末云：「吾將觀登臺之熙熙，包八荒而為家。穆然若東風之振槁，灑然若膏雨之萌芽。則生生之德無時不在，又豈羨乎眩目之浮華。已而舉觴，襟懷照焉，望飛雲之縹緲，送歸鴻之蹁躚，心遊乎造物之表，寄妙用於無言。」佚名《羣書會元截江網》卷一《聖製》。

佚名《錦繡萬花谷‧續集》卷一《聖製》：孝宗作《春賦》，云：「吾將觀登臺之熙熙，包八荒而爲家，穆然若東風之振槁，灑然若膏雨之萌芽。」

乾道四年（八月乙巳），劉師尹論頃年軍需額外創添賦入，欲乞漸次裁減，以寬民力。上曰：「朕未嘗妄用一毫，只爲百姓。」劉達可《璧水羣英待問會元》卷八二《財計門‧蠲放》。

（冬十月辛卯），汪應辰論畏天愛民，上曰：「朕日讀《尚書》，於畏天之心尤切。」劉達可《璧水羣英待問會元》卷九《聖學門‧經筵》。

（十二月戊子），詔：「欲豐軍食之儲，必講屯田之制，先積粟以爲資，乃厲兵而必戰。」劉達可《璧水羣英待問會元》卷六八《武事門‧兵食》。

乾道五年九月丙寅，起居郎林機論諸郡守臣欲郡計辦集，而不恤縣道之匱乏，致使橫斂及民庶。上曰：「甚不體朕寬恤之意，且如稅賦太重，朕欲除減，但有所未及，當次第爲之。」機又奏曰：「諸處有羨餘之獻，皆移東易西，以求恩倖，惟願陛下熟察之。」上曰：「所言甚當，今日之財賦，豈得有餘？今後若有獻，朕當卻之。」章如愚《羣書考索‧後集》卷六四《財賦門‧內庫類》、徐松《宋會要輯稿‧崇儒》七之五一。

（冬十月辛未），給事中胡沂論朝廷命令當謹於造命之初。上曰：「卿職當繳駁事，有當言，勿謂拂主上、拂宰相而不言。」佚名《羣書會元截江網》卷一八《詔令》、劉達可《璧水羣英待問會元》卷二二《治道門‧詔令》。

乾道六年（二月癸卯），上曰：「朕欲將見行條法、敕令所分編類，如律與刑統、敕令格式及續降指揮，每事皆聚載於一處，開卷則盡見之，庶使胥吏不得舞文。」趙雄奏：「士大夫少有精於法者，臨時檢閱，多爲吏輩所欺。今若分門編類，聚於一處，則遇事悉見，吏不能欺。」乃詔敕令所將見行敕令格式申明體訪，吏部七司條法總類隨事分門條纂，別爲一書，仍冠以「淳熙條法事類」爲名。劉達可《璧水羣英待問會元》卷二六《國事門‧刑法》。

（夏四月乙未），劉焞奏：「蜀中毀錢以爲銅，而乃欲榷其銅以鑄錢。」上曰：「如此豈可！」佚名《羣書會元截江網》卷一一《錢帛》。

（五月辛酉），上曰：「自古人君當艱難之運，未有不節儉，當升平之後，未有不奢侈。朕他無所爲，止得節儉。」蕭國梁奏：「陛下言及此，宗廟、社稷之福」。劉達可《璧水羣英待問會元》卷一五《君道門‧儉德》。

（甲戌），御書戒敕官吏云：「夫天下之風俗，係上之好惡。朕所趨向，縉紳大夫，其知之矣。朕躬秉是道，嘉與宇內之士共由斯路，而習俗若此，

豈廉恥道喪之日，久而浸漬，所入者深歟？抑告戒懇惻未能孚於眾也。繼自今，其惟易慮，激昂砥礪，毋蹈故常，朕則褒嘉爾，或不從朕言，罰及爾身，弗可悔。」又曰：「屬者訓告在位，申敕檢押，使各崇尚名節，恪守官常，而苟且之俗猶在，誕謾之習尚滋，曾微特立獨行之操，安有仗節死義之風！」劉達可《璧水羣英待問會元》卷二九《臣道門・名節》。

（乙亥），敕文：「保正之役為良民之害，致破產者十常八九。今擬會元豐八年詔，耆長、壯丁之役，皆募充，保正、甲頭、承帖人並罷。」佚名《羣書會元截江網》卷二八《役法》。

（閏五月甲申），刑部狀：「建康府狀：『據建康府司法參軍趙善寅申，準三月二十三日敕節文，今後權將敕律內應以絹定罪之法，更遞增一貫，通四貫足斷罪。』今來除已將律內以絹定罪之法遞增一貫作通四貫足斷罪外，有敕內以錢數定罪擬欲一例遞增一貫，竊慮奉行牴牾，乞備申朝廷」。又刑部狀：「據太平州申，亦為上件事，並送部看詳。本部乞將細絹定罪更增一貫通作四貫，其以絹定罪者未曾申明，亦合一體，更為遞增一貫。」詔從之。謝維新《事類備要・外集》卷一七《刑法門・法律》。

（六月丁卯），張栻奏曰：「當先立一定之規模，周密備具，按而行之。若農服田力穡，以底於成。」上曰：「變者舉棋不定，猶且不可，況謀國而無定規乎？」劉達可《璧水羣英待問會元》卷一《萃新門・時政急務》。

　　劉達可《璧水羣英待問會元》卷二一《治道門・保治》：淳熙六年，張栻奏：「謀國當先立一定之規模，周密備具，按而行之，若農服田力穡，以底於成。」上曰：「變者舉棋不定，猶且不可，況謀國而無定規乎！」

（八月己酉），上曰：「若一州得二十萬石常平米，雖有水旱不足憂矣。」佚名《羣書會元截江網》卷五《儲積》。

（甲戌），臣僚進對，論祖宗成法。上曰：「言事者未必盡知利害，便欲更張。」劉達可《璧水羣英待問會元》卷一七《君道門・法祖》。

（九月癸酉），太學正薛元鼎奏：「太學釋奠，輪差南班宗室臨位觀禮。今者武學從祀，乞差三衙管軍及環衛官陪位觀禮」。上曰「亦使之知。」王象之《輿地紀勝》卷一。

（冬十月癸丑），黃鈞進對，奏論：「士大夫風俗不振。」上曰：「君相不當言風俗，士大夫風俗之本也。」劉達可《璧水羣英待問會元》卷二七《臣道門・士風》。

（甲子），禮部尚書劉章進對，奏：「臣聞李德林在隋開皇初與修敕令，時有蘇威者，每欲易其條目，德林請於朝，謂欲有更張者當以軍法從事。夫法之弊也，故修之，修之而未必皆當，與眾共議之可也，乃欲脅以軍法，其亦不仁甚矣。仰惟陛下清明遠覽，命官取新、舊法並前後敕旨，緝而修之。越歲書成，反覆參訂，乃以奏御，而丙夜之觀尤為詳悉。其間有未便於人情，未安於聖心者，莫不朱黃識之，還以下諭，俾疏奏以聞。稍或可疑，必加改定，然後頒行。欲望播告中外，惟《新書》是遵。」上曰：「朕已自看一遍，亦異乎隋高祖之事矣。」於是詔從之。

使[史]臣曰：法之未成也，議之貴乎詳；法之既成也，守之貴乎堅。故今日議法之詳，所以為異日守法之地也。議論講明，一或不審，異日雖欲信而必行之，有不可得矣。《乾道新書》卷帙而[不]為不多，而壽皇丙夜遍覽弗倦，朱黃識之，多所改定，而後頒行。議法之詳如此，所以為萬世法。徐松《宋會要輯稿·帝系》一一之七至八。

（十一月丁丑朔），詔淮南使人來往並令篙稍結罪船載錢寶一文以上過界，流配。佚名《羣書會元截江網》卷一一《錢帛》、劉達可《璧水羣英待問會元》卷八五《財計門·錢幣》。

乾道七年（春正月丙子朔），上曰：「本朝家法，遠過漢、唐，惟用兵一事不如爾。朕念虜仇未復，宵旰不遑。」允文奏：「陛下不以萬乘為樂，而以中原久陷腥羶為憂，自古帝王所不及。」劉達可《璧水羣英待問會元》卷七《萃新門·消弭災變》。

（癸未）孝宗曰：「朕無他嗜好，或得暇，惟書字為娛，因取郭熙《秋山平遠詩》以賜焉。」佚名《羣書會元截江網》卷二《聖翰》。

（己亥），上曰：「《無逸》一篇，享國長久，皆本於寅畏。朕近日取《尚書》中所載天事編為兩圖，朝夕觀覽，名曰《敬天圖》。」佚名《羣書會元截江網》卷三《敬天》。

（二月丙辰），侍講張栻論奏：「本朝制體以忠厚、仁信為本，因及熙、豐、元符用事大臣。」上曰：「祖宗法度乃是家法，熙、豐之後不可改耳。」佚名《羣書會元截江網》卷四《法祖》。

劉達可《璧水羣英待問會元》卷一七《君道門·法祖》：（乾道）七年，侍講張栻奏：「本朝治體以忠厚、仁信為本，因及熙、寧[豐]、元符用事大臣。」上曰：「祖宗法度乃是家法，熙、豐之後，不合改變耳。」

（庚申），宣諭：「近世廢弛之弊，宜且糾之以猛，他日風俗變易，卻用寬政。譬之立表，傾則扶之，過則正之，使之適中而後已。」梁克家奏：「寬則民慢，猛則民殘，須相濟乃和。」虞允文奏：「古人得眾在寬，救寬以猛。天地之心，生生不窮，故陰極於剝則復。」上曰：「天地若無肅殺，何以能發生！」劉達可《璧水羣英待問會元》卷二一《治道門‧安靜振作》。

（夏四月庚午），上曰：「昔人以嚴致平，非謂深文峻法也。紀綱嚴整，使人不敢犯耳，譬如人家，父子、兄弟森然法度之中，不必須用鞭撲，然後謂之嚴也。」佚名《羣書會元截江網》卷一七《紀綱》。

（六月乙卯），張權筒奏：「淮西秋成可望。」虞允文奏：「聖德無缺，動合天心。」上曰：「君臣之間，正要更相警戒，以答天貺。」佚名《羣書會元截江網》卷三《敬天》。

（乾道八年春正月戊寅），楊萬里論人才，上曰：「人才要辨，實偽要分。」又曰：「最不可以言取人。」劉達可《璧水羣英待問會元》卷三七《選舉門‧人才》。

（丙戌），宰執奏乞討論上丁釋奠皇太子入學之儀。上曰：「《禮記‧文王世子篇》《大戴禮》太子入學事甚詳。」虞允文奏：「此事備於禮經，後世罕有舉行者。」上曰：「可令有司討論以聞。」今學官有祭酒、司業各一員，國子博士、太學博士各二員，國子正錄各一員，太學正錄各一員。王象之《輿地紀勝》卷一。

劉達可《璧水羣英待問會元》卷四《萃新門‧建立國本》：乾道八年，宰執乞討論上丁釋奠皇太子入學之儀。上曰：「《禮記‧文王世子篇》載太子入學事甚詳。」（梁）克家奏：「入學以齒則額，父子、君臣、長幼之道。」（虞）允文奏：「此事備於此經，後世罕有舉行者。」上曰：「可令討論。」

（六月辛丑），上曰：「今歲再得一稔，想見粒米狼戾，只置場和糴，聽百姓情願入中，不得纖毫科擾。」劉達可《璧水羣英待問會元》卷八三《財計門‧糴法》。

（九月壬申），上曰：「近時民俗多尚奢侈，才遇豐年，稍遂從容，則華飾門戶，鮮麗衣服，促婚嫁，厚裝奩，惟恐奢華之不至，甚非所宜。今年遠近豐稔，稱此秋成，欲使民間各務儲積，以爲悠久之計，宜降詔戒諭。」佚名《羣書會元截江網》卷二七《風俗》、劉達可《璧水羣英待問會元》卷五七《民事門‧禁奢》。

乾道九年三月乙巳，侍御史蘇嶠奏：「伏覩關報，廣南提舉官廖顥筒子：『廣州都鹽倉有積下（支）不盡鹽本銀，計實十一萬一千四百五十四貫文，樁積在庫，別無支遣。又點檢得本路諸州府逐年拘催常平諸色窠名錢物內，有

見在寬剩五萬貫，欲行起發，少助朝廷經費耳。』奉聖旨依，並令赴南庫送納者。臣切謂陛下即位以來，屢卻羨餘之獻，故近年監司、州郡稍知遵守。此盛德之事，書之史冊，足以爲萬世法。而小人急於自進，不能革心，時以一二嘗試朝廷。只緣乾道七年提舉官章潭獻錢二十萬貫，以此特轉一官，不及期年，擢爲廣西運判。廖顯實繼其後，故到官未幾，便爲此舉，其爲愚弄朝廷，莫此爲甚！訪聞此錢，並係鹽本錢，潭到任時，尚有三四十萬緡，皆是前官累政差問[儲積]，不敢妄用，潭取其半以獻。今顯所獻止十一萬緡，已是竭潭[澤]，所餘無幾。顯年歲間必須別得差遣而去，後人何以爲繼？異時課頗不登，誰將任其咎者？今淮南、浙西，其事已自可見。兼此錢本是朝廷錢物，樁在州郡者，豈必獻之內帑，然後爲富？所謂移東庫實西庫，何以異於此！欲望特降睿旨，卻而不受。即以此錢付之本司，依舊充鹽本錢。常平寬剩錢亦乞樁留本路，爲水旱賑貸之備，使四方之人咸知陛下捐利子民之意。」詔從之。

史臣曰：羨餘之弊，上欺人主，下蠹生民，非難知者，而小人屢敢以是進，豈非謂利之可動人歟？《記》曰：「與其有聚斂之臣，寧有盜臣。」此謂國不以利爲利，以義爲利也。孟軻曰：「亦有仁義而已矣，何必曰利？」陸贄曰：「理天下者，以義爲本，以利爲末；以人爲本，以財爲末。」誠使義利之說明於上，則奸罔之徒何自乘間耶？觀壽皇論臣僚捐利之請，卻樁積、寬剩之獻而不受，所以正君德、清化原、警吏治者至矣。章如愚《羣書考索·後集》卷六四《財賦門·內庫類》、徐松《宋會要輯稿·崇儒》七之五一至五二。

（五月己未），進呈左迪功郎朱熹辭免召命，乞嶽廟。梁克家奏：「熹博學有守，而安於請退，屢召不起，執政俱稱之。」上曰：「熹以疾辭，然安貧樂道，廉退可嘉，可特與改合入主管台州崇道觀。」佚名《翰苑新書集·後集上》卷一五《遜謝》。

（秋七月乙未），梁克家奏：「近有兩事，皆前世不能及。太上禪位，陛下建儲，出於斷決，了無纖芥遲疑。」上曰：「此誠漢、唐所無。」劉達可《璧水羣英待問會元》卷三《萃新門·建立國本》。

劉達可《璧水羣英待問會元》卷一三《君道門·剛德》：乾道七年，梁克家奏：「近時兩事，皆前世所不及。太上禪位，陛下建儲，出於獨斷，了無纖芥遲疑。」上曰：「此事誠漢、唐所無。」

（庚子），孝宗嘗語近臣曰：「朕與卿等尤當上下交修，以答天貺，則非但有變而警也。」林駉《新箋決科古今源流至論·前集》卷五《敬天》。

（八月癸酉），上曰：「僥倖之門，蓋在上者多自啓之，故人、門生覬覦心出。」孫夢觀《雪窗集》卷二《故事・孝宗皇帝抑僥倖》。

（戊子），臣僚言：「方今要務，莫先於軍政當罰而賞，與賞盜何異？軍政如此紀綱法度，後將奈何？欲望寢罷孫福等推賞，庶幾稍正軍律，以警後來。」劉達可《璧水羣英待問會元》卷六五《武事門・軍政》。

（十一月庚子），曾懷等奏：「郊祀禮成，普天同慶，自宗廟行禮，陰雲閣雨。既謁，清廟瑞雪應期，未明而霽，以至青城宿齋，圜丘藏事，天氣澄爽。此皆聖德昭著，故高穹降格，靈貺如此。」上曰：「君臣之間正當修飭以答天貺。」佚名《羣書會元截江網》卷三《敬天》。

淳熙元年（九月乙未），蔡戡論《貞觀鑑錄》。上曰：「從諫，正是唐太宗所長，此書置之座右，可爲龜鑑。」佚名《翰苑新書集・後集上》卷一四《進文字》、劉達可《璧水羣英待問會元》卷二〇《君道門・聽納》。

淳熙二年（二月戊午朔），上曰：「諸路揀中禁軍上軍弓手，須常令教閱，責在守臣。如有違戾，當坐其罪。」劉達可《璧水羣英待問會元》卷六三《武事門・州郡兵》。

江西安撫司檢準指揮，將諸路州軍係將、不係將禁軍十分爲率，取五分專一教習。佚名《羣書會元截江網》卷一三《郡國兵附》。

夏四月壬子，內殿進呈淮東、西兩總領乞以金銀兌換會子支遣。上曰：「綱運既以會子中半入納，何故乃爾缺少？」葉衡、龔茂良奏：「緣朝廷以金銀換會子，此不過散在民間耳。」上曰：「何幸得會子重，但更思所以缺用之因。」三日，復宣問及此。衡奏：「戶部歲入一千二百萬，其半爲會子，而南庫以金銀換收者四百餘萬，流行於外者，才二百萬，安得不少！」上謂曰：「此是戶部之數，不知兩總領所分數入納如何？恐久有弊，須究見其源，兩處且各以二十萬與之兌換金銀及錢。」錢良臣申到：「民間入納，缺少會子，並兩淮收換銅錢，已支絕會子，乞再給降。」上曰：「會子眞如此少。」茂良奏：「聞得商旅往來貿易，競用會子，一爲免稅，二爲省腳乘，三爲不復折閱，以此觀之，大段流通。」上遽令應副，因宣諭曰：「卿等仔細講究本末，思所以爲善後之計。」衡等多遵稟聖訓而退。章如愚《羣書考索・後集》卷六二《財用門・楮幣類》。

佚名《羣書會元截江網》卷一二《楮幣》：淳熙三年，進呈淮東、西兩總領乞以金銀兌換會子支遣。上曰：「綱運既以會子中半入納，何故乃爾缺少？」葉衡、龔茂良奏：「緣朝廷以金

銀換會子，此不過散在民間。」三日，復宣問。茂良奏：「聞得商旅往來貿易，競用會子，一為免稅，二為省腳乘，三為不復折閱，以此觀之，大借流通。」上因曰：「卿等仔細講究本末，思所以為善後之計。」

劉達可《璧水羣英待問會元》卷八四《財計門・楮幣》：淳熙二年，進呈淮東、西兩總領乞以金銀兌換會子支遣。上曰：「綱運既以會子中半入納，何故乃爾缺少？」（葉衡奏：）「戶部歲入一千二百萬，其半為會子，而南庫以金銀換收者四百餘萬，流行於外者，才二百萬，安得不少！」上曰：「此是戶部之數，不知兩總領所分數入納如何？恐久有弊，須究見其源，兩處且各以二十萬與之兌換金銀及錢。」又曰：「卿等仔細講究本末，思所以為善後之計。」

（五月辛卯），宴宰執於澄碧池。上曰：「朕嘗觀《無逸篇》，見周公為成王歷數商、周之君享國久遠，真後世龜鑑。」劉達可《璧水羣英待問會元》卷九《聖學門・經筵》。

（九月辛未），上因論：「國家承平三百餘年，法令明備，若畫一倘能守之，自足為治，蓋天下本無事，庸人擾之耳。」佚名《羣書會元截江網》卷四《法祖》。

劉達可《璧水羣英待問會元》卷一七《君道門・法祖》：淳熙二年，上因論：「國家承平二百餘年，法令明備，若畫一倘能守之，自足為治，蓋天下本無事，庸人自擾之。」

（閏九月庚戌），詔：「諸路常平司每歲於秋成之際，取見所部郡縣豐歉及見管米斛於九月初旬條具聞奏。」佚名《羣書會元截江網》卷五《儲積》。

（冬十月甲戌），上曰：「朕以久陰祈求未應，獨未曾決獄。昨日欲批出，方下筆，而風急起雲，陰吹散，至晚開晴，一念之誠，隨即感應。」佚名《羣書會元截江網》卷三《敬天》、劉達可《璧水羣英待問會元》卷一六《君道門・敬天》。

淳熙三年二月（辛巳），上御便殿閱兩浙、福建七兵。上曰：「軍士皆好身手，教閱甫三數月，事藝已精熟，弓弩手自可比殿前司之數。」因諭輔臣曰：「向來兀朮入寇，陳思恭邀截於平江，官兵乃用長槍，不能及敵，兀朮遂以輕舸遁。韓世忠江上之戰亦然，若用弓弩，兀朮必成擒矣。今次州郡起發禁軍、土軍極整肅，茲又及時遣歸，更加激犒，他時調發，必易集。」章如愚《羣書考索・後集》卷四一《兵制門・民兵》。

（五月乙卯），程叔達論修政等事，因言：「夷狄盛衰不足為中國慮，中國治否，所宜留意。」上曰：「中國既治，自然懷服矣。」劉達可《璧水羣英待問會元》卷七五《武事門・待夷狄》。

癸亥，王淮進呈步軍司相度牧馬去處。上曰：「前日牧馬官辭，朕戒以愛護馬常如愛護己身，饑飽勞佚，各隨時調節。若己身所不能堪者，馬亦不能堪之，但馬不能言，告訴不得耳。」龔茂良等奏云：「陛下留神馬政，曲盡物情，不惟戒飭主者，使之各各用心，如聖言及此，其仁蓋不可勝用矣。」章如愚《羣書考索·後集》卷四四《兵門·馬政類》。

佚名《羣書會元截江網》卷二五《馬政》：孝宗淳熙三年五月，進呈步軍司相度牧馬去處。上曰：「前日牧馬官辭，朕戒以愛護馬常如愛護己身，饑飽勞佚，各隨時調節。」龔茂良等奏云：「陛下留神馬政，曲盡物情，不惟戒飭主者，使之用心，如聖言及此，其仁不可勝用矣。」朝廷買馬橫山，歲久弊積，邊民告病，而馬不時至，至者多道死。張拭究其利病得六十餘條，皆有以窮其根穴，而事爲之防，由是諸蠻感悅，爭以其善馬來，歲額率常先期以辦，而馬無留滯，人知愛惜，遂無復死道路者。

劉達可《璧水羣英待問會元》卷六七《武事門·馬政》：淳熙三年五月，進呈步軍司相度牧馬去處。上曰：「前日牧馬官辭，朕戒以愛護馬當如愛護己身，饑飽勞逸，各隨時調節。」

（冬十月乙酉），上曰：「今日習爲奢侈者，在民間絕少，多是戚里中官之家，須重作施行。」佚名《羣書會元截江網》卷二七《風俗》。

（庚寅），御筆：「鬻爵，非古制也。夫理財之道，均節出入足矣，安用輕官爵以益貨財！朕甚不取，自今除歉歲，民願入粟賑饑，有裕於眾，聽取旨補官，其餘一切住罷。」劉達可《璧水羣英待問會元》卷八六《財計門·鬻法》。

十一月戊申，知成都府、權四川制置使范成大入奏：「恭惟陛下宵旰民瘼，同仁萬里。俯念西蜀酒課虛額之弊，公私力屈，根柢可憂。六月十二日詔書各與次第蠲減，歲蠲上供緡錢四十七萬，爲蜀民代補贍軍折估之數。」章如愚《羣書考索·後集》卷五八《財用門·酒類》。

劉達可《璧水羣英待問會元》卷八七《財計門·榷酒》：淳熙三年，范成大奏：「陛下念四蜀酒課虛額之弊，蜀益上供錢四十七萬，爲蜀民代補贍軍折估之數，百萬生靈鼓舞歡乎！」

（癸丑），建康都統郭剛奏：「本司車船損已補塡，依海船樣造多槳飛江船。」上曰：「車船，古之蒙衝，辛巳取勝，豈宜改造！」劉達可《璧水羣英待問會元》卷六六《武事門·舟師》。

淳熙四年正月丙寅，輔臣進呈紹興十四年幸學詔。上曰：「今所降詔，大意欲以崇尚風化，勸勵諸生，使知所趨向。朕得詔中兩語，當爲『君子之儒，毋慕人爵之得。』」龔茂良等奏：「大哉！王言誠得體要，當以聖語諭學士，令載之詔書。」上可之。上宣諭輔臣曰：「諸生有兩經幸學人，宜並與補官。」

龔茂良等奏：「前此該慶壽恩補官者聞，可數人年老離學，遂無所歸。」上曰：「如此尤可憫。」於是，詔作該慶壽赦，太學生七十已補官人，如願在學者，聽。 章如愚《羣書考索・後集》卷二七《士門・學制類》。

（二月辛巳），上曰：「《易》《詩》《書》累朝皆講，如《禮記・中庸》篇，凡爲天下國家，有九經一段，最關治道。」劉達可《璧水羣英待問會元》卷一〇《聖學門・經筵》。

（己丑）孝宗之奉高宗御書也，曰：「不惟宸章奎畫，照耀萬世。其所以崇儒重道者，可謂至矣。夫書不可無也，無關於道，則非有益之書。」林駉《新箋決科古今源流至論・前集》卷五《聖翰》。

八月壬申，進呈前來教閱民兵兩淮荊襄總費爲緡錢三十六萬有奇、米三萬石有奇。上曰：「此謂逐路追集教閱耶？」趙雄奏：「兩淮各就漕司逐路教閱，江陵、襄陽、荊門各就逐州。」上曰：「如此則可與降指揮，農隙日令守臣教閱一月。」章如愚《羣書考索・後集》卷四一《兵制門・民兵》。

樞密院奏：「已降指揮，令諸州軍有御前屯駐或分屯軍馬去處，將見教閱禁軍，差官部轄，附大軍一就教閱，所有不係駐劄並分屯軍馬州軍，其禁軍自合逐州教閱，切慮因而廢弛，理宜申飭。」詔令諸路帥司行下所部州軍守臣嚴行，責委兵官將見管禁軍精加教閱，不則差官前去校試，如有武藝退惰，具當職官姓名，按劾施行。 章如愚《羣書考索・後集》卷四二《兵制門・教閱》。

（冬十月己卯），趙雄奏：「昨準宣諭，賣度牒非佳事。今湖南總領所歲有給降，度牒定數不知。紹興年間，不曾給降，亦自足用。」上曰：「朕長[甚]不欲給降度牒，當漸革之。」劉達可《璧水羣英待問會元》卷八六《財計門・鬻牒》。

（十一月己亥），上曰：「舊來主帥見說，盡令義士赤肉當敵，此何理也？」雄奏：「利路安撫司乞再置作院，專一打造義士衣甲，今欲旋撥應副。」劉達可《璧水羣英待問會元》卷六五《武事門・器械》。

淳熙五年四月辛未，知紹興府張津奏：「本府支用已是寬裕，尚有剩錢四十萬貫，起發應請副御前臣[激]賞支用。」詔：「令紹興府將張津所獻錢爲人戶代納今年和買、身丁之半，仍令本府印給文榜，知[使]遍下諸縣鄉村曉諭通知。（如）人戶今年已多納折帛錢在官，與理充來年應輸之數。務要實惠均濟，即不得因而重疊，別作名色騷擾，如稍有違戾，許人戶徑詣尚書省陳訴。」

史臣曰：乾道五年，臣僚嘗言諸州所獻羨餘，類皆移（東）易（西），以覬恩倖耳。聖訓有曰：「今日財賦，安得有餘？自今若有此獻，朕當卻之。」

至是，張津猶以羨餘四十萬緡來則[獻]，當時壽皇聖帝卻而不受，復俾爲民代輸，以其所斂之民者，還以畀民，豈惟（知）所取予而示之好惡，其所以警厲[勵]臣工，風動中外者，亦宏矣，臣故特著於篇。章如愚《羣書考索‧後集》卷六四《財賦門‧內庫類》、徐松《宋會要輯稿‧崇儒》七之五一至五二。

　　（九月壬申），上幸祕書省，御右文殿。從駕官及館職起居畢，宣宰執以下於祕閣，觀累朝御製、御書等。進早膳畢，皇帝再御右文殿，宣宰執、侍從、知閣、管軍、臺諫、修注官、館職、史官、閣門舍人、見帶貼職事官、寄職人並對，御酒五行，作樂於庭。宰執、侍從、知閣、管軍、修注官賜坐殿上，祕書監少、館職、貼職、臺諫、閣門舍人賜坐殿廡，餘官止赴右文殿、祕閣立班。御製詩一首，賜宰臣史浩以下，監少賜紫章服。王象之《輿地紀勝》卷一。

　　（十月庚子），上曰：「出令不可不審，立談之間，豈能周盡事情！前此正緣不審，故出令多反污，無以取信於天下。」佚名《羣書會元截江網》卷一八《詔令》、劉達可《璧水羣英待問會元》卷二二《君道門‧詔令》。

　　（十二月乙卯），或乞復置西溪欄稅。上曰：「關市譏而不征，去城五里之外，豈可復欄稅！」祝穆《事文類聚‧別集》卷二三《人事部‧租賦》。

　　淳熙六年（二月己丑朔），上顧皇太子曰：「近日《資治通鑑》已熟，別讀何書？」對曰：「經、史並讀。」上曰：「先以經爲主，史亦不可廢。」上又謂宰臣曰：「皇太子參決未久，自謂知外方物情，□□[自今]每遇朝殿，令皇太子侍立。」劉達可《璧水羣英待問會元》卷四《萃新門‧建立國本》。

　　三月丁丑，宰執奏事。上曰：「諸路漕臣職當計度，欲其計一道盈虛而經度之也。今則不然，於所部州郡有餘者取之，不足者聽之，逮其乏事，從而劾之，吾民亦被其擾矣。朕今以手詔戒諭之，俾深思古誼，視所部爲一家，周知其經費而通融其有無，廉察其能否而裁抑其耗蠹，庶幾郡邑寬而民力裕也。」章如愚《羣書考索‧後集》卷五五《財賦門‧漕運類》。

　　（五月甲子），封樁管庫見錢三百三十萬餘貫，年深有爛斷之數。趙雄奏：「貫朽實太平盛事，今封樁所積甚富，而江上之積亦多，此儉德之效也。」上曰：「朕不敢毫髮妄用，所以待緩急之用。」劉達可《璧水羣英待問會元》卷七九《財計門‧羨財》。

　　七月癸亥，進呈荊、鄂副都統郭杲奏：「唐、鄧諸處自來積穀不多，襄陽自漢江以北四向美田，民間多有蓄積，若置而不問，恐資盜糧，欲密措置，於秋收之際，收儲以備緩急。」上曰：「令周嗣武同劉邦翰詳所奏事理，於秋

成之際，廣行收糴，其合用倉敖及收貯去處，仰公共相度措置申聞。」章如愚《羣書考索·後集》卷四三《兵制門·兵食》。

八月（戊子），進呈敕令所重修《淳熙法冊》，御筆圈記《戶令》內驢、駝、馬、舟船契書收稅。上曰：「凡有此條，並令刪去。恐後世有箄及舟車之言。」辛丑，進呈《戶令》，內有『戶絕之家，繼絕者，其家財物許給三千貫；如及二萬貫，奏裁。』上曰：「國家財賦，取（於）民有制。今若立法，於繼絕之家其財產及二萬貫者奏裁，則是有心利其財物也。」趙雄奏：「似此者欲悉刪去。」上曰：「可悉令刪去。」

九月丙寅，進呈《捕亡令》：「諸捕盜公人不獲盜，應決而願罰錢者（聽）。」上曰：「公人捕盜不獲，許令罰錢，而不加之罪，是使之縱盜受財也。此等條令，可令刪去。」丁卯，進呈《賞格》，內有監司知通納無額上供錢賞格。上曰：「祖宗時，取於民止二歲[稅]而已，今有合[和]買及經總制等錢，又有無額上供錢。既無名額，則是白取於民也，又立賞以誘之，使之多取於民，朕誠不忍也。可悉刪去此賞格。」趙雄等奏：「立賞以誘之，錢愈多則賞愈厚，俗吏唯賞（是）圖，侵漁苛斂，無所不至。今聖慈刪去此等賞格，斯民被實惠廣矣。」上曰：「朕不忘恢復者，欲混一四海，效唐太唐[宗]為府兵之制，國用既省，則科敷民間諸色錢物可悉蠲免，止收二稅，以寬民力耳。」雄等奏：「聖念及此，天地鬼神實臨之，必有陰相以濟大業。」

史臣曰：壽皇萬機之暇，無他嗜好，敕局所修條令，皆勤一[乙]覽，去取之間，輒經御筆竄定。臣嘗觀算及舟車之訓，而知聖人之遠慮；觀縱盜受財之訓，而知聖人之淵識；觀有心利其財物之訓，而知聖人之大義；觀設賞誘多取之訓，而知聖人之至仁。徐松《宋會要輯稿·帝系》一一之九至一〇。

（丁卯），上曰：「忘朕不恢復者，正欲混一效唐太宗，為府兵之制。」劉達可《璧水羣英待問會元》卷七五《武事門·待夷狄》。

（戊辰），御筆付辛棄疾：「覽卿奏言，官吏貪求，民去為盜，其原蓋有三焉：官吏貪求，而帥臣不能按察，一也；盜賊竊發，其初甚微，而帥臣、監司謾不之知，坐待猖獗，二也；當無事時，武備不修，務為因循，才聞嘯聚，倉皇失措，三也。」劉達可《璧水羣英待問會元》卷七七《武事門·平盜》。

劉達可《璧水羣英待問會元》卷六《萃新門·申敕官刑》：淳熙六年，御筆付辛棄疾，曰：「官吏貪求，自有常憲，無賢不肖皆共知，今已除卿帥湖南，毋憚豪強之吏，當具以聞，有誅賞而已。」

（丙子），胡元質奏：「蜀茶自熙寧罷通商，一從官権課息，歲不過四十萬。迨軍興，改法買引，繼之聚斂之臣增立重額，產□[日]益去，額日益增，民日益困，有司迫於定額，按籍以事誅求，遂與茶馬官置局，委官推劾增虧之數，所合減放虛額凡一百四萬三百斤有奇，奉旨除放，遠民交慶。」劉達可《璧水羣英待問會元》卷八七《財計門‧権茶》。

（十一月己卯朔），御製《用人論》，其略云：「朕聞人君者，以任使百官爲事者也；百官者，分其職而治其事者也。故設是官必有是事，任是事必有是人。任得其宜，則百職舉而庶事成；失其宜，則百職廢而庶事墮。何則？人才有能有不能，固不可一概論也。嘗觀古先哲王命人之際，未嘗不廣獨智以照臨，稽眾論而遴選。以謂不如是，則或遺其所長，取其所短，譬如用直木以爲輪，曲木以爲枅，鮮有克當其任者矣。」佚名《羣書會元截江網》卷一《聖製》。

（十二月辛亥），上曰：「朕於機務之外，猶有暇時，只好讀書。唯讀書則開發智慮，物來能名，事至不惑。觀前古之盛衰，考當時之得失，善者從之，不善者以爲戒。」劉達可《璧水羣英待問會元》卷八《聖學門‧聖學》。

謝維新《事類備要‧後集》卷一《君道門‧聖學》：淳熙六年，上曰：「朕於機務之外，只好讀書，觀前古之興衰，考當時之得失，善者從之，不善者以爲戒。」

劉達可《璧水羣英待問會元》卷八《聖學門‧聖學》：淳熙六年，上曰：「朕於機務之外，猶有暇時，只好讀書，開發智慮。」

淳熙七年（春正月甲寅朔），上曰：「朕爲內帑無毫髮妄用，苟利百姓則不惜也。」佚名《羣書會元截江網》卷一〇《府庫》。

進呈臨安府放免收稅一年。雄等奏：「太史局奏：『前月二十八日有載[戴]氣言人君德至於天，爲萬民所愛戴，則有是瑞。』是日，乃熟議放稅之時，天雖不言，其應如響。」劉達可《璧水羣英待問會元》卷八二《財計門‧蠲放》。

劉達可《璧水羣英待問會元》卷一四《君道門‧君德》：淳熙五[七]年，趙雄奏：「太史局申祥瑞，言：『人君德至於天，爲萬民所愛戴，則有是瑞。』」

（三月己卯），史浩侍講，周必大奏事。上曰：「讀《三朝寶訓》，幾時終篇。朕樂聞祖宗謨訓，日盡一卷，亦未爲多，雖雙日及休暇亦當特坐。」劉達可《璧水羣英待問會元》卷一〇《聖學門‧經筵九》。

佚名《羣書會元截江網》卷四《法祖》：（淳熙）七年，史浩奏讀《三朝寶訓》。上曰：「朕樂聞祖宗謨訓，日盡一卷，亦未爲多，雖雙日及休暇亦當特坐。」

（丙辰），兵部措置武舉補官差注格法。上曰：「武舉，本取將帥之才，今前名皆令從軍，以七年爲限，則久在軍中，諳練軍政，將來因軍功擢爲將帥，庶幾得人。」劉達可《璧水羣英待問會元》卷六二《武事門‧將帥》。

（五月壬子），上曰：「近頗乏雨，昨晚方欲禱祈，半夜遂得雨，可喜。雨既愆期，朕不敢忽。」上觀雨，笑曰：「此雨從何處來？」趙雄奏：「從陛下方寸中來，人主一念克誠，天實臨之。陛下誠心愛民，宜其感格如此。」劉達可《璧水羣英待問會元》卷七《萃新門‧消弭災變》。

佚名《羣書會元截江網》卷三《敬天》、劉達可《璧水羣英待問會元》卷一六《君道門‧敬天》：（淳熙）七年，上曰：「近頗乏雨，昨晚方欲禱祈，半夜遂得雨。」笑曰：「此雨從何處來？」趙雄曰：「從陛下方寸中來，人主一念克誠，天實臨之。」

（九月癸亥），上宣諭曰：「每日常朝，可同後殿之儀，不必呼丞相名。」趙雄奏：「君前臣名，禮也，臣豈敢當！陛下欲少更朝儀，須俟他日有碩德在位施行未晚，不可自微臣始。」謝維新《事類備要‧後集》卷一四《道揆門‧左右丞相下》。

祝穆《事文類聚‧新集》卷七《都省部‧左右丞相》、佚名《翰苑新書集‧前集》卷三《左右丞相下》：淳熙七年，上宣諭曰：「每日常朝，可同後殿之儀，不必稱丞相名。」趙雄奏：「君前臣名，禮也，臣豈敢當！陛下欲少更朝儀，須俟他日有碩德在位施行未晚，不可自微臣始。」

（冬十月丙辰）御書賜殿閣、將帥以下，曰：「朕惟將帥之弊，每在蔽功而忌能，尊己而自用。」又御書「明良慶會之閣」字賜史浩。佚名《羣書會元截江網》卷二《聖翰》、佚名《翰苑新書集‧後集上》卷一八《賜書翰》。

淳熙八年（春正月乙亥），上曰：「東宮已自儉約，又謙和慈祥。朕嘗語之曰：『德性已自溫粹，須是廣讀書，濟之以英氣，則爲盡善。』」劉達可《璧水羣英待問會元》卷四《萃新門‧建立國本》。

二月（壬午），詔：「今雖米價低平，其間鰥、寡、孤、獨無錢收糴，可令抄籍姓名，將義倉米賑濟，務要實惠及民。」佚名《羣書會元截江網》卷五《儲積》。

（夏四月甲戌），史浩讀《正說‧正心篇》，論黃帝無爲天下治。上曰：「所謂無爲者，豈宴安無所事之謂乎！」又讀《剛斷篇》，武帝知郭解能使將軍爲言其家不貧。上曰：「武帝如此可謂洞照事情。」又讀《大中篇》，論爲政之道本乎大中。上曰：「勿渾渾而濁，勿察察而明，即此理也。」劉達可《璧水羣英待問會元》卷一〇《聖學門‧經筵》。

劉達可《璧水羣英待問會元》卷二《萃新門‧時政急務》：孝宗淳熙七年，說《正心篇》，論黃帝無為天下治。上曰：「所謂無為者，豈宴安無所事之謂乎！」

劉達可《璧水羣英待問會元》卷一二《君道門‧君心》：淳熙七年，讀眞宗皇帝《正說》至《正心篇》，論黃帝無為而天下治。上曰：「所謂無為者，豈宴安無所事事之謂乎！」

（五月丙子），上曰：「朕以金翠等事刻之記事板，每京尹初上取示之。」佚名《羣書會元截江網》卷二七《風俗》、劉達可《璧水羣英待問會元》卷五七《民事門‧禁奢》。

劉達可《璧水羣英待問會元》卷八五《財計門‧錢幣》：孝宗曰：「朕以禁銅器衕刻之記事版，每京尹上任則示之。」

佚名《羣書會元截江網》卷一一《錢帛》：孝宗曰：「朕以禁銅器事刻之記事版，每京尹上任則示之。」

六月丙寅，樞密院進呈，昨得旨令密問淮西總領葉宏、郭剛軍中刻剝軍人虛實，據葉宏回報，郭剛別無刻剝，止是舊有軍需庫裱布搭息一事。上曰：「卿等可論都承旨傳旨宣諭郭剛，令日下住罷，並本息蠲放，仍令責問本人，號曰『老將』，猶有此等事。卿等可更切責葉宏，既職事是報發御前軍馬文字，此等事如何不早以聞，必待詢問，然後方報，此後應諸軍凡有刻剝等事，須即以實奏聞。」　程珌《洺水集》卷四《議進故事》。

（十二月辛亥），上曰：「朕每守兩句，恭者不侮人，儉者不奪人。朕每於臣下，未嘗有一毫輕侮之心，皆待以禮。至於玩好之物，有來獻者，未嘗受之。」劉達可《璧水羣英待問會元》卷一〇《聖學門‧經筵》。

（淳熙九年六月丙申）孝宗曰：「朕在潛邸有詩云：『閭閻皆勃鬱，方愧此身閒。』」王淮奏：「陛下隆寒盛暑，每以百姓為念。」劉達可《璧水羣英待問會元》卷一八《君道門‧愛民》。

淳熙十年春正月辛亥，進呈鎮江總領所乞降新會兌換上見前具新印會子數目。（上）乃曰：「新印會子比舊又增多。大凡行用會子，少則重，多則輕。」王淮等奏曰：「誠如聖諭。」章如愚《羣書考索‧後集》卷六一《財用門‧楮幣類》。

（六月辛酉），詔曰：「若乃貪饕無厭，與貨為市，漁奪百姓，侵牟下民，有一於斯，足粃邦政。今後命官犯自盜，枉法贓罪抵死者，籍沒家財，取旨決配。」劉達可《璧水羣英待問會元》卷六《萃新門‧申敕官刑》。

（冬十月乙丑），侍讀張大經講《泰卦》之九二，玉音曰：「君子以其類進而為善，小人以其類進而為惡，未有無助者也。」劉達可《璧水羣英待問會元》卷三七《選舉門‧人才》。

淳熙十一年（二月甲子），上曰：「熊克爲人性緩，古人有韋弦之戒，緩者勉之，急者緩之，全在抑揚之道。」劉達可《璧水羣英待問會元》卷五〇《性理門·性學》。

（八月戊午），新均州葛祺論恢復及論東南兵可用。上曰：「會稽八千人破秦，在用之如何！」佚名《羣書會元截江網》卷一三《郡國兵附》。

（乙丑），御筆：「差役之法，爲日益久。近年以來，又創限田之令，然則州縣行之不公，豪貴兼併之太甚，宵旰以思，莫若不計官、民，一例輪差。」佚名《羣書會元截江網》卷二八《役法》、劉達可《璧水羣英待問會元》卷五九《民事門·役法》。

（九月戊申），詔：「諸路提舉行下所部，隨鄉豐歉收納入倉，不得侵隱他用，候歲終具舊管及新收數目申尚書省。」佚名《羣書會元截江網》卷五《儲積》。

（十二月丁卯），上曰：「議者多言邊郡太守須是久任。今邊郡無兵，雖久任，何益？大軍皆在江南，若是創置，又費衣糧，卻是弓弩手、民兵無養兵之費，有養兵之實，緩急亦可用。」佚名《羣書會元截江網》卷一四《民兵》、章如愚《羣書考索·後集》卷四一《兵制門·民兵》。

己卯，進呈解元振奏：「乞令光州依舒州、蘄州，置監鑄鐵錢。」上曰：「此事難行，後次鑄到鐵錢時，可令分二、三萬與光州。」

史臣曰：弊多則錢益輕而物重，況以鐵爲幣又非銅比也。鐵之價賤於銅而又多鑄焉，其輕也必矣。夫以事揆事，則慮有遺策；以理揆事，則物無遁情。雖事物之微而皆有以察其利害之實，神聖之明，天下誦之，爲不可及矣。章如愚《羣書考索·後集》卷六一《財用門·楮幣類》。

淳熙（十二年二月丁卯），（上）嘗謂王淮等曰：「人主富有天下，易得驕縱。」淮等奏：「天下治亂，不觀諸他，觀諸人主，若治安日久，每事留意，則是愈久愈新也。」劉達可《璧水羣英待問會元》卷二一《治道門·保治》。

（冬十月丙辰），賜建康都統御筆：「將帥之弊，每在於蔽功而忌能，尊己而自用，故下有沉抑之歎，而上無勝算之助。殊不知兼收眾善，不掩其勞，使智者獻其謀，勇者盡其力，迨夫成功，則皆主帥之功也。」仍刊石給賜殿帥以下。劉達可《璧水羣英待問會元》卷六二《武事門·將帥》。

（丁巳），洪邁奏：「監司課績，欲倣國朝故實[事]行之。」上曰：「監司只是擇人爲急，若擇時留意，則課績之法不必行。」劉達可《璧水羣英待問會元》卷三三《官吏門·考課》。

淳熙十三年二月乙卯，步軍都虞（侯）梁師雄奏射鐵簾合格官兵人數。上曰：「聞射鐵簾，諸軍鼓躍奮勵，誠是作成士氣。」周必大等奏：「兵久不用，此輩無進取，自然氣惰。今陛下以此法激勸，不待申嚴告戒，自然戮力事藝，人人皆勝兵矣。」上曰：「然。」

留正等曰：「昔人謂鐵劍利，而倡優拙者，為其有志於奮勵，無志於燕安也。壽皇聖帝當時平無事之日，不忘武備，搜卒於白石，閱藝於選德，以進士習射，以武舉從軍。凡可以厲士氣者，無不為之。至是，又命士卒射鐵簾，勸以官賞，人人奮勵，其根作之術深矣，究觀聖志，夫豈一日而忘國恥哉！」眞德秀《西山先生眞文忠公文集》卷一四《故事十二月一日》。

王應麟《玉海》卷一五〇《兵制‧乾道鐵簾附淳熙鐵簾》：淳熙十三年二月乙卯，步軍都虞候梁師雄奏射鐵簾合格官兵人數。上曰：「聞射鐵簾，諸軍皷躍舊摩，誠是作成士氣。」周必大等奏：「以此法激，觀人人皆勝兵矣。」上曰：「然。」

（丙子），上曰：「自古人主讀書，少有知道，知之亦少能行之，且如『與人不求備』『檢身若不及』二句，人君豈不知！」自是不能行。謝維新《事類備要‧後集》卷一《君道門‧聖學》。

劉達可《璧水羣英待問會元》卷八《聖學門‧聖學》：（淳熙）十三年，上曰：「自古人主讀書，少有知道，知之亦罕能行之，且如『與人不求備』『檢身若不及』二句，人君豈不知！」自是不能行。

（十一月辛亥），陳居仁箚子乞略細務。上曰：「今之要務不過擇人才、正紀綱、明賞罰，更賴卿等留意。」劉達可《璧水羣英待問會元》卷一《萃新門‧時政急務》。

劉達可《璧水羣英待問會元》卷二一《治道門‧治體》：淳熙十二[三]年，上曰：「今之要務不過擇人才、正紀綱、明賞罰。」

劉達可《璧水羣英待問會元》卷二二《治道門‧紀綱》：淳熙十三年，上曰：「今之要務不過擇人才、正紀綱、明賞罰而已。」

佚名《羣書會元截江網》卷一七《紀綱》：淳熙十三年，上曰：「今之要務不過擇人才、正紀綱、明賞罰而已。」

淳熙十五年（九月庚申），黃洽、胡許浦水軍戰船泊在顧涇，水軍只在許浦，人船相去二百里，遇有緩急，如何用兵？相就合依舊歸定海。上曰：「定海南北之衝，下瞰山東，此用舟師之便，當時自是不合移屯，卿等更宜熟議。」劉達可《璧水羣英待問會元》卷六六《武事門‧舟師》。

上宣諭太子曰：「當今惟是財賦未甚從容，朕每思之，須是省卻江州或池州一軍，則財賦稍寬。當今天下財賦，以十分爲率，八分以上養兵。」劉達可《璧水羣英待問會元》卷六八《武事門・軍需》。

隆興三[二]年（正月），詔曰：「太祖皇帝乾德元年郊祀詔書有『令務從省約，毋至勞煩。』仲見事天之誠、惜民之心。朕遵皇祖之典，崇儉德而戒勞民，除事神、賞軍外，其乘輿、服御及中外之費，並從省約。」林駧《新箋決科古今源流至論・前集》卷一○《郊禮》、謝維新《事類備要・外集》卷三《祭祀門・郊祭》、佚名《翰苑新書集・後集上》卷八《合祭》。

詔：「太上皇帝昨降手詔，令卿、監、郎官更迭除授，以均內外之任，可令二省遵奉紹興二十八年詔旨施行。」劉達可《璧水羣英待問會元》卷三三《官吏門・均任》。

（乾道元年閏正月）孝宗賜蘇嶠《東坡文集贊》，云：「猗嗟若人，冠冕百代，忠言讜論，不顧身害，凜凜大節，見於立朝，敬想高風，掩卷三歎。」佚名《錦繡萬花谷・續集》卷一《聖製》。

乾道三年，上曰：「朕惟愛《資治通鑑》，每斷一事，不過數語，而意足理暢。」芮輝奏：「《通鑑》最切實學。」上曰：「此乃萬世不刊之書，而於人主尤切。」劉達可《璧水羣英待問會元》卷四六《儒事門・通鑑》。

乾道五年，詔：「言師除弊事，其一有因教閱損壞軍器，官爲給錢修補。」劉達可《璧水羣英待問會元》卷六五《武事門・器械》。

乾道六年，中書門下條具煩碎，不急之務歸有司。劉達可《璧水羣英待問會元》卷三四《官吏門・宰相》。

乾道七年，詔曰：「皇子寬仁而肅振，端恪而嚴明，可立爲皇太子。」劉達可《璧水羣英待問會元》卷三《萃新門・建立國本》。

劉達可《璧水羣英待問會元》卷四《萃新門・建立國本》：（乾道）七年，詔：「皇子寬仁而肅振，端良而嚴明，孝友夙成性，素安於薛，敬聰明，日就學，無間於緝熙，可立爲皇太子。」

乾道十年，范成大奏：「處州松陽縣有一兩都憚充役破產之苦，議各出田業以助役戶。大概隨役戶之多寡、量家力之厚薄輸金買田，永爲眾產，遇當役者以田助之。又自詳議，比排役法，以名聞官。蓋有排至一二十年者，既免爭端，又無破家竭產之患，田里雍和，幾有古風，名曰『義役』。」佚名《羣書會元截江網》卷二八《役法》。

　　劉達可《璧水羣英待問會元》卷五九《民事門‧役法》：乾道十年，范成大奏：「處州松陽縣有一兩都憚充役破產之苦，議各出田業以助役戶。既免爭端，又無破家竭產之患，田里雍和，幾有古風，名曰『義役』。」

　　（淳熙）八年，上製原道論，曰：「朕觀韓愈《原道論》，謂佛法相混，三教相紐，未有能辨之者，徒文煩而理迂耳。若揆之以聖人之用心，則無不昭然矣。何則？釋氏窮性命，外形骸，於世事了不相關，又何與禮樂仁義者哉！然猶立戒，曰不殺、不淫、不盜、不妄語、不飲酒。夫不殺。仁也；不淫，禮也；不盜，義也；不妄語，信也；不飲酒，智也。此與仲尼又何遠乎？從容中道，聖人也。聖人之所爲，孰非禮樂，孰非仁義，又惡得而名焉。譬如天地運行，陰陽若循環之無端，豈有春夏秋冬之別哉？此世人強名之耳。亦猶仁義禮樂之別，聖人所以設教治世，不得不然也。因其強名，揆而求之，則道也者，仁義禮樂之宗也，仁義禮樂固道之用也。楊雄謂『老氏棄仁義，絕禮樂。』今跡老氏之書，其所寶者三，曰慈，曰儉，曰不敢爲天下先。孔子曰『節用而愛人。』老氏之所謂儉，豈非愛人之大者耶？孔子曰『溫良恭儉讓。』老氏所謂不敢爲天下先，豈非讓之大者耶？孔子曰『惟仁爲大。』老氏之所謂慈，豈非仁之大者耶？至其會道，則互見偏舉。所貴者清淨寧一，而與孔聖果相背馳乎？蓋三教末流，昧者執之，自爲異耳。夫佛老絕念無爲，修身而矣。孔子教以治天下者，特所施不同耳。譬猶耒耜而耕，機杼而織，後世紛紛而惑，固失其理。或曰『當如何去其惑哉？』曰『以佛修心，以道養生，以儒治世，斯可也。』其唯聖人爲能同之，不可不論也。」釋志磐《佛祖統紀》卷四七。

　　佚名《羣書會元截江網》卷一《聖製》：淳熙八年，作《原道辨》，其末云：「以佛修心，以道養生，以儒治世，其惟聖人爲能同之作。」

　　孝宗讀陸贄《奏議》，口取五板。林駧《新箋決科古今源流至論‧前集》卷五《聖學》。

　　（孝宗）作《新春喜晴詩》，末聯云：「神京應未遠，當繼沛中歌。」《新秋雨過述懷詩》末章云：「平生雄武心，攬鏡朱顏在。舉措常憂勤，規模須廣大。」《高宗聖政序》曰：「繼自今進而得之諄諄之訓，退而求諸渾渾之書，率而行之，庶幾於治乎。」佚名《羣書會元截江網》卷一《聖製》。

《寧宗聖政》

　　嘉泰元年，詔樞密院核禁衛班士。佚名《羣書會元截江網》卷一五《步騎車戰》。

　　嘉泰元年，詔禁止銷金鋪翠。日來行市，公然造置，官司全不禁戢，今後如有因事敗獲，守臣及地方官吏並重作施行。

　　詔曰：「風俗侈靡日甚一日，其令官、民營造室屋，務從簡樸，銷金鋪翠無得服用。今以宮中所有焚之通衢，令有司嚴立禁防，貴近之家，尤當遵奉。」佚名《羣書會元截江網》卷二七《風俗》。

　　嘉泰三年，光宗皇帝御集閣曰寶謨。佚名《羣書元截江網》卷一《聖製》。

　　嘉定八年，進讀帝學至劉唐老《論入德序》，上曰：「所謂明明德者，又當以修身正心，誠意為先。」佚名《翰苑新書集·後集上》卷一四《進文字》。

陸游《高宗聖政草》

（《中興聖政草》）〔註1〕

建炎元年五月庚寅，上以四方勸進，羣臣固請，即皇帝位於南京。（以汪伯彥《中興日曆》、耿延禧《中興記》參修。）

臣等曰：堯、舜所以獨高百王者，以其得天下及其傳天下而知之。湯有慚德，武未盡善，況於後世乎！漢高帝、唐太宗號爲「盛主」，然其得天下也，以爭，其傳天下也，幾以致亂。大哉！太祖皇帝之受命與太上皇帝之中興也！謳歌獄訟，歸而不釋，則不得已而履大位。及夫爲天下得人，則舉成業授焉，不詢羣臣，不謀卜筮，惟視天意之所在而已。自堯、舜以來，數千載始有太祖及我太上皇帝，豈非希闊甚盛之際哉！

六月甲子，詔徽猷閣待制邢煥授觀察使。時諫官衛膚敏論煥后父，不當除待制。孟忠厚，隆祐太后兄子，不當除直學士。煥即有是命，而上以太后故，不忍罷忠厚職名。於是給事中劉珏、中書舍人汪藻引故事極論之。膚敏改中書舍人，言所論不行，不敢就職。明年正月丁未，卒授忠厚承宣使，且詔后族勿任侍從官，著於令。（以汪伯彥《時政記》及汪藻所記參修。）

臣等曰：臣聞章獻明肅太后垂簾時，外戚馬季良爲待制。仁宗親政，於明肅之政無大變更，獨季良即日易武弁，以爲祖宗之制，不可以私恩度也。太上皇帝奉隆祐太后至矣，而不敢抑言者以私忠厚。嗚呼！此我宋家法，萬

〔註1〕陸游《高宗聖政草》原載於《永樂大典》卷一二九二九，「一送、宋高宗一百七十一」中，題名爲《中興聖政草》，二十條，篇末有跋。孔原曾加以輯錄點校，參見《陸游與〈高宗聖政草〉》，《史學月刊》1996年第4期。

世所當守也。臣是以詳著之。

辛亥，赦書：拘籍天下神霄宮貲產錢穀，付轉運司以克省計。先是，即位赦書已罷神霄宮，至是復申諭焉。丙午，又詔：「道士林靈素、鄭知徽、傅希烈家貲，令溫、處州籍沒。」（以汪藻所記修入。）

臣等曰：晉以老、莊清言亂天下，車轍既東，而君臣莫知創艾，卒以不振。建炎中興，首黜方士之害，丁寧切至，如救焚拯溺。然非上聖，其孰能之？乃者，方士稍稍以附託干恩澤，特旨冠其徒至數十人，侵害度牒法，歲給緡錢以千數，而齋醮祈禳猶不與也。雖間采近臣之議，寢而弗行，然此門要不可啟。臣等敢論著本末，以備覽觀焉。

辛巳，詔：「以知南康軍李定、通判韓璹便宜誅許高、許亢，特轉一官。」先是，臣僚論靖康末折彥質為宣撫副使，錢蓋為制置使，高、亢總兵守河，皆不戰而遁，今置不問，則後何以使人。詔彥質責授散官，昌化軍安置，蓋落職宮觀，高、亢編管海外。會南康奏高寓其境上，欲謀變，定、璹以便宜誅之，而待罪。宰相李綱奏曰：「淵聖委高、亢守河，付以兵甚眾，賊將至而先走，朝廷不能正軍法，而一軍壘守倅敢誅之，必健吏也，使後日受命扞賊者，知退走而郡縣之吏有敢誅之者，其亦少知所戒，是當賞。」上曰：「然。」乃有是命。（以李綱《時政記》修入。）

臣等曰：古之守封疆者，皆知進未必死於敵，而退必死於法。故援枹而鼓之士，爭致命以為進，猶或生，而退必死也。況受命為大將，任安危成敗之寄者乎！三代聖人仁民愛物，忠厚惻怛至矣！然其出師，不用命者必戮，弗敢赦也。太上皇帝之英斷，後世可忽忘哉！

丙戌，詔：「京東、京西、河北、永興軍、淮南、江南、兩浙、荊湖路皆置帥府、要郡、次要郡。帥府為安撫使帶馬步軍都總管，要郡帶兵馬鈐轄，次要郡帶兵馬都監，皆以武臣為之副。改路分為副總管，路鈐轄為副鈐轄，州鈐轄為副都監。總管、鈐轄司許以便宜行軍馬事，辟置僚屬，依《帥臣法》屯兵，各有差。遇朝廷起兵，則副總管為帥，副鈐轄、都監各以兵從，聽其節制。正官願行者，聽。轉運使副一員，隨軍一員。留本路提點刑獄彈壓本路盜賊。遇有盜賊，則量敵多寡出兵，會合以相應援。」（以李綱《時政記》修入。）

臣等曰：昔太祖皇帝鑒唐末、五代方鎮強，王室弱之弊，故削鎮兵以尊京師。暨我太上皇帝親見靖康以來羣盜充斥，郡邑無備之患，故屯兵諸郡，

且責提點刑獄以警備盜賊，扶偏補弊，可謂各適其時矣。乃者郡邑安於無事，武備寢闕，一有非常，且復蹈前日之害。故臣具述其詳，以待制詔行焉。

　　十月丁巳，駕自南京登舟，巡幸淮甸。戊辰，宰執登御舟奏事，上曰：「昨日，有內侍至自京師，進內府珠玉二囊，朕投之汴水矣。」右僕射黃潛善曰：「可惜！有之，不可棄；無之，不必求。」上曰：「太古之世，摑玉毀珠，小盜不起，朕甚慕之，庶幾求所以息盜爾。」先是，六月丁亥，上諭宰執：「東京有司發到內庫寶器，有玻璃、碼碯之屬，皆遐方異物，內侍陳列以進，朕念玩物喪志，悉令碎之於殿庭。」（以李綱、汪伯彥《時政記》參修）。

　　臣等曰：方承平無事時，陳寶玉、飾珠琲以爲玩耳。嗚呼！安知是物之足以敗天下而召寇戎也！太上皇帝身履艱難，撥亂中興，其視是物，猶蝮蛇鴆毒，肯復親之耶？碎寶器，棄珠玉，臣知出於至誠惻怛，非如唐明皇焚錦繡，姑以飾一時虛譽而止也。

　　十二月丁巳，詔：「朕側身寅畏，與二三大臣宵旰圖治，罔貴奇玩，罔好畋遊，罔昵近習使干政事，罔有斜封黑敕以濫名器，夙夜正心持誠，祈天助順。聞小人爲奸，或欺誕請屬以鬻官爵，或臂鷹走犬以事畋獵，而率以『御前』爲名，使朕之好惡何以昭示四方，格於上帝？其令三省、樞密院榜諭戒約，言事官覺察彈奏，敢有違者，重置於法，並許人告，賞錢一千貫。內畋獵之人，輒稱『御前』鷹犬者，根治得實，配沙門島。」（以汪藻所記修入）。

　　臣等曰：《春秋》之義，王者無外。天下，王者家也。善乎！諸葛亮之言，曰：「宮中、國中當爲一體。」往者，閹寺與姦臣相表裏，動挾「御前」之名，以脅制上下，卒成天下之禍。臣讀是詔，至於大息流涕。嗟乎！此建炎、紹興之政所以赫然有祖宗風烈也！

　　建炎二年四月己未，詔：「惟京畿、京東西、河北、河東、陝西依已降指揮置巡社，餘路悉罷。」時杭、溫州已就緒，奏乞存留，亦弗聽。（以汪藻所記修入）。

　　臣等曰：唐中葉以後，府衛之制盡廢。至梁，涅人爲軍，於是兵民遂分，雖以周世宗之善治兵，我太祖、太宗之神聖英武，且去唐未遠，而兵民已不可復合矣。治平以來，學士大夫乃始欲追古制而復之，識者固知其難矣，一變而爲義勇，再變而爲保甲，三變而爲巡社，法非不古，而習俗已成，復之無由，此太上皇帝不憚改令，以安元元也。

　　庚申，詔：「御前軍器所，見織戰袍工匠發還綾錦院，令依限織進。」初，

命監綾錦院姜渙擇良工就御前軍器所專織戰袍，欲以賜有功將士。中書侍郎張愨等言於上曰：「前日中人因事輒置局，紊亂紀綱，不可不深鑒。今若以織文責綾錦院，而使少府監督其程限，則事歸有司，於體爲正。」上曰：「甚善。」故有是命。（以汪伯彥《時政記》修入）。

臣等曰：臣聞明主之察治亂也審，而守法度也堅。寧逆志咈心，弗便於事而常戒懼，於細微蘗芽之間，不敢忽也。夫取工於綾錦院，而織袍於軍器所，又以賞功。由常人觀之，誠若無甚害，然太上皇帝矍然改令，不俟終日，何哉？官失其守，而事奪於貴臣，法廢其舊，而制出於一切，則亂由之而作，有不難矣！嗚呼！治亂之機如此其微也，非明主其孰察之！

乙丑，上諭宰執曰：「昨日，有內侍輒奏曰：『比侍講筵，竊聞講讀官某敷陳甚善，陛下必亦謂然，臣輒撰獎諭詔書進呈。』朕曰：『臣僚一時恩禮，當出朕意，非小臣所得預。若降詔書，自有學士，汝等各有職事，豈宜不安分如此！況此詔書，詞既未工，又不知體，取笑外人。』」上因曰：「朕每退朝過屏風後，押班以下欲奏事者，朕亦正衣冠，再御座，聽其所陳，未嘗與之欸暱。性亦不喜與婦人久處，多在殿旁閣子垂簾獨坐，筆硯外，不設長物，靜思軍國合行大事，或省閱四方章奏。左右止留小黃門二人，一執事，一應門。至於內中掌文書，亦多是前朝老宮人，有來奏事者，朕亦出閣子外，處分畢，卻入閣子坐，無一日不如是也。」（以汪伯彥《時政記》修入）

臣等曰：閹寺之禍著矣！佞柔側媚，以狗馬聲色惑其君，禍之小者也。剽略書傳，誦說古今，以才藝自售，則其爲禍豈易測哉！建炎之初，天子屬精求治，而宦者技[投]隙肆言，猶敢如此，亦可謂奸人之雄矣。非聖武英斷，絕其萌芽，則基亂胎[貽]禍，將何所不至。嗚呼！方其伺顏色，售才藝，能赫然拒絕之，固已難矣！又慕[暴]其情狀，告大臣，豈不甚難哉！至於清心寡欲，屏遠聲色，皆中興之本。臣是以論著之詳焉。

七月丁亥，楚州發歸朝官至行在。上諭宰執曰：「聞州郡多囚繫此輩，久者至經歲不得釋，少涉疑似，則殺之。覆燾[幬]間皆吾赤子也，朕欲發諸郡拘囚歸朝官盡赴行在存撫之，庶幾可召和氣。」（以汪伯彥《時政記》修入）

臣等曰：古之王者，蓋有殺一不辜而得天下，則弗爲者矣。彼奸雄忍酷之言，至曰寧我負人。嗚呼！人之用心，何止天攘之異哉！方建炎之初，所在盜起如蝟，窮荒絕漠，狼子野心之人，錯處郡縣，有司爲之禁防，或未過也。而太上皇帝惻然哀矜，形於聖訓，不以防亂備患而忘淫刑之戒，不以艱

危多事而廢好生之心，凜然有三代王者之遺風矣，是豈秦、漢以來所能髣髴哉！

八月癸丑，臣僚請復常平官，講補助之政，廣儲蓄之具，從之。十月壬戌，詔：「常平之法，歲久多弊，頃以『紹述』爲名，雖知有公私不便，當增損更易者，亦莫敢言。今止爲常平本法，所繫甚大，非他司兼領，故復置提舉官，尚慮蹈襲前弊，反致害民，可明諭天下，《青苗散斂法》永勿復行。其餘條制，令葉夢得、孫覿、張徽討論以聞。」(以汪伯彥《時政記》及汪藻所記參修)

臣等曰：常平之法，尚矣！穀賤則糴，穀貴則糶，無散斂之煩而有救災之實，公私俱便，農末皆利，天下之良法也。孟子譏狗彘食人食而不知檢，塗有餓莩而不知發，使孟子而爲政於天下，常平之法必在所取矣。彼青苗出於近世，蓋非常平之舊。建炎之初，廢青苗以利民，而有司奉行失指，至侵耗常平之積，此詔書所以丁寧繼下也。今官存而事寢弛，法具而吏費慮，意者朝廷仁愛之心雖至，而責實之政尚寬歟！臣故著初詔於篇，願有稽焉。

乙亥，上御殿策進士。九月庚寅，賜李易等及第、出身、同出身。初，有司欲以上十人所對策呈，且請以上意定名次。上卻之，曰：「朕委主司取士，必不錯。」乃悉從所擬，不復更易。(以汪伯彥《時政記》及汪藻所記參修)。

臣等[曰]：恭惟太上皇帝當建炎之初，策士於庭，一委主司，不以一人之好惡爲之升黜，天下之至公也。及紹興中，權臣罔上，假國家之科目，以私其子弟親戚。則聖斷赫然拔寒畯、抑權貴，亦天地之至公也。惟一出於至公，故靜則爲天地之度，動則爲神明之斷。《傳》曰：「公生明。」太上皇帝實有焉。

建炎三年三月辛巳，臣僚上言：「宜倣唐制及祖宗舊制，應章奏委翰林學士、給事中、中書舍人輪日於禁中看詳，條陳具奏，使是非與奪，盡從公論，左右小臣不得妄言利害。既委臣僚，乞不差內臣轉送，只實封往復，庶免黨與交結之弊。」詔從之。(以路允迪《時政記》修入)。

臣等曰：人主親決天下事，而不以假臣下，未爲甚害也。然天下之亂往往輒生於此，秦始皇、隋文帝、唐德宗皆是聰明過人，無待輔助，於是疏間羣臣，厭忽公論，而不知近習小人已陰竊其柄矣。太上皇帝深鑒前代之禍，博采在廷之議，以看詳章奏專責儒臣，使左右小臣無所投其隙，防微杜漸至矣。今天子即位之初，首詔兩省，分閱公車之奏，條流來上，實遵建炎故事

也。聖聖相繼，出於一道，蓋多類此。嗚呼！盛矣！

四月乙卯，敕書：「仁宗皇帝在位四十餘年，恩結民心，社稷長久，應仁宗法度理合舉行。元祐大臣，雖累降處分，盡還官職恩數，尚慮未盡霑恩，其令本家自陳有司，疾速施行。」先是，元年六月敕書，舊係籍及上書人，悉還其元任官職及贈諡碑額等。至是，復申敕焉。

臣等曰：臣竊觀三代以來，風俗忠厚，莫若我宋，世世修德。澤被天下最久，莫若仁宗皇帝，此太上皇帝所以慨然發德音也。天監在上，克相聖志，海內乂安，年穀屢豐，於萬斯年，無疆維休，則亦躬享仁宗寅畏之福，可謂盛矣！元祐大臣勳德相望，中更黨錮之禍，其死於紹聖、崇寧之前者，嘗被恩數，固可還之矣。其間不幸沒於謫籍之後者，諡，所以易名，而或未盡議；贈官，所以念功，而或未盡舉；碑額，所以旌賢，而或未盡賜。意者太上皇帝之心，將以啟迪嗣聖，故略而未行，以俟今日歟！此議即博士之責也。

五月辛巳，巡幸次鎮江府。上謂宰相呂頤浩等曰：「張愨，古之遺直，陳東誅死可念，二人皆葬郡境，已降親札，令有司致祭，卿等更議邮其家。」癸未，中書舍人張浚被旨引對。甲申，上謂頤浩等曰：「張浚謂朕即位以來，無纖毫之失。自古人君不患無過，患不能改過耳，浚諂諛如此，豈可置之從班！可黜之。」於是，詔浚落職宮觀。（以呂頤浩、張浚《時政記》、汪藻所記參修。）

臣等曰：武王克商，有下車而為之者，有未及下車而為之者。建炎中，太上皇帝櫛風沐雨，日不暇給，而汲汲於襃忠直，去佞諛。辛壬、癸甲，未越信宿，聖政可以傳後世者三焉，抑可謂明所先後矣！然臣伏觀是時，上方勵精政事，躬行勤儉，張浚稱述以為無纖毫之失，亦未為甚過也。而聖斷赫然屏遠斥絕之，惟恐少緩。臣知欺罔讒匿之奸，固無所容矣，是誠中興之本也。

丙戌，詔曰：「建康之地，古稱名都，既前代創業之方，又仁祖興王之國，朕本緣代邸，光膺寶圖，載維藩潛之名，實符建啟之義，蓋天人之允屬，況形勝之具存，典邦正議於宏規，繼夏不失於舊物，其令父老再覩漢官之儀，亦冀士夫無作楚囚之泣，江寧府可改為建康府，其節鎮舊號如故。」

臣等曰：建炎初載，重違汴都父老之意。是以車駕所臨，止曰「巡幸」，示不忍去故都耳，然自古未有為國數十年而無定都者。江左之必居建業，猶中原之必居雍雒，天造地設，無所更議矣。王師北討，非盡復燕、趙、并、

代，雖得河南，未可以舍建業而北也。自古披草萊，立都邑，不數年遂致富盛者多矣，況經營如是之久乎！臣故具載初詔，冀天子有感焉。

八月戊申，上曰：「昨日，吳國長公主入內，以畫及小玉山、玉管筆爲獻。朕對以平生不識畫，因而不好，長主可惜錢買此，遂并玉山等復返之。」（以王絢《時政記》修入。）

臣等曰：昔宋高祖未備音樂，湯仲文以爲言，帝曰：「日不暇給，且所不解。」仲文曰：「屢聽自然解之。」帝曰：「政以解，則好之，故不習爾。蓋耳目之玩，解生於好，好生於解，惟澹然清靜，則物莫能入。」太上皇帝體堯蹈舜，固非區區宋高祖所能仰望，然其言有適用者。臣是以著之，以見開國治謀之君，躬履艱難，崇尚儉約，大抵皆如此也。

閏八月丙戌，上與宰執論借補官資之弊，曰：「三十年來，爵秩冒濫，日甚一日，政和、宣和則以應奉、花石之類補授，官爵遂輕。自宣和末以來，軍興，借補猥冗不可勝計，小使臣闕止二萬餘，今借補者，何啻三五十萬，將來事平，未知何以處之？」（以王絢《時政記》修入。）

臣等曰：借補，猶前代假版之類爾，雖甚冗濫，一旦朝廷澄清之，猶可爲也，而太上皇帝已慮之如此。乃者軍興，賞功至五十萬有奇，往往貿亂相乘，又皆眞命，一予不可復奪。天子雖當寧太息，思有以革其弊，而有司安常習故，終未能仰承上意也。臣誠竊憂之，敢論著於篇，以備省覽。

丙申，主管頓遞官奏，巡幸日，迫爨灶器皿不備，請惟給衛士蒸餅、熟豬肉。上曰：「今來巡幸，豈可搔擾！如朕昨匆遽渡江，被褥亦不以自隨，偶攜得一貂皮，披臥蓋各半，未嘗取索一物，而有司借湯瓶至四百枚，不知何用？只今可出黃榜，告諭所過州縣，除蒸餅外，皆勿供。如違，當重眞之法。」（以王絢《時政記》修入。）

臣等曰：前代當多故時，人主務行姑息之政，往往反以階亂。獨太上皇帝神武英睿，深鑒茲弊，以爲人主猶暴衣露蓋，蒙犯霜露，宿衛之士得飽餅餌多矣，其可重困吾民哉！故戎寇雖深，而軍律愈整，艱危雖極，而民心不離，卒以中興大業，垂裕萬世，聖矣！

夫游被命修《光堯皇帝聖政》，草創凡例，網羅放逸，雖寢食間，未嘗置也。然不敢以藁[稿]留私篋，暇日偶追記得此，命兒輩錄之。隆興二年十月一日，左通直郎、通判鎮江軍府事陸游記。

《宋聖政編年》

（《宋聖政編年錄》）

雍熙二年三月己未，親試進士梁顥以下賜及第。始唱名，內有李宗諤，宰相昉之子；呂蒙亨，參政呂蒙正之弟；王紞，鹽鐵使明之子；許待問，度支仲宣之子。上曰：「斯並世家與孤寒爭路，縱以藝升，天下亦謂朕有私也。」並下第。佚名《錦繡萬花谷》卷二二《下第》、謝維新《事類備要・前集》卷三八《科舉門・下第》。

太祖征荊南，以匣劍付曹彬，曰：「自副將不用命，有罪犯者，得斬之。」潘美等皆為之失色。黃履翁《新箋決科古今源流至論・別集》卷九《軍政》。

（景德）四年，丁謂上《會計錄》。時議封禪，上慮用度不足，以問謂，謂奏府庫充實，遂以《會計錄》上。章如愚《羣書考索・後集》卷六三《財用門・會計錄》。

寶元間，復詔兵部試武舉，以策論定去留，以弓馬定高下焉。黃履翁《新箋決科古今源流至論・別集》卷六《武舉》。

《聖政編年錄》云：「慶曆初，軍興，用度不足。陝西轉運使張奎與知永興軍范雍等又請鑄錢以一當十。大抵小銅錢三可鑄當十錢一，以盜（鑄）錢多。至八年，詔陝西、江南儀、商等州大銅錢自今以一當三，以革私鑄之弊。然軍耗於資用，類多怨咨，久之乃定。嘉祐四年，陝西民間多盜鑄大錢，以至市易不通，以見行當三錢□□折小錢二矣。」陳元靚《纂圖增新羣書類要事林廣記・戊集》卷上《貨寶類・貨泉沿革》（日本宮內廳書陵部藏元刻本）。

熙寧五年，立武學於御路之側。於是詔舉人先試以孫吳大義。元豐二年，

其策武士有曰：「朕以經法，先聖莫不以兵爲大事，是以設科置學，冀足以延知兵之士。」章如愚《羣書考索·後集》卷二九《士門·武學》。